IFLA
学校図書館ガイドラインと
グローバル化する学校図書館

編著 バーバラ・A. シュルツ＝ジョーンズ / ダイアン・オバーグ
監修 公益社団法人全国学校図書館協議会
編訳 大平 睦美・二村 健

GLOBAL ACTION ON SCHOOL LIBRARY GUIDELINES

Barbara A.Schultz-Jones , Dianne Oberg (Eds)

学文社

Schultz-Jones, Barbara: *Global Action on School Library Guidelines*
© Walter de Gruyter GmbH Berlin Boston. All rights reserved.
This work may not be translated or copied in whole or part
without the written permission of the publisher
(Walter De Gruyter GmbH, Genthiner Straße 13, 10785 Berlin, Germany).
Japanese translation published by arrangement with Walter de Gruyter GmbH
through The English Agency (Japan) Ltd.

i

目　　次

訳書はしがき　　iii

IFLA について　　v

序言―後援団体からのメッセージ　　vi

まえがき　　vii

第1部　国際学校図書館ガイドラインの開発　　1

1　国際学校図書館ガイドライン―沿革 …… 2

2　新しい国際学校図書館ガイドラインの発展 …… 8

第2部　国家および地方のガイドラインの開発と使用　　17

3　カナダにおける学校図書館の全国規準の開発 …… 18

4　スペインのカタルーニャ州における学校図書館ガイドラインと諸基準 …… 30

5　ポーランドにおける学校図書館の基準―その基準は機能しているか？ …… 38

6　ノルウェーの学校図書館の発展と学校改革2001～2014年
　　―交付金と振興策のガイドライン …… 49

第3部　学校図書館の実践を変えるガイドラインの利用　　65

7　ラーニング・コモンズ―サウスカロライナの学校制度における実施計画より …… 66

8　ポルトガルの学校図書館の学習基準―プロジェクトの推進 …… 75

第4部　ガイドラインを利用する学校図書館への広報と発展　　87

9　みんなのための学校図書館―スウェーデンの概念から現実へ …… 88

10　司書教諭とオーストラリア教職専門性基準 …… 97

11　エチオピア農村地帯共同体におけるリテラシー構築のための図書館開発への生態学モデル
　　と基準の適用 …… 105

第5部　学校図書館員の教師的役割のためのガイドライン　　121

12　フランスの中等教育学校における情報活用教育の進展 …… 122

13　西オーストラリア州の幼小ノートテイク発達過程表の開発 …… 131

第6部　学校図書館員の初期準備のためのガイドライン　　139

14　アメリカで学校司書養成方法を導くもの（1984～2014年） …… 140

15　次世代学校司書の育成―ハワイ州における学校図書館教育 …… 148

16　学校図書館教育における規格とプログラムの共生関係
　　―カリフォルニアの経験 …… 163

あとがき　　173

付　録―IFLA/ユネスコ学校図書館宣言（1999年）　175
執筆者一覧　179
巻末に寄せて　185
索　引　187

訳書はしがき

2016（平成28）年8月，わが国は学校図書館について大きなイベントを2つ行う。8月8日から3日間，神戸学院大学で第40回全国学校図書館研究大会神戸大会を開催する。また，22〜26日，東京お茶の水の明治大学で，国際学校図書館協会（IASL, International Association of School Librarianship）の年次研究大会を行う。全国大会と国際大会が近接して開かれることから，「2016年は学校図書館年」を合い言葉に，学校図書館界の発展を祈念してきた。公益社団法人全国学校図書館協議会（全国SLA）は，この2つの大会のお世話をさせていただくが，すでにここにいたるまで関連するイベントをいくつか実施してきた。今回，本書を出すことができたのは，「2016年は学校図書館年」というスローガンにまた1つ，華をそえる出来事である。

本書の訳出は，昨年，オランダ・マーストリヒトで行われた IASL 国際大会に日本から参加した有志と，この企画に賛同する若干の方々によって分担して行われた。原書は Barbara A. Schultz-Jones, Diann Oberg 両氏の編集になる "Grobal Action on Shool Library Guidelines" である。原書が生まれた経緯は編著者らに譲るが，2013年ころより IFLA（国際図書館連盟）や IASL などの学校図書館関連国際団体が協力して，『IFLA／ユネスコ学校図書館ガイドライン』（2002年）の改訂が準備されてきた背景がある。2015年，その草稿版が発表されたが，これにかかわった多くの人々の寄稿によって本書がつくられている。本書には，このガイドラインに呼応して世界各地で行われる学校図書館活動が収録されている。その範囲は，カナダ，スペイン，ポーランド，ノルウェー，アメリカ合衆国（全米，サウスカロライナ，ハワイ，カリフォルニア），ポルトガル，スウェーデン，オーストラリア（全豪，西オーストラリア），エチオピア，フランスに及ぶ。

わが国の学校図書館界は，研究レベルではともかく実践レベルでは，これまであまり国際的な文脈のなかで自らの学校図書館活動を考えてこなかった。わが国の学校図書館が，国際水準のなかでどの位置にあるのかを知ることは，自らの活動を新しい視点から点検する機会ともなろう。8月の IASL 東京大会や本書の刊行を機会に，"国際潮流"や"グローバル化"などのキーワードが，学校図書館界でもおおいに語られることを望みたい。なお，編著者の一人 Diann Oberg 氏には，本年の IASL 東京大会で基調講演をお願いしている。本書の訳出をご許可いただいた Oberg 氏および Schultz-Jones 氏，また，原書の出版社 De Gruyter Saur 社に感謝申し上げる。また，本来であれば，本書のような書を世に送り出すことは当協議会の責務とすべきところを，全国大会，国際大会の準備があるためと，代わって出版の労をとってくださった学文社には，改めて深甚なる謝意を表する。

2016年7月

公益社団法人全国学校図書館協議会
理事長　森田　盛行

IFLA について

　IFLA（国際図書館連盟）は，図書館情報サービスに関心をもつ者と，その利用者を代表する国際的な団体であり，図書館情報学の国際的な宣言に影響力をもつ。IFLA は情報の専門家のために，図書館活動や情報サービスの分野で，意見交換や国際協力，調査，開発の促進のために世界各地でフォーラムを開催する。また，図書館や情報センター，あるいは，国際的な情報の専門家が明確な目的を，グループとしての影響力を行使し，権利を保護するグローバルな課題の解決策を表現できる１つの場である。

　IFLA の目的，達成すべき目標や専門なプログラムは，会員や加盟団体が積極的に参加することで充実する。現在，多様な文化的背景をもつ，およそ1600の協会，機関，個人が連盟の目標を促進，図書館情報学の振興のために，世界規模で団結して活動している。IFLA は正会員を通じて，直接的，間接的に世界中の50万人にのぼる図書館情報学の専門家の代表である。

　IFLA は幅広い議題について，専門雑誌，ガイドライン，レポートや論文集などの出版を含め，多様なチャンネルを通じて，その目的を追求している。また，専門職の業務を高めるためや，デジタル時代において図書館の重要性が増すなかで，知識を高めるために，世界各地でワークショップやセミナーを開催している。それらはすべて，数多くの非政府組織，資金提供団体，UNESCO や WIPO，IFLANET のような国際的な機関と共同で実施しており，IFLA についての政策や活動など重要な情報はウェブサイト（www.ifla.org.）に掲載されている。

　図書館情報学の専門家たちは，毎年，８月に世界各都市で開催される IFLA 世界図書館情報会議に集う。

　IFLA は，1927年スコットランドのエジンバラで開催された国立図書館管理者の国際会議で創設され，1971年オランダで公認された。ハーグでは，コーニンクレッカ図書館（王立図書館），オランダ国立図書館が寛大にも IFLA 本部のために施設を提供された。そのほかブラジルのリオ・デ・ジャネイロ，南アフリカ共和国のプレトリア，シンガポールに地域事務所がある。

序　言——後援団体からのメッセージ

　IFLA 学校図書館部門の代表として，私たちの部門と国際学校図書館協会（International Association of School Librarianship）の今回のコラボレーションの成果を称する。私たちは，さかのぼって2006年に，硬い信頼により初めての共著を出版した。今回はそこから生じた2冊目の出版である。

　本書の出版は，『IFLA/ユネスコ学校図書館ガイドライン』の改訂にとって，最高の時期である。2015年版のガイドラインは広く国際的な労作であり，本書には，学校図書館ガイドラインや基準の作成について，また，児童生徒の学習支援や進展における学校図書館の役割を認識するための，世界各地における活動が，トピックスとして提供されている。

　各章では，学校司書や教育者の決意や不屈の精神，使命を果たすための活動や，『IFLA/ユネスコ学校図書館宣言』で表明されたすべての人々のための教育と学習活動が示されている。本書は人々が，協力し，未来に希望やチャンスを与えることの価値を強調している。

IFLA 学校図書館部門11
バーバラ・A. シュルツ＝ジョーンズ（IFLA 学校図書館部門長）

　学校図書館は教育課程における重要な構成要素である。学校図書館の発展は，数多くの要因によって促進されるが，そのうちの1つは，基準やガイドラインのなかに存在する。『IFLA/ユネスコ学校図書館ガイドライン』は，学校や学校司書の学校図書館宣言で示された主旨の実現に役立てるために，学校図書館の使命，目的，サービス，およびそのスタッフを定義するのに長く役立ってきた。『学校図書館宣言』に続いて出版された。『学校図書館ガイドライン』は，最近になって国際学校図書館協会（IASL）と IFLA 学校図書館部門（SSL）の共同で見直され，改訂された。さらに学校図書館の発展を支援するために，IFLA 学校図書館部門と IASL は再び共同で，本書『*Global Action on School Library Guidelines*（邦題：IFLA 学校図書館ガイドラインとグローバル化する学校図書館）』を出版した。本書の各章では基準の作成や活用方法について，経験や知識の例を示している。それらは，基準の歴史や発展から，学校図書館指導の変化，支持と発展，学校司書の養成，教育の役割の再定義にいたるまで，多様な話題を網羅している。IFLA と IASL の熱心なメンバーであるバーバラ・シュルツ＝ジョーンズ とダイアン・オバーグの両氏が，異なる10カ国もの経験を示した章立てで本書を構成した。各章は各自の国や地域における基準の開発や実施のために，知識を分かち合った経験豊富な執筆者によって書かれ，これらは，より広く国際社会で活動するために，多くの新しいアイデアを生み出すのに役立てることができるだろう。

　私たちが，子どもたちのよりよい未来のために努力するとき，本書が学校図書館学の基礎知識として加えられることを歓迎する。

国際学校図書館協会
ディリジット・シン（国際学校図書館協会会長）

まえがき

　この本が生まれたきっかけは，IFLA の学校図書館委員会である。この委員会では，2つのトピックが議論されてきた。1つは『IFLA/ユネスコ学校図書館ガイドライン』の今回の改訂を普及促進するための適切な方策を探ることの必要性である。もう1つは IFLA の出版社である De Gruyter Saur 社から学校図書館に関する出版をしたいという編集者マイケル・ヒーニーの意向を受け入れたからである。この出版部では2011年にルイサ・マルクゥルト（イタリア）とダイアン・オバーグ（カナダ）の共編による *Global Perspectives on School Libraries: Projects and Practices* が上梓された。

　今回 *Global Action on School Library Guidelines* の出版にあたって，まず執筆者を募集した。応募は IFLA の学校図書館委員会と IASL の運営委員会のメンバーによって吟味された。その結果，16件が採択され，執筆者はその応募の内容に沿って各章を担当することになった。編者はまた，IFLA/ユネスコ学校図書館宣言（1999）と IFLA/ユネスコ学校図書館ガイドライン（2002）の誕生に関する章も設けることに決めた。というのも，国や地域レベルでなされたガイドライン策定の国際的な事情を提示するためである。この2章で本書の第1部「国際学校図書館ガイドラインの開発」を構成している。読者は，改訂された『IFLA 学校図書館ガイドライン』が以前と違って，ユネスコの名に頼っていないことに気づくだろう。

　第2部「国家および地方のガイドラインの開発と使用」では，カナダとポーランドにおける国の基準の発展およびスペインのカタルーニャ州の地域の基準の発展に関する章が含まれている。ノルウェーの学校図書館発達と学校改革の章では，事実上のガイドラインが学校を改革し，PISA のような評価プログラムによって測定できる児童生徒の学習成果を向上させる政府プログラムの結果になり得るかを問う。

　第3部「学校図書館の実践を変えるガイドラインの利用」では，学校図書館の実践を向上・発展させるための2つの奮闘について述べる。（1）アメリカ合衆国のサウスカロライナ州の学校システムは，学校図書館を行政区主導でラーニング・コモンズとし，図書館メディア・スペシャリストとテクノロジー統合スペシャリストが連携して仕事をするようにした。（2）ポルトガルの学校図書館ネットワークプログラムは，読書能力，情報活用能力およびメディア活用能力を関連させた一連の学校図書館基準をつくりだし，そのことは学校図書館員をカリキュラム活動に参加させることとなった。

　第4部では，学校図書館の広報と発展のための基準の利用について3つの提案をしている。スウェーデンの労働組合 DIK は，"学校図書館（school library）" を定義し，"学校図書館員（school librarian）" の能力規準を体系化することによって，すべての児童生徒が "学校図書館にアクセス" すべきであるとする2010年の教育法（2010 Education Act）の実現に尽力した。この2つのコンセプトをふまえた学校図書館の広報は，国際的な学校図書館に関する賞（World Class School Library award）の受賞と児童生徒の学習に対する学校図書館の実践の影響に関する研究を通じて，スウェーデンで浸透した。司書教諭の教える役割の促進は学校図書館広報への別のアプローチである。オーストラリアでは，司書教諭

はより高いレベルの役割を果たし，リードする教員（Highly Accomplished and Lead Teach-ers）のより高いキャリアステージの資格を得るための機会を「新しい教師のための専門職基準」（New Australian Professional Standards）によって提供されており，それによって司書教諭の教えることに関する専門性が認識され，その専門職像が高まった。

エチオピアの農村地帯では，世界の大半の地域と同様，学校図書館として特化している図書館は存在しない。代わりに，共同体図書館がコミュニティ全体の識字と学習の支援をするために地元の学校と連携しており，このような方法は近年学校に対する図書館サービスの1つの形となっている。この章では，共同体図書館で働く図書館員が，その特定の事情に責任をもってプログラムをデザインし，参画を可能にし，パートナーシップを構築し，実地研究者としてサービスする方法の習得について述べている。そのために開発された7つの基準が現在では，新しいデジタルテキストリテラシーやファミリーリテラシーを主導していくために，翻案されている。

第5部の「学校図書館員の教師的役割のためのガイドライン」では，学校図書館における教授や学習を支援するためのカリキュラムを開発するために2つの提案がされている。フランスでは，ドキュマンタリスト教員（司書教諭）の専門職団体であるFADBEN（訳注：2016年1月にAPDENへ改称）が次の3つの目的を達成するためのカリキュラムを開発して，情報として明文化している。その3つの目的とは，情報教育とメディア教育とデジタル教育を融合すること，ドキュマンタリスト教員の専門性向上に寄与すること，情報リテラシー，メディアリテラシー，デジタルリテラシーを教える枠組みを提供することである。西オーストラリアのある学校では，司書教諭および英語や読み書きを支援する主任教師はほかのすべてのスタッフとともに，注目に値するような継続性を発展させ，それによって国語（英語）および情報リテラシーのための学校のコンティニュア（機会と継続）に没頭してきた。

第6部では，次の3つの視点から，学校図書館員の最初の準備のための指針を概観している。その視点とは，過去30年間の米国における学校図書館教育のためのガイドラインの発展史，ハワイ州の学校図書館教育の発展におけるガイドラインと地域の事情の影響，カリフォルニア州における基準と学校図書館教育の関係である。

この新しい本，*Global Action on School Library Guidelines* は，2011年に出版した本と同様，国際学校図書館協会（IASL）と国際図書館連盟（IFLA）という2つの年次大会（国際会議）において二度船出する。2015年6月にオランダのマーストリヒで行われる IASL の国際会議と2015年8月に南アフリカ共和国のケープタウンで開催される IFLA の世界図書館情報学会議において "Global Action on School Library Guidelines: Development and Implementation" と題する複数のセッションを連携して実施することによって，この船出は実現する。私たちは，読者の皆様とともに，新しい本と新しい国際学校図書館ガイドラインができたことを祝福したいと思っている。

2015年2月15日

編者　バーバラ・A. シュルツ＝ジョーンズ，ダイアン・オバーグ

第1部　国際学校図書館ガイドラインの開発

Part 1　Developing International School Library Guidelines

1 国際学校図書館ガイドライン——沿　革

Dianne Oberg
International School Library Guidelines——A Brief History

ダイアン・オバーグ

要　旨　1970年代に学校図書館基準とガイドラインの作成作業が始まった。それは2つの国際的な学校図書館グループ，1977年の国際図書館連盟（IFLA）の学校図書館部門，1971年の国際学校図書館協会（IASL）の設立と関連している。1999年に出版された国際学校図書館基準とガイドラインは，『IFLA/ユネスコ学校図書館宣言』をもとに，2002年に出版され，2015年に改訂された。

キーワード　IFLA/ユネスコ学校図書館宣言；IFLA/ユネスコ公共図書館宣言；カルデス・デ・モンブイ（スペイン・バルセロナ）；カナダ国立図書館

　はじめに

　国際学校図書館ガイドラインを作成する以前にも何十年もの間，国内や地域の学校図書館組織や，教育行政によって学校図書館ガイドラインは作成されていた。たとえば，アメリカ学校図書館協会（ALA）は1915年に最初の会議を開き，1920年に最初の学校図書館ガイドラインを発行した。以来，継続的に改訂している（1945，1960，1969，1975，1988，1998，1998，2009年）。それとは対照的に，1971年に国際学校図書館協会（IASL）が，1977年に国際図書館連盟（IFLA）学校図書館部門が発足した（Knuth 1996, Wilhite 2012）。

　1980年代から1990年代には，IFLAの学校図書館部門が『学校図書館の経営（the management of school libraries）』（Galler and Coulter 1989），『学校図書館の発展（the development of school libraries）』（Carroll 1990）や『学校図書館における教育と養成（the education and training of school librarians）』（Hannesdóttir 1986, 1995）を出版している。IFLA学校図書館部門は1990年代に学校図書館リソースセンター部門に名称を変更したが，2013年にもとの学校図書館部門に戻した。

　この部門は，1999年に発表された『IFLA/ユネスコ学校図書館宣言』の作成を主導し，2002年には学校図書館宣言の要旨を基礎とした新学校図書館ガイドライン（Sætre and Willars 2002）を発行した。それはこの部門が1993年のユネスコ（UNESCO），IFLA，IASL共催カルデス・デ・モンブイ（スペイン）でのプレ会議と1994年の『IFLA/ユネスコ公共図書館宣言』（1994）にアイデアを得たことによる。

　学校図書館宣言や学校図書館ガイドラインに取り組んだ人々は，理想としての学校図書館宣言や学校図書館ガイドラインと，それに加え，学校図書館に日常的な活動として，異なった役割をもつ教育者たち（司書，教師，校長，監督者，教育長や文化長など）が，異なる経済的，文化的背景のもとに作成されていることに気がついた。つまりすべての学校図

書館ガイドラインは，理想と現実の妥協にあった。

　図書館利用指導のためや，図書館の将来の発展を提唱するため，または学校図書館の発展のため，参考にする学校図書館基準や学校図書館ガイドラインが本当に適切かどうか，すなわち，意味があるのか，「共鳴」できるのか，人々は知る必要がある。学校図書館基準や学校図書館ガイドラインを利用しようとする者は，誰が，どこで，いつ，誰のために作成したのか，と問うてみる必要がある。後述の，「IFLA/ユネスコ学校図書館宣言の作成」や「IFLA/ユネスコ学校図書館ガイドラインの作成」がその一助となるであろう。

　この歴史を書くにあたっては，筆者の学校図書館常任委員会のメンバー（1998-2002，2007-2011，2013-2015）としての思い出やランディ・ルンドバル（学校図書館常任委員，2007-2015）の思い出を含めて，多くの情報源によった。カナダ国立図書館の前館長グウィネス・エバンスの，カナダ国立図書館における国内外のプログラムは『学校図書館宣言』の作成過程についてや，1993年のカルロ・デ・モンブイ（スペイン）会議の，サテライト会議「発展途上国の学校図書館」におけるワークショップで，作業を終えた影響について非常に重要な情報源を与えてくれた。刊行されている参考文献については本章末の参考文献リストに示した。

IFLA/ユネスコ学校図書館宣言の作成

　『学校図書館宣言』の目的は何であるのか？　なぜそれが存在するのか？　グウィネス・エバンス（2007年）は，以下のように目的を説明している。

> 　私たちが住む世界は相互に結びついており，ある所で起こったことが世界中に影響を与える。私たちは基準や高い専門性をもっており，それらの基準に影響を及ぼす声明をより強固にしたい。そこに数多くの事項を並べることや，表紙を変えて上書きすることで，高い理想を描いた文書をコピーしたいのではない。私たちの知識や経験を共有することで，相違点を理解しながら，共通の人間愛を強化するだろう。

　この宣言（巻末付録を参照）は，『IFLA/ユネスコ学校図書館宣言：すべての人々の教育と学習のための学校図書館』とタイトルがつけられている。この宣言は，ビジョンを明確にすることから始まる。

> 　学校図書館は，今日の情報社会と知識基盤社会において，基本的な情報と知識を適切に提供する。学校図書館は，児童生徒が善良な市民として生活するために，生涯を通して学び続けるために必要なスキルを身につけ，想像力を育成する。

　この文書の後半部分は，このビジョンの持続的な発展に重要な6つの要素で構成されている。つまり，使命，資金，法的整備とネットワーク，学校図書館の到達点，人的配置，活動・運営・実行の6つである。

　学校図書館宣言の発展のための予備活動は，1970年代半ばオーストラリアで始まった。数多くの学校図書館基準やガイドラインがユネスコやIFLA，IASLを含む国際的な組織の支援により出版された。しかし，1993年のIFLAのプレ会議「発展途上国の学校図書館」がカルデス・デ・モンブイ（スペイン）で開催されたことで，国際ガイドラインの作

成に強い変化を促した。

　カルデス会議の構成は，情報の共有と発展的な活動計画を促進した。基調講演では，極めて重要な課題として提起された。五大陸すべてからの参加者がいるなかで，国内の学校図書館の現状紹介があり，参加者によるグループディスカッションでは，そこに参加していた28カ国からの代表者がユネスコ，IFLA や IASL に，現状からの発展を求めた。参加者たちは，その当時の学校図書館の状況について，一般的に貧しく，政治家，官僚や学校の管理職からのサポートが欠けていると記録している。すべての参加者は，その求めを実現するために具体的な何かをする約束を交わした。解決の１つとして IFLA のなかでより適正な方針を求めることであり，IFLA に次のように求めた。

　　　IFLA の組織会員には，国の教育機関に国の教育政策の一部として，国の成長における学校図書館の役割が発展するための方針を，他の教育，専門家の団体と共に構築することを促す。つまりは，法的整備の必要性と学校図書館に対する資金援助や，業務支援の改善である（Papazoglou 2000, 4）。

　カルデス会議を継続する作業は，この会議に参加していたカナダのチームが引き受けた。モントリオールの大学からポレット・ベルハルトとアンナ・ガレー，カナダ国立図書館のグウィネス・エバンスである。彼らは，国内外の団体とともに作業するため，世界各国の学校図書館組織が必要としていることを明確にし，学校図書館の発展のために信頼できる基本的な文書を提供した。カナダ国立図書館は51カ国の学校図書館政策を調査し，それに対し，26カ国が回答した。回答したほぼ半数の国が国内で学校図書館政策を作成していた。そのなかの何カ国かは地方や，地域の政策であったが，大部分の学校図書館政策は，教育大臣や文化大臣によるものであった。そのほか2,3は別の組織（たとえば図書館協会）が図書館政策を作成していた。

　『学校図書館宣言』の初稿は，『IFLA/ユネスコ公共図書館宣言』をモデルにしていた。カナダ国立図書館で完成し，カナダ学校図書館協会の会員，IFLA の学校図書館リソースセンター部門，IASL 役員らに配布した。いくつかの文書は1996〜1998年に完成，配布された。そして，1998年，ユネスコ支援による会議がアムステルダムで開催され，最終文書について議論した。セネガル，トルコ，南アフリカ，スリランカ，チリを含む60人の学校図書館の専門家が出席し，文書の改訂に向けて有益な貢献をした。学校図書館宣言は，IFLA により起草され後援を受け，ユネスコの支援の下に出版される必要があるとの強い合意が形成された。

　主旨が同意されたことにより，小委員会が改訂版を準備し，1999年，IFLA 専門委員会により承認を受けた。ユネスコの教育，文化担当の双方が，この文書の承認と実施が必要であるとしていることが誰の目にも明らかになった。カナダ国立図書館は決して関心を喪失することなく，また絶え間ない支援をし，1999年11月にユネスコの General Information Programme（PGI）部門と総会において，この宣言を厳格な規定を通過し承認に導いた。

　次に国際学校図書館界が挑戦したのは，普及と実行であった。バンコク（タイ）で開催された IFLA の世界図書館情報学会議（WLIC）では，学校図書館リソースセンター部門

の常任委員会が丸一日かけてワークショップを行った。内容としては，学校図書館宣言について討議し，宣言のコンセプトを伝えるためにどのような普及方法あるのか考えること，および，この文書に含められた戦略の実現についてである。とくに：

　　教育関係の省庁を通じて政府に，政策，ポリシー，宣言の主旨の普及を展開するため促すこと。この計画には，司書や教師に，この宣言の普及のため，導入期とそれを継続する研修プログラムを含めるべきである（IFLA1999）。

　1998-1999学校図書館リソースセンター年次レポート（Willars 2000）では，IFLA の事務局長ロス・シモン，ポレット・ベルハルト（カナダ），トーニー・ヒェクスタ（ノルウェー），グウィネス・エバンス（カナダ），（アルゼンチン），インキ・オナル（トルコ）らによるプレゼンテーションがバンコクのワークショップで行われると議長報告されている。ワークショップの第2部はグループワークで構成されていた。ダイアン・オバーグ（カナダ）とトーニー・ヒェクスタ（ノルウェー）が率いる2つの英語圏グループと，コレット・キャリア＝リゴナ（フランス）によるフランス語圏グループであった。
　ワークショップの参加者は，国際的（IFLA，IASL，UNESCO），国内（政府，民間組織），私企業（出版社，書店，図書館業者）や地域（地方行政，地方自治体の図書館サービス，校長会，教師や保護者）に対してのプロモーションの実行に必要な段階をよく理解していた。また，宣言を活用する方法も理解していた。というのは，とくに，学校や地域教育の専門家に国や地域の政策と，ガイドラインの作成を伝えること，政策や活動計画を支援し実行すること，教師や司書へ初期研修や研修の継続に熟達していた。また，宣言の支持と促進には地域の環境，現状や将来の可能性に対する意見を考慮した実行が必要であるとの指摘がされた。ワークショップはロス・シモンの次のような挨拶により開催された。

　　子どもたちが，本や，情報や考え方，ここで私は，想像力やひらめきの力を強調するが，それらの源となるそのほかのメディアに，よりよくアクセスすることは非常に必要である。世界中の多くの国々は，子どもたちへの読書指導は不可欠であるとして，多くの予算を投じているが，その予算では，子どもたちが興味ある資料に簡単にアクセスできる，新しいスキルを確実に習得するためには十分とはいえない。
　　学校司書の重要な役割は，彼らが何の本を読む（そのほかのメディア，とくにマスメディアから何を受け取るのか）のかを，評価するための支援である。そうすることで，彼らが成長したときに，民主主義社会で善良な市民としてきわめて重要な意思決定ができるようになる。
　　私たちの得た専門性をもって，学校図書館に関心を向けさせることを忘れてはならない。現在の子どもたちは，次の世代の政治家であり，公務員であり，企業のリーダーである。彼らが将来の国立図書館，公共図書館，大学図書館，学校図書館やそれらの施設の組織についての意思決定を行うのである。彼らが，情報源や学校図書館，学校司書からの支援を高く評価したなら，その後の人生において，このような決定を下さねばならないときに，図書館に対して十分な資金が適切であるとの評価をするだろう（Papazoglou 2000, 6 ）。

　その後数年で，学校図書館宣言を普及し，その活用を促進するためにさまざまな活動が実行された。IFLA 学校図書館リソースセンター部門常任委員会の議長であるグレニス・ウィラース（英国）は，ノルウェーとチリでの会議で講演した。カナダ国立図書館の仲間

は，宣言の内容を盛り込んだリーフレットをデザインし，できる限りの言語に翻訳した[1]。学校図書館にかかわる多くの国のリーダーは，国内や地域の会議において，この宣言について講演した。

 IFLA/ユネスコ学校図書館ガイドラインの作成

『IFLA/ユネスコ学校図書館宣言』の作成中に，宣言の主旨を説明するための支援と，その主旨を実践的な言葉で解説するための学校図書館基準やガイドラインが必要であるとの課題があげられた。学校図書館リソースセンター部門長が1998-1999の年次報告（Willars 2000）に，その作業は，ガイドラインから始められ，2000年のエルサレム（イスラエル）で開催されたIFLA WLICでは，この部門の後援で，一日かけてワークショップ「学校図書館のためのガイドライン」が実施されたとある。

力強いスタートであったが，その後失速する。2001年8月18日の常任委員会[2]の議事録よれば，学校図書館ガイドラインのワーキンググループは会議を開くことができなかったが，秋（9～11月）には会議を開きたいとある。このワーキンググループの2002-2003年の活動計画は，2001年の議事録に学校図書館と学習情報源のためのガイドラインの出版と，『IFLA/ユネスコ学校図書館宣言』に関する促進を含めた項目が添付されている。

2001-2002年以降，学校図書館ガイドラインのワーキンググループはロンドン（英国），ヘルシンゲル（デンマーク），ベルゲン（ノルウェー）で会議を開き，グレニス・ウィラース（英国）とトーヴ・ベナー・サットレ（ノルウェー）の編集によるガイドラインの最終版は，2002年の8月にこの分科会で報告された。常任委員会のメンバーやオブザーバーによる多くの協力を得て，ガイドラインは，デンマーク語，ポーランド語，スウェーデン語，ノルウェー語，ロシア語，アイスランド語，フランス語，スペイン語，カタルーニャ語を含む多くの言語に翻訳された。その年以降[3]，『学校図書館ガイドライン』は，IFLA理事会に公認され，のちにユネスコの承認を得た。

 おわりに

いくつかの活動は，国際学校図書館協会の創設初期にされている（たとえばKnuth 1996; Lowrie and Nagakura 1991参照）が，IFLA学校図書館部門の創設期については，今後示される必要がある。『IFLA/ユネスコ学校図書館宣言』と『IFLA/ユネスコ学校図書館ガイドライン』の完成には程遠いが，この活動は2つの大きな国際学校図書館グループの共同研究の始まりである。

『学校図書館宣言』や『IFLA/ユネスコ学校図書館ガイドライン』の実施については，ほとんど語られていない。本書では，いくつかの章でそのことが述べられているが，いまだ正史は書かれていない。これらの国際的な資料は，学校図書館政策や研修，児童生徒の情報リテラシー，読書，文化的な背景の発展に貢献するプログラムにいくらか影響しているかもしれない。しかし，『学校図書館宣言』や『学校図書館ガイドライン』の影響を調査した研究はまだない。

● 参考文献

Carroll, Frances Laverne. 1990. *Guidelines for School Libraries*. The Hague: IFLA Headquarters. IFLA Professional Reports, No. 20.

Evans, Gwyneth. 2007. "The School Library Manifesto: Its Development, Purpose, Content and Application." Paper presented for the IFLA Reading Section, 26 March 2007, San José, Costa Rica.

Galler, Anne M. and Joan M. Coulter. 1989. *Managing School Libraries*. The Hague: IFLA Headquarters. IFLA Professional Reports, No. 17.

Hannesdóttir, Sigrún Klara, ed. 1986. *Guidelines for the Education and Training of School Librarians*. The Hague: IFLA Headquarters. IFLA Professional Reports, No. 9.

Hannesdóttir, Sigrún Klara, ed. 1995. *School librarians: Guidelines for Competency Requirements*. The Hague: IFLA Headquarters. IFLA Professional Reports, No. 41. [Revised edition of Professional Report No. 9].

IFLA. 1994. *IFLA/UNESCO Public Library Manifesto*. The Hague: IFLA Headquarters. http://www.ifla.org/publications/iflaunesco-public-library-manifesto-1994. Accessed on 30 January 2015.

IFLA. 1999. *IFLA/UNESCO School Library Manifesto*. The Hague: IFLA Headquarters. http://www.ifla.org/publications/iflaunesco-school-library-manifesto-1999. Accessed on 30 January 2015.

IFLA School Libraries Section. 1997. *Proceedings of the IFLA Pre-Session Seminar on School Libraries. Caldes de Montbui (Barcelona), Spain: 16–20 August 1993*. Compiled and edited under the Auspices of the IFLA Section of School Libraries. The Hague: IFLA Headquarters. IFLA Professional Reports, No. 52.

Knuth, Rebecca. 1996. "An International Forum: The History of the International Association of School Librarianship" *School Libraries Worldwide* 2 (2): 1–32.

Lowrie, Jean L. and Mieko Nagakura. 1991. *School Libraries: International Developments*. 2 nd ed. Metuchen, NJ: The Scarecrow Press.

Papazoglou, Alexandra, ed. 2000. "IFLA/UNESCO School Library Manifesto." *Newsletter: Section of School Libraries and Resource Centers 36* (July): 4–7.

Sætre, Tove Pemmer and Glenys Willars. 2002. *IFLA/UNESCO School Library Guidelines*. The Hague: IFLA Headquarters. IFLA professional Reports, No. 77 [Revised edition of Professional Report No. 20]. http://www.ifla.org/files/assets/hq/publications/profession- al-report/77.pdf. Accessed on 17 February 2015.

Wilhite, J. 2012. 85 Years IFLA: A History and Chronology of Sessions 1927–2012 [e-book]. Berlin: De Gruyter Saur. Available from: eBook Academic Collection (EBSCOhost), Ipswich, MA. Accessed on 28 January 2015.

Willars, Glenys. 2000. *Annual Report 1998–1999 of the Section of School Libraries and Resource Centers*. http://archive.ifla.org/VII/s11/annual/ann99.htm.

● 注

（1）http://www.ifla.org/publications/iflaunesco-school-library-manifesto-1999?og=52. 2015年3月19日アクセス。

（2）http://archive.ifla.org/VII/s11/min/min01.htm. 2015年3月19日アクセス。

（3）http://archive.ifla.org/VII/s11/min/min02.htm. 2015年3月19日アクセス。

8　Part 1　国際学校図書館ガイドラインの開発

2

> Barbara A. Schultz-Jones
> Development of the New International School Library Guidelines

新しい国際学校図書館ガイドラインの発展

バーバラ・A. シュルツ＝ジョーンズ

要　旨　『IFLA/ユネスコ学校図書館ガイドライン』は，1999年の『IFLA/ユネスコ学校図書館宣言』に盛り込まれた基礎となる原則を支え，その原則を実務に適用するために，2002年に初めて紹介された。21世紀のスクールライブラリアンシップに関する近年の研究や実践，現状に照らし合わせて，この2002年版のガイドラインの改訂が必要だとみなされた。2年間にわたる改訂作業にあたっては，IFLA（国際図書館連盟）の学校図書館部門とIASL（国際学校図書館協会）の合同会議の主導によって，多くの国々の人たちによる協力者たちの幅広いネットワークが大きな役割を果たした。IFLAの運営委員会とユネスコの承認のためにガイドラインを発展させていくプロセスについて，本事業における重要な項目や課題，学んだ事柄に関する議論について詳細に述べる。

キーワード　IFLA/ユネスコ学校図書館宣言；IFLA/ユネスコ学校図書館ガイドライン；学校図書館基準；国際学校図書館協会；IFLA学校図書館部門

📖　背　景

　IFLAの学校図書館部門は，IFLAの44部門の1つとして1977年に成立した。IFLAは，図書館情報サービスとその利用者の利益を代表する主導的な国際団体として1927年にスコットランドのエディンバラに設立された。1947年以降，IFLAはユネスコ（UNESCO）と，図書館サービスの原則にかかわる，合同で署名した宣言の刊行について相互承認するという合意をしてきた。

　IFLAの事業は，各部門とその部門を構成する各委員会（IFLAの団体会員に指名された20人までのメンバーによって成立する）によって実施されている。各委員会には，協力メンバー（その委員会が指名した5人までのメンバー）が加わることもあり，それによって地理的なバランスがとれ，特定の分野の専門性を確保できるようなっている。各委員会は座長，秘書，財務担当と情報コーディネーターによって運営されている。委員会メンバーの任期は4年で，2期を限度とし，協力メンバーは座長の指名によって2年間担当し，さらに2年間延長できる。IFLAの学校図書館部門は，国際社会の代弁ができるように努めている。このガイドラインの見直しと改訂にあたって，委員会のメンバーおよび協力メンバーとして，以下の国々から代表者が参加した。カナダ，フランス，インド，イタリア，日本，マレーシア，オランダ，ナイジェリア，ノルウェー，スウェーデン，英国および米国である。

　メンバーが定期的に交代するシステムによって，世界中のどこからでもメンバーになる

機会や参加する機会を継続的に提供することを確実にしている。

　物理的に開催されるミーティングは，毎年世界のちがう場所で８月に開催される世界図書館情報会議（WLIC）で実施されるもので，回数はたいへん少ない。委員会のメンバーは毎年のWLICにおいて２回ずつ開催される委員会のミーティングに出席することを求められ，やはり世界のちがう場所で春（４月）に開催される年央会議にも，可能ならば参加するよう誘われる。各セクションの座長と秘書が調整に尽力することで，決まった日時に行われる会議だけではなく，電子メールや電話やスカイプによる会議をも通じて，多くの仕事がこなされている。

　IFLAの学校図書館部門（SLS）のウェブサイトによると，「学校図書館部門は，世界の学校図書館とリソースセンターの向上と発展，とくに有資格で適任の職員配置の主張にかかわってきた。そして，アイデア，経験，研究結果および主張を共有するための国際フォーラムも提供している」。この学校図書館界への献身は，"teaching and learning for all"（IFLA 1999, 1）における学校図書館の役割に対する理解と信念に影響を与えた。

　SLSによる以前の２つの出版物は学校図書館サービスの土台となる原則を提示した。1999年の『IFLA/ユネスコ学校図書館宣言』と2002年の『IFLA/ユネスコ学校図書館ガイドライン』である。2002年版の国際ガイドラインに対する今回の改訂版は，IFLAの学校図書館部門のメンバーとIASLのメンバーによる見直しと熱心な討議という組織だったプロセスの結果である。

📖　改訂の過程

　『IFLA/ユネスコ学校図書館ガイドライン2002年版（*School Library Guidelines 2002*）』の改訂のはじまりは，2013年にフィンランドのヘルシンキで行われたIFLAのWLICにおける学校図書館部門（部門長ランディ・ルンドバル：ノルウェー）の委員会メンバーによる文書見直しと議論である。『IFLA/ユネスコ学校図書館宣言』と『IFLA/ユネスコ学校図書館ガイドライン2002年版』の両方が見直された。そして，『学校図書館宣言』は，37言語に翻訳されており，ユネスコの批准を得たわずか３つの宣言の１つであり，現在の版のままで適切であるということになった。『学校図書館宣言』はスクールライブラリアンシップの普遍的原則を示しており，それぞれの学校・地域・国で学校図書館の特性をはっきりさせるために，うまく活用されている。一方で『学校図書館ガイドライン2002年版』は，「世界中の国レベル，地域レベルの意志決定者に対して情報提供し，図書館界への支援と指導をすること」を目的としており，たしかに，学校が学校図書館宣言に示されている原則を実行することを手助けしているが，最新の研究・実践および21世紀のスクールライブラリアンシップ（学校図書館員像）の条件を反映しているとはいえない。

　『学校図書館ガイドライン2002年版』の改訂は，2013〜2014年における学校図書館部門のアクションプランの一部となった。このアクションプランは2013年４月に開催されたノルウェーのオスロにおける当委員会の年央会議で新しく採択されたものである。この作業に従事したのはIFLA/IASL合同委員会（委員長ダイアン・オバーグ：カナダ）のメンバーに代表されるIASLメンバーである。ガイドライン改訂の詳しいスケジュール（表2.1）

表2.1　IFLA 学校図書館ガイドライン 2015年版の開発のためのスケジュール

2013年	8月	シンガポールで IFLA の WLIC におけるワークショップ
	9月	ワークショップの要約がファシリテーターによって完成し，合同委員会に提出された
	10月	合同委員会　IFLA 学校図書館部門長に対してフィードバック
	12月	合同委員会によるガイドラインの初稿が完成
2014年	2月	合同委員会　IFLA 学校図書館部門長に対してフィードバック
	4月	英国ロンドンで年央学校図書館部会開催　第2稿が完成
	5月	第2稿に対する合同委員会からのフィードバック
	6月	部門長・秘書によって第3稿が編集され，体裁が整えられる
	7月	IFLA 学校図書館部門の委員会メンバーによる修正 IASL 運営委員会による見直し
	8月	フランスのリヨンで IFLA の WLIC におけるワークショップ開催， 第4稿への賛同を得る
	9月	ロシアのモスクワで IASL におけるワークショップ開催， 第5稿への賛同を得る
2015年	1月	関連書誌事項提供を呼びかける 承認申請をするために，フィードバックを分類し，集約する IFLA の Governing Board（運営委員会）承認に対する提出およびユネスコへの申請

が確定し，2013年にシンガポールでの IFLA の WLIC におけるワークショップで作業が始まった。

『ガイドライン』改訂の最初の段階では，シンガポールでの2時間のワークショップで2002年度版『ガイドライン』の各章を精査し，各章の正確さと記載範囲に対するフィードバックを収集した。ワークショップは WLIC 期間に開催されたので，関心をもっているIFLA メンバーは出席・参加することができた。幅広い国々を代表する学校・公共図書館から関心をもつ約30名の参加者が集まり，2002年版『ガイドライン』に対するフィードバックや改訂に対する提案を示した。ラウンドテーブルは章ごとに分かれ，参加者はそれぞれどの章に寄与するかを選ぶよう求められた。すべての章が積極的に見直され，話し合われ，議論された。各章に対するフィードバックは参加者全体に提示され，さらに議論された。各ワークショップの要約とフィードバックはさらなるコメントを求めて合同委員会に送られて，新しく選任された学校図書館部門長のバーバラ・シュルツ＝ジョーンズ（米国）とその秘書ダイアン・オバーグ（カナダ）によって初稿に反映された。

初稿は IFLA/IASL 合同委員会メンバーに送られ，さらなるフィードバックが集められて，2014年4月の学校図書館部門の常任委員会メンバーによる年央会議（英国のロンドンで開催）での再検討するための草稿としてまとめられた。この年央会議では，原稿を完全に見直し，第二稿として作成して幅広く配布した。この時点で IASL のメーリングリストを通じて，国際的なフィードバックのために第二稿を配布した。ガイドラインのより広い視野と改訂された章構成への反応は非常に好意的で，さらなる意見と提案が出され，それが議論されて，それをもとに第三稿が執筆された。

第三稿は2014年8月に IFLA の WLIC（フランスのリヨンで開催）で実施された2回目の大きな国際ワークショップにおいて配布・提示された。再点検の方法は最初のワークショップと同じであったが，協力者の興味と彼らにとっての有用性は高くなり，協力者は100人にも達し，フランスからは30人もの参加者がいた。参加者は各章のラウンドテーブ

ルに参加するよう求められた。各章について話し合うために，1つのテーブルでは収まり
きらないケースもみられ，また多くの場合は議論を円滑にするために通訳が役立った。2
時間のワークショップは，大半が2カ国語以上を話すIFLA学校図書館部門の常任委員会
メンバーによってまとめられて，すべてのフィードバックと提案は明文化された。それぞ
れのグループでは，章の内容，記録されたコメントを精査し，さらに議論するために検討
の結果をワークショップの参加者全員に提示した。第三稿への加筆内容が承認され，それ
をもとに，さらに議論するために，第四稿が常任委員会の委員長・秘書によってまとめら
れた。

　2014年9月のIASL年次大会（ロシアのモスクワで開催）では1時間で行われたワーク
ショップにおいて第四稿が提示された。各章は50人の参加者全員に提示され，あらゆる加
筆や削除やコメントが検討されたうえで第五稿が承認された。

　第五稿は学校図書館部門の常任委員会委員長・秘書が準備し，最後の国際的なコメント
を得るために，再び多くの国々のメンバーで構成されているメーリングリストに送られ，
またリヨンとモスクワでのワークショップ参加者全員に配布された。第五稿に求められた
のは小さな修正のみだった。草稿が完成し，最後の仕事は，国際的に役立つ，2000年以降
出版の重要な学校図書館に関する文献の情報を募って，参考文献用の書誌を作成すること
と，またガイドラインの主要なテーマのハイライトとして使われたガイドラインからの推
薦事項を抽出することだった。再度，国際的なメンバーによって構成されているメーリン
グリストを使って，コメントを得るための，引用文献をリスト化し，一連の推奨例を分類
した。多くの国々からの協力者からは継続して有意義かつタイムリーな返答を得たので，
これによって2015年1月中旬に開催されたIFLAの運営委員会に対して最終稿を提出す
ることができた。

　公式の承認プロセスは途中の段階であり，IFLA/IASL合同委員会は新しい『IFLA学
校図書館ガイドライン』を2015年6月のIASL年次大会（マーストリヒト，オランダ）と
2015年IFLA WLIC（ケープタウン，南アフリカ）で紹介したいと望んでいた。この完成と
ともに，私たちは『ガイドライン』の普及と実用化に向かっていく。

『IFLA学校図書館ガイドライン2015年版』の内容

　1999年の『IFLA／ユネスコ学校図書館宣言』がスクールライブラリアンシップのあり
方に関する普遍的な原則を示した一方で，2002年の『IFLA／ユネスコ学校図書館ガイド
ライン』は，現在の国際的な研究や21世紀のスクールライブラリアンシップに関する実践
と状況をふまえて更新する必要があった。「世界中の国や地方自治体の意志決定者に対し
て情報提供すること，図書館界への支援と指導に資すること，および学校図書館宣言に示
された原則を遂行するよう学校のリーダーを支援すること」（IFLA 2015, 12）という要求
を満たすために，3年間を超える期間にわたってガイドラインは重要な改訂作業（表
2-2, p.17）を実施しつづけることとなった。

　世界中のスクールライブラリアンシップに関する現在および将来の状況を述べるため
に，ガイドラインの2015年版は以下のような位置づけであると考えられている。

（ガイドラインは）学校図書館の発展を鼓舞すると同時に，強い希望を抱かせるものである。このガイドラインの作成にかかわった多くの人たちは，そこに示された学校図書館の使命と価値についての考え方に影響を受け，また，資料が豊富で，サービスの行き届いた学校図書館であっても，学校における学習ニーズにきちんと応え，変化しつづける情報環境に思慮深く対応していくために，学校図書館職員と校長などの教育上の意志決定者は奮闘しなければならないことを認識した。

　学校図書館の状況は進化しつづけているため，実践ガイドとして利用でき，また地域の状況に応じた将来の改善を主唱することのできるガイドラインを作成し，実効あるものにするのは困難な環境にある。そして，提案された基準に合わせることも重要である一方：

　　より大切なことは，学校社会を構成する人々が学校図書館について考える視点である。つまり，学校図書館の倫理的な目的（例：若い世代の人生に変化をもたらす）と教育的な目的（例：すべての人のための教育と学習を改善する）のためにサービスを行う，ということである。

　改訂された『ガイドライン』の要点には，学校図書館を「学校の物理的およびデジタル学習空間であり，読み，探究し，研究し，思考し，想像し，そして創造するためのこの空間は，児童生徒の情報から知識への旅および個人的・社会的・文化的成長の中心に位置する」と定義したことも含まれる（IFLA 2015, 16）。この改訂版『ガイドライン』は60年に及ぶ国際的研究の実証的・物理的根拠をもとにした，学校図書館の特徴を重視している。

📖　ここに至る背景
　『ガイドライン』は，多様な種類の学校図書館に当てはめることを意図しており，また各地の現状の重要性はガイドラインを通じて幾度も主張されている。先進国または発展途上国のいずれに位置するかということやその現状にかかわらず，すべての学校図書館は日々の実践の連続の上に成り立っている。学校図書館は，「児童生徒や教師やコミュニティの人々の学習を促し，支援するために，物理的およびデジタル上のスペースを提供し，利用者が情報資源にアクセスし，活動したりサービスを受けたりできる学習環境として」（IFLA　2015, 16）存在している。このガイドラインに法的拘束力はなく，信念と示唆があるのみであり，法制化と専門職養成によって効力をもたせる必要がある。国際的なガイドラインは，現在学校図書館に関する基準や法律をもたない地域や国に対して，その制定を働きかけることが可能である。その現状にかかわらず，最終的に，1999年に成立した『IFLA/ユネスコ学校図書館宣言』に述べられている「すべての人の教育と学習のための」（1）基本的な概念を学校図書館は実現する。

📖　学校図書館の定義
　今日，学校図書館の定義は，以下のような重要で特徴的な要素をもっている。「正規の教育を受けた有資格者の学校図書館員」「学校の正課・課外のカリキュラムを支援できる，目的に合った質の高い多様なコレクション（印刷，マルチメディア，デジタル）」，そし

2 新しい国際学校図書館ガイドラインの発展　13

表 2-2　IFLA 学校図書館ガイドライン2002年版と IFLA 学校図書館ガイドライン2015年版草稿の比較

IFLA 学校図書館ガイドライン2002年版	IFLA 学校図書館ガイドライン2015年版草稿
1章　使命と方針	1章　使命と学校図書館の目的
1.1　使命	1.1　序文
1.2　方針	1.2　背景
1.3　測定と評価	1.3　学校図書館の定義
	1.4　学校における学校図書館の役割
	1.5　効果的な学校図書館プログラムの条件
	1.6　学校図書館のビジョン
	1.7　学校図書館の使命
	1.8　学校図書館サービス
	1.9　学校図書館のサービスとプログラムの評価
2章　リソース	2章　学校図書館の法的・財政的枠組
2.1　学校図書館の資金と予算	2.1　序文
2.2　位置とスペース	2.2　法的基盤と論点
2.3　家具と備品	2.3　倫理的基盤と論点
2.4　電子・AV 用備品	2.4　学校図書館発展のために基盤となる支援
2.5　印刷資料	2.5　方針
2.6　コレクション管理の方針	2.6　企画
2.7　印刷コレクション	2.7　資金
2.8　電子リソース	
3章　職員	3章　学校図書館の人的資源
3.1　序文	3.1　序文
3.2　学校図書館員の役割	3.2　職員の役割と論理的根拠
3.3　図書館補助員の役割	3.3　学校図書館員の定義
3.4　教師と学校図書館員の連携	3.4　学校図書館プログラム提供に必要な能力
3.5　学校図書館職員のスキル	3.5　専門職としての学校図書館員の役割
3.6　学校図書館員の職務	3.6　准専門職としての学校図書館スタッフの役割と能力
3.7　倫理的基準	3.7　学校図書館ボランティアの役割と能力
	3.8　倫理的基準
4章　プログラムと活動	4章　学校図書館の印刷資料とデジタル資料
4.1　プログラム	4.1　序文
4.2　公共図書館との連携とリソースシェアリング	4.2　施設
4.3　校種ごとの活動	4.3　コレクション構築と管理
5章　促進	5章　学校図書館のプログラムと活動
5.1　序文	5.1　序文
5.2　マーケティングの方針	5.2　プログラムと活動
5.3　利用者教育	5.3　リテラシーと読書の促進
5.4　学習スキルと情報リテラシープログラムのモデル	5.4　メディアリテラシーと情報リテラシーの指導
	5.5　探究型学習のモデル
	5.6　技術の積み重ね
	5.7　教師の専門性向上
	5.8　学校図書館員の教育的役割
	6章　学校図書館の評価と公共との関係
	6.1　序文
	6.2　学校図書館の評価とエビデンスに基づいた実践
	6.3　学校図書館プログラムの評価方法
	6.4　学校図書館プログラムの評価の影響
	6.5　学校図書館と公共との関係

て，「持続的な成長と発展のための明確な方針と計画」である（IFLA 2015, 17）。学校図書館員が定義のなかで学校図書館に不可欠な要素と位置づけられていることにより，教育者としての学校図書館員の役割が強調されている。すべての学校図書館が現在「有資格の」

学校図書館員をおいているわけではなく，また多くの国では学校図書館員を教育する特定の手段をもっているわけでもないが，適切な教育を受けた学校図書館員の存在が児童生徒の学習成果に影響を与えることは研究から明らかである。

 学校図書館員の定義と役割

教育と学習における学校図書館員の役割が，学校図書館プログラムの中心である。この役割を果たす職員を表現する語はいくつもあり，学校図書館員，学校図書館メディアスペシャリスト，司書教諭，ドキュマンタリスト教員などの名で呼ばれているが，どのような名称でも，「指導，管理運営，リーダーシップと協力，コミュニティとの連携」の役割を担っている（IFLA 2015, 28）。探究学習の指導モデルは第5章で紹介している。読書と情報リテラシーの重要性も第5章で強調されている。

 評価とエビデンスに基づく実践

学校図書館のプログラムとサービスの評価をすることで，学校図書館が学校の目標達成の手助けとなることを明らかにすることができる。学校図書館評価の方法には，実践向上をめざして，エビデンスに基づく実践について現在使われている方法も含んでいる。

 推　奨

学校図書館の取り組みについて一連の推奨する点を掲載していることで，ガイドラインの主要なテーマに焦点を当てることができた。これらの点はアドヴォカシーの目的や学校図書館発展のための取り組みの焦点を定めるのに利用できる。

事　例

2015年のガイドラインにおいて加わった事項でとくに重要なのは，世界中の学校図書館の実践についてのさまざまな事例が紹介されていることであり，それによってガイドラインの重要な箇所が具体的にわかるようになっている。事例を紹介することは『IFLA/ユネスコ公共図書館ガイドライン』の初版にヒントを得たものであり，この方法に関する国際的な反応は好意的であった。

章構成を充実させただけではなく，新しいガイドラインでは，用語集，2000年以降の不可欠な学校図書館関連のテキストを参考とするためにガイドラインの準備中に各国から収集された文献の書誌，そしてガイドラインの各箇所をサポートしたり追加の詳細情報を提供したりする補遺（表2-3）も掲載している。

全体としてみると，『IFLA 学校図書館ガイドライン』の改訂版は，世界の学校図書館における重要な概念，学校図書館の進歩しつづける特質，そして「'すべての人のための教育と学習'の支援における最善の学校図書館サービスを提供するための取り組みにおいて，グローバルに考え，地域に根差して活動する」（IFLA 2015, 13）ためのビジョンを形成した。

表2-3　IFLA学校図書館ガイドライン2015年版草稿の補遺

補　遺	タイトル
補遺A	IFLA/ユネスコ学校図書館宣言
補遺B	学校図書館予算計画
補遺C	探究型学習の指導モデル
補遺D	学校図書館評価用チェックリストのサンプル
補遺E	校長のための学校図書館評価用チェックリスト

 直面する課題

　国際的な文書を構築し，国際的なコンセンサスを得るプロセスは課題なしというわけにはいかなかった。世界中の学校図書館には多くのちがった視点があり，その視点や実践を表現する用語も多様である。国際ガイドラインを発展させるプロセスは，学校図書館の多様性を歓迎する空気を生み出し，世界中でガイドラインを制定し利用するためのさまざまな方法を織り込むことにもなった。

　ガイドラインの読み手となるのは誰かということについて活発な議論が交わされた。多様な経済的社会的環境の下で仕事をしている，いろいろな職種の教育者たち（たとえば，図書館員，教師，校長，管理職，教育に関する省の大臣，文化に関する省の大臣など）にとって意義があるような，一連のガイドラインを作成することはむずかしかった。すべてのガイドラインは，理想と現実との兼ね合いを模索した結果である。

　2014年8月，フランスのリヨンで開催されたIFLAのWLICにおいて，新しいIFLA基準のプロセス，ガイドラインそしてウェブサイトが公開された。IFLA基準手続きマニュアル（IFLA 2014）は，IFLAの専門的な部会などによる基準やガイドラインの開発のための手引を提供し，正式なIFLAの承認を得る文書をつくるのに必要な手順の概要を示している。この手順には，文書を書くこと，入力内容の探索，文書の適切なフォーマット，多様な要素を包含すること，IFLAの専門委員会へ提出し，最終承認を得るために求められる様式が含まれている。この新しいIFLAの『ガイドライン』は最終承認のためのIFLAからユネスコに提出され，ユネスコの名が冠される。2002年の『IFLA/ユネスコ学校図書館ガイドライン』の改訂版は，新しいプロセスが紹介される前に作成されはじめており，最初の活動プランのための文書は私たちの改訂プロセスにおいて入手できなかった。しかし，私たちは，ガイドラインの初版にはなかった一連の推奨を含む，新しい手続きで要求されている構成要素を加えることができた。初期の活動計画が脱落しているにもかかわらず，新しい『学校図書館ガイドライン』はすべての要求基準を満たして，2015年1月16日，正式に提出された。

学んだ教訓

　最善の実践と地域の事情を反映できる世界各国からの参加者による見直しのプロセスは，時間もかかるし，潜在的に論点も多い。敬意を込めたコミュニケーションと秩序だったプロセスによって，この見直しが実施できたのは，熱心な専門家たちがともに責任を負ってきたからである。

『IFLA 学校図書館ガイドライン』は，将来更新する必要がある。初版は2002年に刊行され，その改訂版は2015年に刊行された。私たちの教育環境は発展しつづけており，学校図書館も現代および未来の世代を教育するというその挑戦とともに発展するだろう。IFLA と IASL のメンバーのリーダーシップによって，ガイドラインの次の更新は13年間経たぬうちに行われるだろう。私たちは，目まぐるしく変化する学習環境に『学校図書館ガイドライン』を適合させ続ける必要のなかで，互いに協力し，関心を共有していくために，きちんとしたパターンをすでに確立している。

　　これらの学校図書館ガイドラインは，インクルージョン，公平および社会正義の世界を見据えている。そのような世界は21世紀の現状のなかで実現され，さまざまな側面で変化し，流動し，互いに関連しあうことによって特徴づけられるだろう（IFLA 2015, 13）。

　今回の改訂作業が，成功のうちに終わったのは，世界中の熱心な学校図書館員と学校図書館関連の教育者が参加したからである。改訂作業に時間とエネルギーを費やしたことは，学校図書館は，それがどのように設計され，どこに位置していようと，児童生徒の学習を支え，進歩させるために役立つという思いと信念を反映している。今や，新しい『IFLA 学校図書館ガイドライン』を意味のある存在にしていく責任を負い，挑戦するのは，それぞれの，そしてすべての教育者である。

● 参考文献

IFLA. 1999. IFLA/UNESCO School Library Manifesto. The Hague: IFLA Headquarters. http://www.ifla.org/publications/iflaunesco-school-library-manifesto-1999. Accessed on 30 January 2015.

IFLA. 2014. IFLA Standards Procedures Manual. http://www.ifla.org/node/8719. Accessed on 2 February 2015.

IFLA. 2015. IFLA School Library Guidelines Draft.［Draft dated 12 January 2015.］

Sætre, TovePemmer and GlenysWillars. 2002. IFLA/UNESCO School Library Guidelines. The Hague: IFLA Headquarters. IFLA Professional Reports, No.77［Revised edition of Professional Report No.20］. http://www.ifla.org/files/assets/hq/publications/professional-report/77.pdf. Accessed on 17 February 2015.

第2部 国家および地方のガイドラインの開発と使用

Part 2　Developing and Using National and Regional Guidelines

3 カナダにおける学校図書館の全国基準の開発

Carol Koechlin and Judith Sykes
Developing National Standards for School Libraries in Canada

キャロル・ケクラン，ジュディス・サイクス

要　旨　次世代の先進的な学びのための新しいツールがカナダの学校にはある。カナダの学校図書館の新しい全国基準，『先端学習：カナダの学校図書館ラーニング・コモンズの実践基準』は，ブリティッシュコロンビア州のビクトリアで行われたカナダ図書館協会（CLA）大会で，2014年5月30日に公表された。この基準は，現在と未来の学習者の多様なニーズに応えるため，学校図書館が活気ある教育と学習の中心に変わるためのガイドである。この章では，基準の開発の経緯を説明する。

キーワード　カナダ；ラーニング・コモンズ；全国学校図書館基準；教育と学習の環境

 はじめに

　ネットワーク化が進む世界は，ほんの数年前にはわからなかったことを学ぶという複雑さをもたらすとともに，同時に新たな機会ももたらした。探究に焦点を当てた学び，創造的・批判的思考，さまざまなリテラシー，共通の目標と知識構築のための協同など，刻々と変化する環境で学ぶための新たな教育方法が必要とされている。今，現実として，発展的な学習の手法と学びの成功の定義が，革新的な学習環境の創造とともに必要とされている（Canadian Library Association 2014, 4）。

カナダの学校には，学校図書館と学びを発展させ，未来へいざなう新しいツールがある。『先端学習：カナダの学校図書館ラーニング・コモンズの実践基準』は，ブリティッシュコロンビア州のビクトリアで行われたカナダ図書館協会（CLA）大会で，2014年5月30日に公表された。この基準は，多様な学習の基準であるだけでなく，学校図書館が現在と未来の学習者の多様なニーズに応じた教育と学習の授業の活気に満ちた中心となるよう，実践的な学習方略や実例が載っている。この基準は，『IFLA/ユネスコ学校図書館宣言』（IFLA 1999）のビジョンをカナダの教育の状況に合わせたものである。この新たな基準によって，IT環境が急速に変化するなかでの教育と学習の課題と可能性をふまえたうえでの，学校の進むべき方向がわかる。

　　学校図書館は，今日の情報や知識を基盤とする社会に相応しく生きていくために基本的な情報とアイデアを提供する。学校図書館は，児童生徒が責任ある市民として生活できるように，生涯学習の技能を育成し，また，想像力を培う[1]（IFLA 1999）。

国際的には，学校図書館は，IFLA学校図書館部門・国際学校図書館協会（IASL）・世界中のさまざまな専門性を備えた学校図書館グループなどの協力と世界的な視野をもとに

して，可能なかぎりの学習環境と最高の学校図書館プログラムの提供に力を注いできた。私たちは，この蓄積を高く評価するとともに，本書 *Global Action on School Library Guidelines* にカナダでの基準の開発の報告ができることをうれしく思う。

ここに至る背景と必要性

　カナダには，以前より学校図書館の活動の基準はあった。以前の基準『情報リテラシーの獲得：カナダ学校図書館プログラム基準』（Asselin, Branch and Oberg 2003）は2003年に CLA によって公表された。同基準は，長年にわたって重要な方向性をさし示してきたが，近年の学習の状況は伝統からの脱却が必要とされた。教育の変化に対応し，学校全体を変える新しい参加型学習環境やプログラムを構築できる，新たな方向性を示す新しい基準が必要であった。

　カナダのさまざまな学校図書館プログラムは，探究学習と IT 機器の活用，メディアリテラシー，読書プログラムを推進しているが，カナダ全体で成功しているとはいえなかった。カナダの図書館員は，学校図書館，とくに人的資源やプログラムのあらゆるレベルで積極的に取り組んでいたにもかかわらず，過去10年間は負のスパイラルに陥っていた。とくに，2008年にカナダ統計局の資料で明らかになった，州（準州）ごとの格差や，同じ州内での地域ごとの格差が問題であった。

　基準の開発を始めたとき，学校図書館の状況調査に対する州委員会の回答の結果はとても満足できないものであった。州委員会[2]は，大半の学校に学校図書館が設置されていると報告したが，多くの学校にはリーダーシップと専門知識を備えた有資格の司書教諭は配置されていなかった。保護者ボランティア，図書館に関する研修を受けた技術職員，研修を受けていない事務職員や技術職員など，さまざまな教育職でない職種の職員が学校図書館を担当していた。多くの州で予備資格や研修中の司書教諭だけでなく，教育職でない図書館技術職員や図書館員が学校図書館を担当していた。また，新たな資料の購入費を地域に依存していた学校もあった。本の倉庫となっていた学校図書館もあった。これらの多くの予算が少ない学校と地域は，中央からの支援を何も受けていなかった。

　しかし，学校に司書教諭が配置された地域では，強力な専門職団体があったり，多くの最先端の見本となるプログラムが行われていた。これらのすばらしいリーダーたちは，探究学習と読書の楽しさの育成に役立っていた。すでにラーニング・コモンズへ変化しはじめていた学校図書館もあった。私たちは，カナダが衰退し格差社会になりつつあるという認識のもと，すでに実践されていたすぐれた図書館プログラムの成果を盾に，私たちはこのプロジェクトを緊急性をもって取り組み始めた。

　基準の開発は，4年前にアルバータ州エドモントンで開催された，『21世紀学習者のニーズのためのカナダの学校図書館の転換』のトレジャーマウンテンカナダ（TMC）研究シンポジウムから始まった。トレジャーマウンテンカナダは，現在のカナダにおける研究と論文作成のために，教育方法と時代の変化に向かい合って，学校図書館の役割を研究者と実務家がともに議論する参加型学習体験のイベントである。TMC は，州の図書館協会と CLA 委員会やネットワークからの支援を受けて，隔年で行われる専門委員会によっ

て運営されている。TMC は，1982年に米国で開催されたトレジャーマウンテンリトリート以降，デイヴィット・ローツチャー博士の下で定期的に行われるようになった。2010年には，カナダの学校図書館プログラムの全国基準『情報リテラシーの獲得』の改訂が，さまざまなすぐれたプロジェクトの1つとして提案された。改訂作業は，TMC シンポジウムに出席した人々によって少しずつ始まり，また新たに参加する人もあって，この後2年間非公式に続けられた。

2012年，オタワで行われた別の会議で会った TMC 2 の参加者は，「次世代の学び」に取り組み，新基準の開発の枠組みを探り始めた。この初期に協働して取り組んだことは，全国プロジェクトの設立に活かされた。このとき，CLA，CLA 学校図書館顧問委員会，「学校図書館ネットワークへの声」（Voices for School Libraries Network）の間で正式な協力関係が結ばれたのである。CLA への助成金申請書や基準の編集や最終案の確定など，すべての開発と作成は協働でボランティアで行われた。このプロジェクトは，学校図書館の価値と質を判断するカナダの指標と原則の策定を目的とした。はじめの頃から TMC 参加者の間で出されていた大きなビジョンは，学校図書館を図書館ラーニング・コモンズへと変え，学校全体で次世代の学びへと取り組む基準の開発であった。

すでにカナダの多くの州で，学校図書館から図書館ラーニング・コモンズ（LLC）へ変わることは成功していた。オンタリオ学校図書館協会（OSLA）は，2010年に『協同学習：学校図書館とラーニング・コモンズの登場（Together for Learning: School Libraries and Emergence of the Learning Common）』を公開した。これは，オンタリオ州やカナダにおけるプログラムや設備の変更のきっかけとなった。ブリティッシュコロンビア州の司書教諭や管理職は，学校図書館からラーニング・コモンズへ変わること，ラーニング・コモンズを活用した学習者の驚くべき結果を共有しはじめた。また，アルバータ州での実践は成功し，2014年6月にアルバータ州教育省が公表した『新しい学校図書館ラーニング・コモンズの方針』（Alberta Education 2014）につながった。米国，オーストラリア，ニュージーランドなどの他国のラーニング・コモンズや21世紀の学習ニーズに対応した学校図書館からも，この頃から基準の改訂の取り組んでいた者は影響を受けた。基準では，これらの豊かな成功実績を活かして，カナダの学校図書館は，次世代の先進的で刺激的なな学びのためのラーニング・コモンズとして描かれた。

ただ，カナダのすべての学校に当てはまる基準を作成するためには，さらに2年間の協働作業が必要であった。基準は PDF の形となり，2014年にブリティッシュコロンビア州のビクトリアで行われた CLA の全国大会や，同時に行われた第3回トレジャーマウンテンカナダの学校図書館研究シンポジウムで発表されることとなった。

用いられた資金と人的資源と方法

CLA からの少ない助成金は，基準の編集・レイアウト・出版だけでなく，フランス語版への翻訳に使われた。メンバーや執筆の取りまとめもボランティアで行われた。カナダのさまざまな地域から，執筆や確認・修正も長期間にわたってボランティアで行われた。カナダの10州3準州すべてからの参加と協働は，プロジェクトの初期から目標としてい

> 創造の第1段階　課題1：議論の出発点
>
> - 社会における図書館の役割は何ですか？
> - この役割は，図書館の教育に対する役割と同じですか違いますか？
> - 学校図書館は学校改善に重要ですか？
>   （児童生徒の関与と達成・教育方法・学習環境・学校の発展と地域目標）それはなぜ？　方法は？
> - あなたの州/準州の学校図書館の現在の状態はどうですか？

図3.1　「創造の第1段階 課題1：議論の出発点」カナダ図書館協会（CLA）学校図書館ネットワークへの声『学校図書館ネットワークへの声CLA全国プロジェクト』©2012

た。私たちには，現在や未来の学習を引っ張っていく学校図書館にさらなる投資が行われるというビジョンが共有できる全国基準が必要であった。私たちは，新しい基準の具体的な開発と修正を協働して行ったことをとても誇りに思う。

　基準は国全体に広がる委員会の考えやニーズを取り入れ，デジタルドキュメントとして協働して作成された。地域レベルでの課題に対応できるよう，すべての州や準州で州委員会州支部委員会が設立された。州委員会は，理想的な学校図書館「ラーニング・コモンズ」を開発するために，司書教諭・校長・図書館技術職員・担任の教師・保護者・場合によっては児童生徒・地域の図書館員・地域の代表などをメンバーとして設立された。州委員会は，個人個人が協働し，事実確認やグループディスカッションに協力する。州委員会は，基準作成の各段階で特定の課題を与えられた（例として図3.1）。

　州委員会は，根拠を元にし，現在の学校図書館の取り組みや問題の背景をつくり，最新の情報を保つため，近年の研究・基準・専門的な記事へのリンクを搭載した全国プロジェクトのサイト（https://sites.google.com/site/nationalslproject/）(1)を使うことができた。また，それぞれの基準の指標を表す，地域の学校図書館の実践のエビデンスを報告した。各委員会は，「状況の確認」（See it in Action）の指標のような地域で最もすぐれた実践は，意気と誇りをもって歓迎された。すべての実践は，全国プロジェクトのサイトにアーカイブされた。CLAの助成金のもと，基準の開発の最終年には，「リアルタイム」での報告や意思決定のため，必要に応じて何度かの遠隔会議が行われた。この直接話す機会は，すべての人にとても評価され，チームを構築し，プロジェクトへの貢献に役立った。

　基準の特徴

　基準はPDF形式であり，現在はSLIC（School Libraries in Canada）のウェブサイトからみることができる。基準は3章で構成されている。数多くの参考文献は別のファイルにまとめられており，目次のページからリンクされている。

1. 学校図書館からラーニング・コモンズへの転換：この入り口の章は，対象と根拠を明らかにし，ラーニング・コモンズの手法を定義したうえで，基準が導入される。
2. 先端学習の枠組み：この基準の中心として，基準ごとにテーマと指標が表の形で載っているとともに，それぞれの指標の実例も載っている。
3. 前進：実践的な章として，校長・司書教諭・管理職などの学校の指導者に向けて，

22　Part 2　国家および地方のガイドラインの開発と使用

基準を策定し継続するための発展の段階を表にしたものなどの鍵となる追加の資料や用語集が載っている。

以下の5つの重要なテーマは，それぞれの章で扱われる。これらの重要なコンセプトは，議論の最初では非常に曖昧なアイデアであったものの，作成が進むにつれて明瞭かつ強固なテーマとなった。

　―展望：学校図書館ラーニング・コモンズ
　―焦点：先端学習
　―包含：すべての学校のための学校図書館活用のきっかけ
　―真正の評価：事実の把握
　―継続性：実践のサポートと今後の取り組み

　展望：学校図書館ラーニング・コモンズ

新基準では，カナダの学習者のニーズを満たすよう，学校図書館が変わることが必要とされている。すべての学校で，学習の重要な中心となるよう，さらなる投資が行われることも期待される。図書館ラーニング・コモンズがよい実践や学校改善を持続する中心や見本となることが考えられる。

　　ラーニング・コモンズは，参加型学習コミュニティを構築する学校全体での取り組みである。図書館ラーニング・コモンズは，学校において，協同学習の物理的な中心であり，仮想的な中心でもある。学校全体を通じた未来志向の学習と教育が生まれ，進むように設計される。探究学習・プロジェクト学習・問題解決学習の経験は，情報・アイデア・思考・対話が知的にかかわるきっかけとして設計される。読書は学習のリテラシーとIT機器のコンピテンシーを伸ばし，批判的思考・創造性・革新性を遊びながら学ぶことで伸ばす。よりよきものへとともに学ぶことで誰もが生徒になり先生になる（Canadian Library Association 2014, 5）。

　焦点：先端学習

基準は，児童生徒が学力を伸ばし，カナダにおける生産的な市民となれるよう，教育と

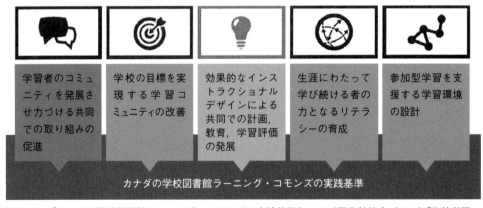

図3-2　「カナダの学校図書館ラーニング・コモンズの実践基準」カナダ図書館協会（CLA）『先端学習：カナダの学校図書館ラーニング・コモンズの実践基準』8，©2014。

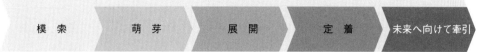

図3-3 「図書館ラーニング・コモンズの発展過程」『先端学習：カナダの学校図書館ラーニング・コモンズの実践基準』p.8 カナダ図書館協会（CLA）©2014.

学習の中心に学校図書館をおいている。効果的な学校図書館のラーニング・コモンズの活動は，動的な学習のための5つの中核的な実践基準に位置づけられる（図3-2）。

　　　経費・IT機器・コレクション・職員・施設のすべての基準を満たせば，最良の教育と学習環境が保証されるわけではない。より重要なことは，学校図書館が道徳的な目的で行うこと（青少年の生活を変える）や，学校図書館が教育目的で行うこと（すべての者への教育と学習の改善）など，学校構成員が学校図書館について考えることである。施設・コレクション・職員・技術は，目的を達成する手段にすぎない（IFLA 2015 Introduction）。

包含：すべての学校のための図書館活用のきかっけ

　プロジェクトの運営委員会は，すべての学校に役に立ち，すべての教育と学習を豊かにする必要があると判断した。学校間，地域間の現実と格差をふまえ，ラーニング・コモンズの実践の発展過程を4段階で表し，非常に状況の悪い学校のため，基準以前の段階を加えた5つと，発達を示す指標を作成した（図3-3，図3-4）。現在の状況には関係なく，カナダのすべての児童生徒へ最高の学習機会を提供することが私たちの目標である。

　「模索」—すべての子どもは，司書教諭の専門的な支援が効果的であると研究や実践は明らかにしているが，ラーニング・コモンズの構築の前段階として，すべての学校のための取っ掛かりを示す必要がある。図書館や教育についての研修を受けない者が管理する学校図書館があるため，「模索」という基準似前の段階を設定した。この段階の学校にとっては，学校図書館を見直し，目標と行動計画を策定するのに基準や付属の資料が役立つ。「発展過程表は，ラーニング・コモンズへの変化が始まっている学校だけでなく，学校にもとても役に立つ」（Canadian Library Association 2014）。

　「萌芽」—最初の段階の学校は「学校図書館ラーニング・コモンズのコンセプトを受け入れ，ラーニング・コモンズ指導者チームは新たな環境による新たな学習のための図書館施設・資料・IT機器や教育サポートスタッフを準備する」（Canadian Library Association 2014）。これらの学校には，司書教諭，ラーニング・コモンズの教員，図書館技術職員という専門のスタッフが配置されている。また，教育職ではない専門職を配置する場合，図書館プログラムを率先して行うために，熱心で有能な担任教員をラーニング・コモンズの担当者とすることが校長に強く勧められる。また，州（準州）のカリキュラムに応じたプログラムを構築できる教員を配置すれば，ラーニング・コモンズの教育の可能性が始まる。ラーニング・コモンズはさまざまな新しい教育をもたらすと教員や管理職が実感すると，教員や管理職はラーニング・コモンズに力を注ぎ，ラーニング・コモンズは発展過程段階に沿って発展する。

模　索	萌　芽	展　開	定　着	未来へ向けて牽引

テーマ	発達指標			
学習のビジョン	学校は，図書館ラーニング・コモンズ（LLC）を学習のニーズや学習環境の変化への対応に取り組んでいる。	LLC は協同学習の学校全体での取り組みを展開する。	LLC は学校中の協同教育や協同学習を司っている。	LLC は学習コミュニティを構築し，学校改善や地域，グローバルの変化に対応する。
	状況の確認	状況の確認	状況の確認	状況の確認

図3−4　「学習課題と発達指標のビジョン」カナダ図書館協会（CLA）『先端学習：カナダの学校図書館ラーニング・コモンズの実践基準』11 ©2014。

　「展開」―第2の段階は，LLC プログラムが開始される段階だが，現実的におそらくまだ人的資源やスケジューリングの問題がある。しかし，教育と学習の進歩は明らかである。「ラーニング・コモンズ指導者チームは，学校図書館ラーニング・コモンズの教育の専門知識・資料・IT 機器・場所を利用した，探究に焦点を当てた学びを中心とする教員と児童生徒が協同する学校の文化を構築する」（Canadian Library Association 2014）。

　「定着」―第3の段階は，すべての学校がめざすところである。居るべきところに司書教諭がいてすぐれたプログラムを推進する。仮に，パートタイムだけとしても，協同学習と参加型学習の文化が確立され，LLC プログラムは，学校の改善を進める。「学校図書館ラーニング・コモンズは，魅力的で効果的な協同学習と参加型の知識構築の経験を設計し主導する，教育上のパートナーになりえる」（Canadian Library Association 2014）。

　「牽引」―第4の段階は，プログラムの模範例とほかの図書館を引っ張っていく指導者的段階である。この基準は，発展過程を表したもので，単なるルーブリックではない。それゆえ，変化のニーズに対応しつづけ，他人に手を差し伸べて助けるというラーニング・コモンズの本質を守り，国家的あるいは国際的な学びのコミュニティーとしての収容力をもたなければならない。

真正の評価：事実の把握

　基準は開発のすべての段階で，豊かな経験者によるいくつもの目を通すことによって，確認・修正されている。とくに初期案の各テーマの指標には，各委員会や図書館を引っ張る側から多くのフィードバックが寄せられ，専門家による検討を経て基準は編集されている。

　カナダ中の学校が，現在の実践の段階がわかり，自らの実践を振り返ることができるように，また，「また別の基準」で圧倒されてしまわないように，できるだけ明瞭簡潔にする必要があるとの，フィードバックを受けた。これは，学問やよい教育実践に基づいているだけでなく，実行でき，成長でき，継続できる基準である必要があった。ただ，基準の執筆や確認修正をチームで協働して行ったことは，現実的な基準を作成するという以上の

効果があったと信じている。最終的に，多くの基準はテーマが6つ，2つの基準はテーマが7つになった。各テーマには，4つの発達段階に合わせた4つの指標がある。学校が基準を実践しはじめる取っ掛かりにもなるため，発展過程表は「模索」の段階から始まる（図3-4）。また，基準を自らの学校に当てはめ，実践が進むにつれて，いくつかの指標は萌芽の段階，ほかの指標は牽引の段階」など，指標ごとに異なる段階となるだろうことは強調しておきたいところである（Koechlin and Sykes 2014）。

すばらしい実例と注釈を基準にどう組み込むかに多くの議論が費やされた。リンクが容易であることを活かして，実例・Webセミナー・ビデオ・ネットワーキングスペースへのリンクを備えた専用のウェブサイトを早く用意したいと思っている。これは，PDF版の基準でも実現すべきことであった。暫定的な解決策として，「状況の確認」をクリックすると，実例を直接リンクを張ってみられるようにするとともに，関連するさまざまな情報を概説した「ノートカード」も合わせてみることができるようにした（Koechlin and Sykes 2014）。今は，いかにリンクを改訂しつづけるかが次の課題である！

 継続性：実践のサポートと今後の取り組み

「前進」は基準の最後の章であり，学校全体が協働して実践する必要がある。LLCが発展するための学校，地域，さらには政府省庁レベルでの戦略とともに，基準全体にかかわる用語集が載っている。「付録」の部分は，実践に役立つほかのヒントやツールが載っている。ラーニング・コモンズの実践の効果が出るまでの変化は，かかる時間が学校ごとに異なる終わりのない道のりである。チームでの取り組み方や多様な役割，責任に対して学校全体で努力する必要がある。まずは取り掛かり，目標を設定し，達成し，祝い，上をめざし続けることが重要である！ ラーニング・コモンズを開発し責任をもつ学校全体を牽引する協働チームは，開発，実践，実験，継続を促す。校長，管理職，教員，司書教諭，図書館技術職員，地域の図書館員，保護者，児童生徒の誰もがラーニング・コモンズを受け入れ，役割を果たす必要がある（Koechlin and Sykes 2014）。

 課題と教訓

新基準は，カナダの小・中学校のすべてのための教育と学習の発展のために開発された。このむずかしいプロジェクトを成功させるために，広大なわが国のあらゆる地域から声をもらった。それぞれの地域のカリキュラム・経済状況・人的資源の配置と雇用契約は，専門用語と学校図書館の手法を理解するうえで矛盾していた。多くの時間と労力が多くの人にとって有意義であり，基準の意図を削ぐことがないように，共通点を見つけることに費やされた。カナダはバイリンガルの国であり，フランス語の翻訳が必要とされるが，すぐに利用できるようになるだろう。

基準の完成への困難な道のりは，今のネットワーク化された社会における学習の可能性の例といえるであろう。基準は，カナダ中の多くの個人個人や，学校図書館の未来に情熱をもつグループの努力のたまものである。それぞれの州委員会が協働して基準を作成，確認，修正するために，デジタルライティング環境としてGoogleドキュメントが用いられ

実践の段階: 重要な戦略と成功の条件

学校構成員のなかからラーニング・コモンズ指導者チームのメンバーを決める

図書館ラーニング・コモンズのビジョンを作成する

学校図書館ラーニング・コモンズの実践基準と学校全体の開発計画を統合する

学校ですでに作成されているリソースと学習プログラムを確認する

ラーニング・コモンズ指導者チームと協力し，行動計画を策定する

『カナダ学校図書館ラーニング・コモンズの実践基準』に基づいた教育と学習の実施

成功を祝いつつ，よりよきものをめざしつづける

図3-5 「実践の段階：重要な戦略と成功の条件」カナダ図書館協会（CLA）『先端学習：カナダの学校図書館ラーニング・コモンズの実践基準』p.22, ⓒ2014。

た。Googleドキュメントを用いた利点の1つとして，多くの人が執筆にかかわり，この重要なプロジェクトによって全国的なコミュニティが構築されたことである。『先端学習』は，全国的な協働そのものである。

 学校図書館基準の目的，利点，評価と限界

学校図書館ガイドラインで意図した目的は，すべての学校のために，現在と未来のすべての学習者のニーズを完全に満たす学校図書館プログラムや施設の設計と実践に役立つツールを示すことである。今回のカナダの基準の開発では，学校の状況にかかわらず，すべての児童生徒へ，最高の資源とできる限りの支援という公平な学習機会の担保をめざした。基準は，児童生徒の学習を重要視する。そのため，教育を担当する者に対し，すべてのカナダの児童生徒が学校図書館ラーニング・コモンズと協同学習のプログラムを開発するための指標が作成されている。これらの指標と「状況の確認」の例は，学習経験を設計し統合するのに役立つ。その学習経験は，情報リテラシーがあり責任感があり経験豊かな情報とアイデアを利用するユーザーを前進させ，生涯学習に向かわせる。指標は，児童生徒が教養を尊び，カナダ市民・地球市民としての役割を果たすアクティブな児童生徒を育てるきっかけにもなる。

全国学校図書館ガイドラインは，すべての学校図書館にかかわる人に多くのメリットをもたらす。地域と管理職には，教育学に基づく最良の方法とカナダ中の専門知識に基づいて，図書館の施設を発展させ，プログラムを開発する明確な基準と見本が載っている。図書館ラーニング・コモンズ指導者チームは，図書館プログラムの開発と物理的な施設の変化の例の取っ掛かりを見つけられる。司書教諭には，短期・長期の目標を作成する明確な基準と指標を用意する。担任の教員には，協働計画を支援する図書館でのよい実践例が見つけられる。保護者やコミュニティのメンバーは，基準から図書館ラーニング・コモンズ

を支援する最もよい方法を見つけることができる。

　この基準は，非常に新しいものであるため，CLA と地域学校図書館協会は，基準を広め，実践を始めたところである。近い将来に計画していることは，より多くの例を載せたウェブサイトを作成し，プロジェクトの第 1 段階を充実させることである。実践を行う計画を定め，基準が学校改善に与えた影響を確かめる委員会を設立する必要がある。また，この委員会の設立前を待てず，多くの地域において，管理職のみならず，司書教諭やほかの図書館員に基準を使いはじめるための専門的な研修が新年度より始められる。これらの初期の事例は，委員会の設立後役立つことであろう。私たちは，変化中の学校に役立つ基準にもとづいた多くのツールを用意するとともに，インターネットでエビデンスを収集し共有して，各学校で実践研究を行えるよう，司書教諭を支援する資料を準備した。いくつかの州の教育庁がすでに関心を示し，学校の設置者にこの基準を配布しこの基準をもとにした研修を学校図書館員に行うことが考えられている。

　　実践の評価は，新しいカナダの学校図書館の実践の基準に必要である。学校図書館と学校司書は一貫した体系的な方法で評価されることはほぼなかったが，評価は，図書館のプログラムやサービスが「より学習を重要視し」ているかの確認に役立つ（Oberg 2014, 1）。

　　実践と持続：『先端学習：カナダの学校図書館ラーニング・コモンズの実践基準』は，各学校に多くの問題を提起し，次の段階へと進むことができる戦略的な資料が載っている。…以下に示す実践の段階と戦略的なツールを活用することで，進むべき方向とエネルギーを手に入れられ，国中の児童生徒は将来のために今できることすべてをすることができる。（Sykes 2014, pp.11-12）

　　評価は，学校図書館のプログラムやサービスを実施する重要な一面である。評価は意思決定や問題解決に対応している（説明責任の問題）。評価は学校図書館についての人々の考え方に影響を与え，学校図書館の発展にも役立つ（改善の問題）（IFLA 2015, 6.1章）。

　すでに，全国レベルでプラスの影響がみられる。最近のカナダ王立協会の専門家パネルのレポートでは，『先端学習：カナダの学校図書館ラーニング・コモンズの実践基準』は，現在・未来の学校図書館のモデルとして引用され，カナダ全体でこのビジョンを進めるために，勧告53：「教育省は，教育委員会や各学校と協同で，学校図書館／ラーニング・コモンズの発展に必要な継続的な資金を提供する」（カナダ王立協会2014，158）などの力強い勧告がつくられている。

　ガイドラインの革新的なビジョンには限界がある。しかし，いくつかの地域と学校では新しい課題が生まれている。全国組織として，私たちは意見を聞き，可能性を広め，創造的かつ体系的に活動する必要がある。私たちは，基準を広め，成長させつづける必要がある。私たちは説明責任を果たし，問題に対処する方法と戦略を開発する必要がある。

　各学校では，管理職や計画チームは，基準の学習と教育の指標を活用して，成果の結果得られる予算の変化に気を配る。また，管理職は，学校図書館をモノよりもヒトに重点をおいた学習の場所として，とらえ直す必要がある。学校図書館の人材の配置や有資格の司書教諭の研修は，学校での学習を牽引する。管理職が基準のビジョンや意図を認識しないことは，学校図書館の発展の主な制約である。

28　Part 2　国家および地方のガイドラインの開発と使用

　ラーニング・コモンズとしての学校図書館へさらに投資することは，学校の改善のための継続的な投資であり，現在と未来の学習に役立つ。全国基準の開発は，カナダの学校図書館の評価を高め，学校の発展計画に学校図書館が含まれる新たな機会となっている。『先端学習：カナダの学校図書館ラーニング・コモンズの実践基準』は，変化の道のりへといざない，成功をもたらす実践的なツールである。

● 参考文献

Alberta Education. 2014. "Learning Commons Policy." http://education.alberta.ca/department/ipr/slsi.. aspx. Accessed on 27 January 2015.

Asselin, Marlene, Jennifer Branch and Dianne Oberg, eds. 2003. *Achieving Information Literacy: Standards for School Library Programs in Canada*. Ottawa: Canadian Association for School Libraries. http://www.clatoolbox.ca/casl/slic/ail110217.pdf. Accessed on 18 February 2015.

Canadian Library Association. 2014. *Leading Learning: Standards of Practice For School Library Learning Commons In Canada*. Ottawa: CLA. http://clatoolbox.ca/casl/slic/llsop.pdf Accessed on 13 December 2014.

Canadian Library Association and Voices for School Libraries Network. "Voices for School Libraries Network CLA National Project." https://sites.google.com/site/nationalslproject/. Accessed on 13 December 2014.

IFLA. 1999. *IFLA/UNESCO School Library Manifesto*. The Hague: IFLA Headquarters. http://www. ifla.org/publications/iflaunesco-school-library-manifesto-1999. Accessed on 30 January 2015.

IFLA. 2015. *IFLA School Library Guidelines Draft*. [Draft dated 12 January 2015.]

Koechlin, Carol and Judith Sykes. 2014. "Canadian School Libraries Leading Learning" *Synergy* 12. http://www.slav.vic.edu.au/synergy/volume-12-number- 2 -2014.html. Accessed on 13 December 2014.

Oberg, Dianne. 2014. "Relentlessly Focused on Learning: The Role of Evaluation." Paper presented at Treasure Mountain Canada 3 , Victoria, British Columbia, 29-31 May. https://sites.google.com/site/ treasuremountaincanada 3 /advancing-the-learning-community/oberg. Accessed on 18 February 2015.

Ontario School Library Association (OSLA). 2010. *Together for Learning: School Libraries and the Emergence of the Learning Commons: A Vision for the 21st Century*. Toronto: OSLA. https://www. accessola.org/web/Documents/OLA/Divisions/OSLA/TogetherforLearning.pdf. Accessed on 18 February 2015.

The Royal Society of Canada. 2014. "The Future Now: Canada's Libraries, Archives, and Public Memory." Ottawa, ON: Walter House. https://rsc-src.ca/sites/default/files/pdf/L%26A_Report_EN_FINAL_Web.pdf. Accessed on 28 January 2015.

Statistics Canada. 2008. "School Libraries – An Under-resourced Resource?" http://www.statcan.gc.ca/ pub/81-004-x/2005002/8051-eng.htm. Accessed on 2 March 2015.

Sykes, Judith. 2014. "Moving Forward: Implementing and Sustaining the School Library Learning Commons (SLLC) Through Mentoring, Accountability, Research, Community (MARC)." Paper presented at Treasure Mountain Canada 3 , Victoria, British Columbia, 29–31 May. https://sites. google.com/site/treasuremountaincanada3/cultivating-effectiveinstructional-design/sykes. Accessed on 3 March 2015.

● さらに読み進めたい人に

Brooks Kirkland, Anita. 2014. "From Hubris to Humility: Welcoming New Standards for School Libraries in Canada." *School Libraries in Canada* 32 (2): 30–33. http://clatoolbox.ca/casl/slicv32n2/ 322brookskirkland.html. Accessed on 13 December 2014.

Canadian Library Association. 2014. "School Libraries Advisory Issues Committee." http://www.cla. ca/source/members/committeelist.cfm?committee=SLAC&Section=Committees. Accessed on 13 December 2014.

Canadian Library Association. 2014. "A Vision for Canadian School Library Learning Commons." *School Libraries in Canada* 32（2）. http://clatoolbox.ca/casl/slicv32n2/322cla.html.Accessed on 13 December 2014.

Canadian Library Association. 2014. "Voices for School Libraries Network." http://www.cla.ca/AM/Template.cfm?Section=Networks1&Template=/CM/HTMLDisplay.cfm&ContentID=12222&FuseFlag=1. Accessed on 13 December 2014.

Canadians for 21st Century Learning and Innovation. 2014. "Shifting minds: A 21st Century Vision of Public Education for Canada." http://www.c21canada.org/. Accessed on 13December 2014.

Gibson, Jo-Anne. 2014. "New National School Library Standards for the 21st century officiallylaunched." http://www.pembinatrails.ca/Features/2014/June/library.html. Accessed on13 December 2014.

Hay, Lynn. 2014. Blog.http://studentslearn.wordpress.com/2014/06/05/leading-learningstandards-of-practice-for-school-library-learning-commons-in-canada-2014/. Accessed on13 December 2014.

Koechlin, Carol. "TM Canada – Program." http://tmcanada.pbworks.com/w/page/54170028/Program. Accessed on 13 December 2014.

Koechlin, Carol. "Invitation to TM Canada 2010." http://tmcanada.pbworks.com/w/page/22304838/Invitation%20to%20TM%20Canada%202010. Accessed on 13 December2014.

Koechlin, Carol, David Loertscher, and Esther Rosenfeld. 2010. *Building A Learning Commons:A Guide For School Administrators and Learning Leadership Teams.* Salt Lake City, UT: HiWillow Research and Publishing.

Koechlin, Carol, David Loertscher, and Sandi Zwaan. 2011. *The New Learning Commons WhereLearners Win: Reinventing School Libraries and Computer Labs*, 2nd ed. Salt Lake City, UT:Hi Willow Research and Publishing.

Koechlin, Carol and Judith Sykes. 2014. "Transforming School Libraries in Canada: Principlesof an Effective School Library Learning Commons." The Medium Spring, http://ssla.ca/The%20Medium%20Issue. Accessed on 13 December 2014.

Loertscher, David V., Carol Koechlin and Esther Rosenfeld. 2012. *The Virtual LearningCommons*: Building a Participatory School Learning Community. Salt Lake City, UT:Learning Commons Press.

Sykes, Judith. 2013. *Conducting Action Research to Evaluate Your School Library.* Santa Barbara, CA: Libraries Unlimited.

● 注
（1）2015年3月6日アクセス。

● 訳注
①訳文は堀川照代。長倉美恵子，堀川照代共訳（2000）「ユネスコ学校図書館宣言すべての者の教育と学習のための学校図書館〔含解説〕」『図書館雑誌』94（3），pp.170-172. http://ci.nii.ac.jp/naid/40002724751/

②provincial and territorial committees = regional committees とした。

4	Guidelines and Standards for School Libraries in Catalonia, Spain Mònica Baró, Teresa Mañà and Àlex Cosials

スペインのカタルーニャ州における学校図書館ガイドラインと諸基準

モニカ・バロ，テレサ・マーニャ，アレックス・コシアルス

要 旨 スペインにおいては，学校図書館は久しく未発達な状態にとどまっていた。しかしながら，2002年に公表された『IFLA／ユネスコ学校図書館ガイドライン』の影響を受け，状況は最近10年以上にわたり大きく改善されている。カタルーニャ州の事例を取り上げ，本章では，スペインという国家レベルとカタルーニャ州という州レベルの両方のレベルにおいて，展開された現場での事務事業の実施とともに，そこで採用された先導的基本方針に焦点を当てている。学校図書館の分野におけるスペインの政治的および法的な基本的枠組みを検討したのちに，私たちはカタルーニャ地方の先端的教育プログラム，Puntedu を論じ，地域を対象とする『学校図書館のためのガイドラインと諸基準』の精査検討の過程を記述する。

キーワード スペイン，カタルーニャ，先端的教育プログラム，学校司書の役割，地域的ガイドライン

スペインの政治的および法的な基本的枠組み

スペインは，自律的共同体と認識される17の地域から構成される準連邦国家である。この政治的制度は，民主主義への復帰に伴い，1978年に確立された。諸権限の均衡は時間をかけて委譲されてきたが，教育や文化に関する権限は，カタルーニャなどの諸地域にあっては，常に主として地方が責任を担ってきたし，またこれらの諸権限は，現在，すでに大半の地域に委譲されている。

教育制度においては，全国レベルの中央政府は，教育制度の同質性と統一性を確保しており，共通の基本的枠組みを整備する法によって組織されている。しかしながら，17の地域政府のそれぞれが教育に関して排他的な権限を有し，その権限に基づき地域政府は独自の基本方針を作成し，さらに教育についての法規範を制定している。教育制度によって提供される教育は異なる諸段階に分割される。すなわち，保育園（0～6歳），初等教育（6～12歳の6学年），義務的中等教育（ESO：12～16歳の4学年），高等学校（16～18歳）ならびに中等職業教育，芸術・デザイン分野の中等職業教育とスポーツ分野の中等教育（16～18歳）の諸段階がそれにあたる。

初等教育と中等教育は義務的で無償とされ，そして国ないしは公的補助金を与えられた私立学校によって実施することができる。私立学校は，義務的レベルの教育を行うために，政府の資金援助を申請できる。私立学校がこのような公的資金を得た場合，それらは‘承認をうけた私学’（centros concertados），すなわち国の援助を受けた私立学校と呼ばれ

る。国の運営する学校に通う生徒の割合はおよそ68％を占める。国の制度のなかで，教育は２種類の学校で実施されている。第一段階のための保育園と小学校（CEIP）および義務的な第二段階教育である高等学校と職業教育のための中等教育諸機関（IES）がそうである。国の援助を得た私立学校はこれらのすべてのレベルの教育を提供することができる。

　最近にいたるまで，スペインの学校図書館は法に基づいて設置されるものではなかったし，学校図書館を設置ないし整備するための基本方針によって支援されるものでもなかった。それらはほとんどもっぱら学校には図書館が必要だと信じる，積極的で熱心な教師の個人的努力に負うものであった。2013年の学校図書館に関する調査（Miret et al. 2013）によって明らかにされたように，不十分な資源，サービスの不足，利用率の低さ，そして短命な存続期間といった４つの欠陥が当時の学校図書館を特徴づけていた。それらの図書館は，ほかのヨーロッパ諸国の学校図書館とはほとんど比べものにならず，ユネスコやIFLA のような国際的な諸機関や組織団体によって推進される基準からは遠く隔たるものであった。

　しかしながら，最近10年以上にわたり，スペイン政府といくつかの地域政府は学校図書館を振興する特定の基本方針を実施してきた。ホセ・ルイス・ロドリゲス・サパテロ（Jose Luis Rodriguez Zapatero）の率いる社会主義政府（2004-2011年）のもとで可決された，2006年制定の教育基本法（Organic Law on Education：LOE）のような先導的立法がまず第一に学校図書館についての法的な基本的枠組みを創りだした。同法113条は，「学校には学校図書館が設置される」と定めており，教育行政当局に国の運営する学校に図書館の導入設置を支持することを促している。これらの図書館は２つの目標を追求することがめざされた。すなわち，読書スキルの改善に貢献することと，「そのほかの分野と諸科目を学習するため，およびこれらのツールの批判的利用を促進するために，情報とそのほかの諸資源へのアクセスを提供すること」を推進したのである（LOE 2006）。

　そのとき以来，学校図書館をめぐる状況は改善されてきた。その後何年にもわたって，スペイン政府はこの計画に7000万ユーロを投じ，いくつかの地域政府の財政的支援によりさらに財源が増強されてきた。これら地域政府のなかには，資金配分の改善につながる，学校図書館を設置し整備するためのプログラムを採択するところもあった。その結果，学校では，図書館コレクションが増加し，更新され，事務処理とサービスが自動化され，図書館家具や技術的基盤がリニューアルされ，さらにいくつかの事例では学校図書館に専門的職員が配置された。

　「スペインの学校図書館：2005-2011年の動態（*Las bibliotecas escolares en Espana. Dinamicas 2005-2011*）」という最近の調査研究（Miret et al. 2013）は，当該期間に実現した発展が記述されている。この調査研究報告書には，学校図書館の管理運営や調整職員の研修，学校図書館を中心におくとの認識と配置，（ブログやウェブページによる発信など）インターネット上の図書館の諸活動の推進，およびテクノロジーサービスの改善などの諸問題について論じている。

　それにもかかわらず，近隣諸国とは異なり，学校司書の姿はいまだ見ることができな

い。その役割は，しばしば1週間のうち数時間を図書館に割いている，図書館の管理者を務める教師によって担われている。これらの学校図書館管理者である教員のなかには，地域の教育施設ないしは大学で関係する特定の科目を履修したものがいるが，彼らの大半は関係するあらゆる適切な研修の経験を欠いている。基礎的な教員の研修において，学校図書館はまったく対応されていないということと，多くの学校図書館の管理者は学校図書館についての特定の研修を一切受けていないという事実を指摘することは重要である。つまるところ，カリキュラムの開発整備にあたって，学校図書館はほとんど利用されることはない。学校図書館は，読書スキルを改善するためのツールと見なされるにすぎず，そのミッションステートメントには諸々の多様な学校図書館サービスや情報リテラシーが含まれることはない（Miret et al. 2013, 197-201）。

この期間，いくつかの地域では，学校図書館を支援するための調整機能をもつ主要な機関が設置された。改善に向けての各種プログラムが開始され，研究や成果の公表があらわれ，そして図書館管理者のための一定の研修が実施された。技術的援助もまた利用できるようになり，教員と司書との間のコミュニケーションを図るための特別な会合も組織されている。間違いなく，これらのすべては，今日の教育的ニーズに十分に見合った新しい学校図書館のモデルの導入を促進してきた。

カタルーニャ州の学校図書館：先端的教育プログラム

カタルーニャ州は，地域当局が国の規則を超えて先進的な施策に取り組むことを決定した地域の1つである。カタルーニャ州は，地中海に面した，スペインの北東部に位置する，700万人の住民を擁する一個の自律的な地域である。自律的地域は，一般法を制定するスペイン政府に率いられた準連邦国家制度の範囲内で，教育や文化を含む，すべての分野にわたる権限を保有する固有の政府をもっている。公立学校制度は1500のセンター（学校）をもち，そして私立学校制度は別に1200のセンターをもっている。公立学校制度はカタルーニャ州内に404の図書館を備えている。

左派の地域政府（2003-2010年）は，2005年にカタルーニャの学校図書館を改善しようとする，'先端的教育プログラム'（Puntedu Programme）と呼ぶ，野心的な整備計画を採択した。このプログラムは，カタルーニャの教育改革をめざす，7つの主要なプログラムの1つであった。先端的教育プログラムは3つの目標を掲げていた。すなわち，「すべての分野の整備拡充に向けての，基礎的学習ツールとしての（学校）図書館を振興し統合すること。読書習慣を育成すること。および（学校）図書館を，教育コミュニティ総体のためのオープンスペースとしてだけでなく，教員のためのサービス施設および資源へと転換すること」がそうである（Generalitat 2004）。地域的なバランスと公立・私立といった学校の性質を考慮した，一般入札に基づき補助金が与えられた。このプログラムの利益を享受しようとする学校は，教育的諸機関によって地域当局に推薦してもらえる，図書館プロジェクトを提案しなければならなかった。

2700のカタルーニャの公立学校のうち，1062校がこのプログラムに参加した。3年間にわたり毎年選ばれ，また地域政府からの象徴的な補助金（平均して2000ユーロ）を得た，

これらの学校は，地域の教育行政担当省によって開発された図書館の管理運営ソフトウェアに無償でアクセスでき，とくに図書館の管理者向けに設計された技術的研修事業への参加申請ができた（事実上，それは学校図書館についての知識を深めたいと願うすべての教員に開放された）。さらに加えて，大半の学校は，このプログラム予算の主要な部分を占めていた，学校図書館を管理する正規教員と比較し勤務時間が半分の教員の配置を希望した。

また，このプログラムは，レファレンス文書と補助資料を作成するさまざまなワーキンググループを立ち上げた。たとえば，「設備備品と学校図書館（*Mobiliari i biblioteca escolar*）」という報告書（Generalitat 2012）は，司書と建築家から構成されるグループにより作成された。それは学校図書館のための家具の整備要件を確立し，学校が必要とする図書館家具の入手を助ける多数の助言を集めたものである。同様に，「図書館における資料廃棄（*ES-porgar la biblioteca*）」（Abeya Lafontana 2010）は，司書が学校図書館の資料コレクションから不要になった資料を廃棄するのを助け，彼らに時代遅れの内容的に古くなりすぎた図書や文書をため込んでおくべきではないことを気づかせる。「学校図書館 2.0（*La Biblioteca escolar 2.0*）」ウェブページ（Generalitat 2012）は 3 つ目の実例である。それは，ソーシャルネットワークとともに，デジタルのツールや資源を利用して学校図書館で解決が求められている課題に応えるものである。さまざまな資源を提供している，このウェブページは，図書館の管理者からの質問に答えるものとしての意義も備えている。

経済的危機にもかかわらず，先端的教育プログラムは，カタルーニャの司書たちから構成される専門職的団体である司書ドキュメンタリスト協会（COBDC; Col. legi Oficial de Bibliotecaris-Documentalistes）の関与を増大させながら，さまざまに異なる形態をとることになっているが，いまも維持運営されている。

 カタルーニャ州の学校図書館に関するガイドラインと諸基準

2009年，カタルーニャ州地域政府教育大臣は，行動計画を作成し，そこにあげられるプロジェクトの存続を保障するために，学校図書館に関するガイドラインと諸基準を審議決定する委員会を立ち上げた。ここで作成された文書は，学校に対して，自らの状況を評価するパラメーター（媒介変数）を与え，みずからを改善する諸方法を提供することをねらいとしていた。それはまた学校図書館を一層効果的に機能するよう計画し，その創設と日常的機能の両方を満足させるツールの提供をも企図するものであった。

このガイドラインは，この問題に関係する 2 つの主要なグループ，すなわち教員と司書を代表する委員会によって作成された。この委員会は2009年に第 1 回の会合をもち，2012年にその職務を終えた。そこで検討され成案を得たガイドラインは，2013年 3 月に第 5 回学校図書館会議の席上で公表された（Directrius 2013）。教員は，何人かの図書館管理者とともに，先端的教育プログラムの作成で協力しあった人々によって代表された。専門職の司書たちは，COBDC，バルセロナ大学図書館学部などの学術教育諸機関，およびカタルーニャ州行政府文化省の図書館，バルセロナ・ディプタシオ図書館理事会などの図書館行政分野から選ばれた人たちで代表されていた。この委員会は先端的教育プログラム作成にあたったリーダーたちによって調整され，運営された。

COBDC と（バルセロナ大学）図書館学部は，学校図書館に関連する諸問題について協力しあってきた長い伝統をもつ。1990年代以来，彼らは定期的に学校図書館に関する会議を組織しており，この会合はカタルーニャ州の重要なイベントになっている。彼らはまた図書館サービスの改善とその活力の促進に大きく貢献してきた。彼らは，カタルーニャ語に翻訳され小冊子として公刊された『IFLA/ユネスコ学校図書館ガイドライン2002年版』の頒布に貢献した。IFLA の文書のカタルーニャ語への翻訳のほかの例として，以下のものがある。（1999年に公表された）『多読資料に関するガイドライン（*Easy-to-read Materials*)』があり，これは2012年に再編集されている。（2002年に翻訳公刊された）『公共図書館サービス：整備充実のための IFLA/ユネスコガイドライン（*The Public Library Service: the IFLA/UNESCO Guidelines for Development*)』は，（2006年に翻訳公刊された）『IFLA 公共図書館サービスガイドライン：デジタル化プロジェクトのためのガイドライン（*IFLA Public Library Service Guidelines: the Guidelines for Digital Projects*)』が公刊されたあと，2013年にまた再編集されている。（2006年に翻訳公刊された）『IFLA インターネット宣言（*IFLA Internet Manifesto*)』，（2008年に翻訳公刊された）『幼児のための図書館サービスガイドライン（*Guidelines for Library Services to Babies and Toddlers*)』，（2009年に翻訳公刊された）『生涯学習のための情報リテラシーに関するガイドライン（*Guidelines on Information Literacy for Lifelong Learning*)』，（2011年に翻訳公刊された）『IFLA デジタルレファレンスガイドライン（*IFLA Digital Reference Guidelines*)』，そして（2012年に翻訳公刊された）『政府各省の設置する図書館のためのガイドライン（*Guidelines for Libraries of Government Departments*)』などがある。

学校図書館の分野では，COBDC が1999年に『IFLA/ユネスコ学校図書館宣言（*IFLA/ UNESCO School Library Manifesto*)』を翻訳し，2005年にカタルーニャ州教育省と協働して『IFLA/ユネスコ学校図書館ガイドライン2002年版（*2002 IFLA/UNESCO School Library Guidelines*)』を刊行した。これら2つの文書は，カタルーニャ州の学校図書館に関するガイドラインと諸基準（*Directrius i estàndards per a les biblioteques dels centres educatius de Catalunya*) の作成にとっての出発点を提供した。

本章に示されているとおり，カタルーニャのガイドラインは，IFLA が公表した重要な参考文献に大きく支えられてきた。とりわけ『IFLA/ユネスコ学校図書館ガイドライン2002年版』の存在は大きい。カタルーニャのガイドラインは IFLA のガイドラインのいくつかの一般的側面を状況に見合ったものへと更新し，地方当局の関与がなく，また公共図書館の制度的支援がないという範囲において，地域当局が学校の管理運営に関する諸問題を決定するという責任を負っているというカタルーニャの社会的文脈に適用したものである。このガイドラインはまた学校図書館ネットワークに関するモデルを提示しており，そしてそこに関係するさまざまな地域の諸機関の役割の概略を明らかにしている。しかしながら，これらの成果にもかかわらず，学校図書館に関する特定の諸規則が存在しないということは，国の教育基本法を超える強力な基本的枠組みの形成を妨げている。

カタルーニャのガイドラインは，『IFLA 学校図書館ガイドライン2015年版草稿』と比較すれば明らかなように，アップデートされた IFLA の諸勧告を支持している。

― (カタルーニャのガイドラインは) 学校図書館のデジタル状況を検討している。それらはデジタルコレクションとヴァーチャルスペースの両方を発展させることを主張している。
― (カタルーニャのガイドラインは) 学校図書館コーディネーターたちの役割と使命を詳細に記述し，学校図書館への彼らの貢献のイメージと態様を提示している。スペインの国法もカタルーニャ州の法律も専門的職務に従事する学校司書とその支援的業務を行う職員の配置の必要性を認識していないので，このことはきわめて重要である。
― (カタルーニャのガイドラインは) 図書館委員会の権限と役割についても論じており，それらは学校における技術的業務分野に属するコーディネーターとともに，さまざまに異なる教育上の分野とレベルから選ばれた教員たちによって構成される。
― (カタルーニャのガイドラインは) 評価の重要性を主張しており，それぞれの図書館がみずからの状況を評価することを可能とするために，図書館の擁する諸資源，利用と経費諸資源に関するデータと指標を蓄積した基本的な集積の整備を勧告している。とくに学校図書館を対象として設計された，さらに徹底した実施要綱はオンラインで利用できる (Miret et al. 2011)。

しかしながら，カタルーニャのガイドラインはまた『IFLA 学校図書館ガイドライン2015年版草稿』と異なるところももっている。

― (カタルーニャのガイドラインは) 図書館サービスに関する条項に簡単に言及されているだけで，情報にかかわる権限に関する諸側面については主張していない。それは学習を支援するためのプログラムを提案する必要およびカリキュラムの整備に言及しているが，一般的な文言で図書館とその擁する諸資源の利用に関する研修について言及するにとどまっている。
― (カタルーニャのガイドラインは) 資料コレクション，サービス，空間および職員に関する部分に適用できる，品質基準を含んでいる。図書館サービスの品質を確保するために，学校経営にあたる者にとってその最初から図書館をセットアップし，施設設備の整備を計画する際に，このガイドラインはきわめて重要なものとなる。このガイドラインに示されているパラメーター (媒介変数) はまた，学校図書館自体の状況の測定評価とそれを改善する措置を計画するうえで助けとなるので，学校図書館自体にとても役に立つ。
― (カタルーニャのガイドラインは) その職務にあたる学校図書館の管理者を支援するためのすばらしい模範とすべき実例を示してはいない。しかしながら，先端的教育プログラムは，じょうずな取り組みの経験と革新的実践を集めたウェブサイトを提供している。

スペインの学校においては，図書館の諸資源とサービスにあらわれる欠陥は，多くの場合，司書が存在していないという事実に起因しており，そのことがより複雑なプログラムを練り上げ，それを実施することを妨げている。したがって，この新しいガイドラインに盛られたこれら諸問題の重要性を考えれば，カタルーニャのガイドラインのこの部分は21世紀の教育における学校図書館の役割を強化するように改訂するべきである。

 いくつかの結論と勧告

2005～2010年にかけてのカタルーニャの学校図書館の改善は，直接的には投入される公的資金の増加に結びついており，また学校図書館にこれまでより多くの情報資源が与えられたばかりか，関係教員の研修や学校図書館を創設し発展させる目的に仕えるツールの設

計に対して投資する，支援プログラムの展開のおかげでもある。これらのツールのなかでも，それぞれの新しい政府が教育法規を改正し，関係する諸権限が国から地域に分配されたところでは，とくに国づくりにかかわってくる，地域の「学校図書館に関するガイドラインと諸基準」を強調することは重要である。この関係権限の分布がとくに長期にわたる基本方針の実施を困難にし，したがって学校図書館の発展整備に直接影響を及ぼす。

　これらのプログラム関係諸文書は，経済的危機の時代には，さらにいっそう重要なものとなる。というのは，最近の状況が悪化している時期にはいくつかの実現した成果を検討できるからである。実際，経済的危機は，過去10年間にわたり，教育に振り向けられる資源の減少につながってきた。とくに学校図書館の分野においてそのことはあてはまる。このことは，先端的教育プログラムの働きと予算の両方の低下減少を含め，このガイドラインの実施に一定の影響を与えてきた。かくしてカタルーニャの学校においてなんらこのガイドラインのさらなる発展，展開をみることができなかった。

　上述のとおり，カタルーニャのガイドラインの多くの側面は『IFLA 学校図書館ガイドライン草稿2015年版』の響きを伝えている。双方の文書は，資源の点でもサービスの点でも，学校図書館を新しいデジタルの文脈に適応する必要を主張しており，また学校図書館を改善し，それへの投資を正当化するための１つの手段として，評価の重要性を強調している。

　しかしながら，カタルーニャのガイドラインはまた決定的な欠陥をもっている。まず第一に，このガイドラインは，スキルを備えた職員配置の必要性を主張し，それぞれの学校の規模に関連してそこでの勤務時間を提案しているけれども，すべてのカタルーニャの学校図書館に学校司書（すなわち，フルタイムの専門職）の配置の実現を保障しようとはしていない。第二として，図書館の研修の範囲に関する諸問題はさらに検討されるべきであり，とくに読書スキルと情報スキルに関連してはそうである。学校に十分な勤務時間を備えた資格ある職員が配置されれば，学校はもっと野心的なプログラムに取り組めるであろうし，さらなる教育成果をあげることができるであろう。

　カタルーニャのガイドラインの作成によって，カタルーニャの学校図書館をどうするかということについて議論を重ね，一定の合意を得る機会が与えられた。このガイドラインは，それが国全体においてこのような性質をもつ最初で，これまでのところ唯一の文書なので，スペインのほかの地域の行政に対しての参考となり得る。このガイドラインの存在は，当然のことであるが，それが現状に対する深くまた直接的な知識をもって草案が作成され，また現実的な視点で異なるステークホルダーたちの間で形成された合意に基づき作成されたことから，カタルーニャの学校図書館に関する基本方針における連続性を促進するものである。

　このガイドラインに関する草稿の作成，公表，そして頒布は，カタルーニャ州図書館法およびスペイン（国家）教育法という一般的諸原則の形成に向かうべき，学校図書館についての必要とされる法的枠組みの確立に向けての第一段階である。この基本的枠組みは，学校司書の職務とその割り当てられるべき勤務時間，あるいは学校予算の一部を学校図書館に振り向けなければならない責務など，最近あらわになった問題点のいくつかに応えな

けれ//ればならないものである。また，このことは，総合目録あるいは図書や電子資料の共同
購入などのサービス協力が実現できるであろう，学校図書館ネットワークの整備に向けて
前進する絶好の機会ともなり得るかもしれない。

● 参考文献

Abeya Lafontana, Merce, Montserrat Gabarro Parera, Angels Rius Bou and Aurora Vall Casas. 2010. *Esporgar la biblioteca a l'escola i l'institut: triar i destriar, procesos per a unagestio eficient del fons.* ［Weeding the library in primary and secondary schools: Choose and discern processes for an eficient collection management］. Barcelona: Departament d'Ensenyament. http://www.xtec.cat/alfresco/d/d/workspace/SpacesStore/b86cc0febf6b-4081-a8b8-a6a234931f14/esporgar.pdf. Accessed on 10 November 2014.

Directrius i estandards per a les biblioteques dels centre educatius de Catalunya ［Guidelines and standards for educational centres libraries in Catalonia］. 2013. Barcelona: Departament d'Ensenyament. http://www.xtec.cat/alfresco/d/d/workspace/SpacesStore/38547944-4b4c-4f90-b364-ad81076f48fd/directrius_biblio_centres.pdf. Accessed on 10 November 2014.

Generalitat de Catalunya. Departament d'Ensenyament. 2004. *Programa de biblioteca escolar Puntedu* ［Puntedu school library program］. http://www.xtec.cat/web/projectes/biblioteca. Accessed on 10 November 2014.

Generalitat de Catalunya. Departament d'Ensenyament. 2011. *Mobiliari Biblioteca Escolar* ［School library furniture］. https://docs.google.com/file/d/0BxxF-lL4fGyMnczaUgxQ3ZSSnl6aVh4Y2tOV0pyZw/edit?pli=1. Accessed on 10 November 2014.

Generalitat de Catalunya. Departament d'Ensenyament. 2012. *La biblioteca escolar 2.0* ［The school library 2.0］. https://sites.google.com/a/xtec.cat/biblioteca-escolar-2-0/. Accessed on 10 November 2014.

IFLA. 2015. *IFLA School Library Guidelines Draft.* ［Draft dated 12 January 2015.］

LOE. 2006. Ley Organica 2/2006, de 3 de mayo, de Educacion（LOE）. 2006. *Boletin Oficial del Estado,* num. 106, 4 de mayo de 2006. http://www.boe.es/boe/dias/2006/05/04/pdfs/A17158-17207.pdf. Accessed on 18 February 2015.

Miret, Ines, Monica Baro, Teresa Mana and Inmaculada Vellosillo. 2011. *Bibliotecas escolares. entre interrogantes?: herramienta de autoevaluacion: preguntas e indicadores para mejorar la biblioteca* ［Questioning school libraries: Self-assessment tool: Queries and Indicators to Improve the Library］. Madrid: Fundacion German Sanchez Ruiperez. http://www.lecturalab.org/uploads/website/docs/2684-2-Bibliotecas_escolares_entre_interrogantes.pdf. Accessed on 10 November 2014.

Miret, Ines, Monica Baro, Teresa Mana and Inmaculada Vellosillo. 2013. *Las bibliotecas escolares en Espana. Dinamicas 2005–2011.* ［School libraries in Spain: Dynamics 2005–2011］. Madrid: Ministerio de Educacion, Cultura y Deporte; Fundacion German Sanchez Ruiperez. http://leer.es/documents/235507/253223/estudio.pdf/. Accessed on 18 February 2015.

| 5 | Bogumiła Staniów
Standards for School Libraries in Poland——Are They Working? |

ポーランドにおける学校図書館の基準——その基準は機能しているか？

ボグミラ・スタニスワフ

要　旨　ポーランドでは「学校図書館業務の基準（*Standardy pracy biblioteki szkolnej*；*Standards for School Library Work*）」が，学校司書①のグループ，教員・司書協会のメンバーの協業によって立案され，2010年に図書館専門誌で公表された。この基準は学校図書館の最適な条件を定義している。筆者は，この基準がスクールライブラリアンシップの発展にどのような影響を与えたのかを明らかにするため，2010～2014年の図書館専門誌の調査と，ポーランド学校教師・司書協会（TNBSP：Association of Polish Schools' Teachers Librarians）の21すべての支部長に対して行ったオンライン調査の2つの調査結果をもとに分析を行った。分析の結果，図書館専門誌での基準についての議論は，小さな効果しかなかった。また，オンライン調査では，一部の司書教諭から，基準が広く認知されていない，や，達成すべき基準が義務でなく拘束力があるものではないために，あまり日常業務では利用されていない，といった意見があった。学校図書館の基準は図書館の役割を明確にするが，義務的なものでないため，全体的に見れば図書館員に限ってのみ重視されているように思われる。図書館員，教員，学校管理職，保護者の間でお互いに協力して，基準に関する理解を促進させる必要があるという結論に達した。

キーワード　ポーランド；基準の効果；国の学校図書館基準；学校図書館ガイドライン；学校司書の役割；広報

はじめに

　1980～90年代のポーランドでは，国民教育省による公式化された法令があった。それは1983年に政府が発表した「学校図書館の業務プログラム」（Ministerstwo Oświaty i Wychowania 1983）であり，司書教諭の責務と適性を詳細に規定し，学校図書館と学校図書館で行われるあらゆる活動について教科担任②と学校管理職は配慮することが述べられている。1997年6月4日付で国民教育省は指示を出し，図書館設備や蔵書数と同じように児童生徒数や教員数に応じて公立学校の常勤司書教諭の定数を定める法令を制定した。この法令は配置義務を課したので，配置を実行するにあたり国民教育省は財源交付を行った。その後，1999年1月1日に常勤司書教諭の定数を定める規則が廃止され，地方自治体がそれぞれ定数を定め，財源交付を行うようになった。そのため，学校図書館は地方自治体の教育部局に依存するようになった。現在では，図書室の設備や機器・備品だけでなく，学校図書館のすべての予算は校長の裁量となっている。

学校図書館の基準策定の必要性

　学校図書館と学校司書に関連する定数を定める法令が廃止された際に，司書教諭は学校図書館の業務に関する新しい基準が必要であると認識していた。新進的な地域では，『IFLA/ユネスコ学校図書館宣言』（1999年，2002年）や『IFLA/ユネスコ学校図書館ガイドライン』（2002年，2003年）などの国際的な文書が翻訳されたことに刺激され新しい基準を策定するための取り組みが始まった。たとえば，2000年11月にポーランド学校教師・司書協会（TNBSP）は学校司書の雇用基準に関する文書を策定している。

　ポーランド教員ユニオン（ZNP：Polish Teachers' Union），ポーランド学校教師・司書協会（NBSP），ポーランド図書館員協会（SBP：Polish Librarians Association）といった図書館員団体，司書教諭のグループ，図書館協会のメンバーが協業し，数カ月の集中的な検討や議論を経て2010年に学校図書館のための新たな業務基準を策定した。「学校図書館業務の基準（*Standardy pracy biblioteki szkolnej*；*Standards for School Library Work*）」と名付けられた基準は2010年に図書館専門誌に掲載され，2012年に刊行された学校司書教諭のためのハンドブックである『現代の学校図書館（*Biblioteka szkolna dzisiaj*；*The School Library Today*）』の付録（243-246ページ）として収録された。しかし，ブックレットのような単行本としては出版されなかった。

 ポーランドの学校司書と学校図書館

　ポーランドでは学校司書は大学卒業以上[③]の学位が必須であり，教育学コースを修了しているか，大学院で教育学を専攻していなければならない。さらに小学校に勤務する場合は人文科学の学位が必要であり，中学校や高等学校で勤務する場合は図書館情報学の修士号（LIS）が必要である。また，教育学コースまたは，教育学科ポルトガル学専修を修めていなければならない。常勤学校司書は週に30時間の勤務が基本である。しかし，週にわずか数時間しか勤務できない非常勤学校司書も多く存在する。非常勤学校司書のほとんどが同じ学校内の別科目を教える教員である。また，学校司書の資格をもたずに学校図書館の業務を行う教員は，3セメスター制の図書館情報学の大学院に入学することが義務づけられている。

　2012年の統計では，小中高[④]の学校に平均で1.1人の図書館員がいる。これは，2人以上の非常勤図書館員が配属されている学校があるためである。学校図書館での勤務時間は平均で週22時間程度と基本勤務時間（週30時間）の75％程度であり，学校のすべての授業時間帯において開館していないことを意味する。これらの統計は，学校図書館が設置されている学校のみを反映したものであり，ポーランドのすべての学校が学校図書館を設置していたり，図書館へのアクセスを保証しているわけではない。

　2012〜2013年度のポーランドの学校の総数は3万4270校（成人教育学校を含む）であり，そのうち学校に図書館が設置されている学校は2万363校（59.4％）である。学校図書館が設置されていないが学校外の図書館にアクセスができる学校は7975校（23.3％）である。5932校（17.3％）は学校図書館が設置されておらず，学校外の図書館へのアクセスもできない。学校種ごとにみると，およそ中学校の10校に1校，高等学校の9校に1校に学

校図書館が設置されておらず，また，図書館にアクセスができない。

　ポーランドでは約60％の学校で図書館が設置されているが，その状況はさまざまである。都市部に住む児童生徒たちは比較的よい環境に恵まれている。いっぽう，地方の学校図書館の規模はとても小さく，設備も貧弱であり図書もメディアも十分ではない。都市部でも地方でも，児童生徒が図書館の施設を十分に利用することはむずかしい状況であることが判明した。2012年には学校図書館が1万9713館あり，内訳は小学校が1万2012館，中学校が4276館，高等学校が1526館，技術専門高校⑤が1326館である。

　学校図書館の広さは学校種や機能によって大きく異なる（Biblioteki w Polsce 2014）。平均すると学校図書館の広さは1.3教室分であり，2010年と比較しても変化がない。ポーランド全体の学校図書館の平均床面積は51.6㎡であり，2010年と比較すると1.5㎡減少しており2年間で若干悪化している。ポーランドの学校図書館は大勢が集まるための広さが十分でなく，政府が以下のように求めるコアカリキュラムを推進するために必要な教育課程の要件をすべての学校が満たせる水準には達していない。

> 　小学校の重要な役割は児童に情報化社会のなかで生活する心構えを身につけさせることである。教員は多種多様な情報通信技術（ICT）を活用し，数多くの情報源から利用する情報を検索し，まとめ，情報を活用するスキルを児童たちに教える必要がある。整備された学校図書館は，図書とマルチメディア資源の両方のコレクションの更新を随時行い，そして情報リテラシーを修得する支援を行っている。すべての教科担任は学校図書館にある資料や情報を使うために頻繁に通い，司書教諭と協力しながら，児童が的確な探索を行い，情報を活用して一人で学習できるように包括的な働きかけを行わなければならない（Ministerstwo Edukacji Narodowej 2008）。

　コアカリキュラムで述べられている文言は，すべての教科担任にとって職務であり，その達成のために司書教諭はあらゆる努力を行った。さらに司書教諭は児童生徒のために最適な学校図書館をつくり上げるべく最善を尽くした。貸出と閲覧スペースを設け，児童生徒自身が書架に自由にアクセスできるよう十分な広さを確保しようと試みた。しかし，ポーランドの田舎の学校図書館は，この時点で多くの問題に直面していた。地方のほとんどの学校では学校図書館の教室数や床面積が平均を下回っており，一部の学校図書館でようやく全国平均の教室数や床面積に達しているだけであった。地方の高等学校や技術専門高校は全国平均を上回っていたが，都市部の学校に比べると環境はよくなかった。また，一般に小学校と中学校では学校図書館の環境がより悪い状態である傾向がみられた。いっぽうで高等学校や技術専門高校の学校図書館は，カリキュラムの要件を満たすためのよりよい図書館設備や施設を有していた。

　ポーランドの学校図書館の図書の平均蔵書数は7634冊である。都市部では平均1万516冊，地方では平均5010冊である。都市部と比較すると，地方の小学校や中学校や職業学校⑥では図書や雑誌の蔵書数は貧弱である。統計では学校図書館の蔵書数は，年ごとに増加している。しかし，表層的には蔵書数は増えているが慎重な選書や，除籍を伴う蔵書更新がなされていないことが多くあるので，蔵書の質については過大評価をするべきではない。除籍が行われない実際的な理由として，学校管理職が学校図書館の蔵書冊数を司書教

諭の雇用根拠にするためである。そのため，学校管理職も司書教諭も双方とも蔵書数の削減に関心をもっていない。また，資料費の予算が非常に限られているため，新しい図書を購入しても古い図書を除籍することができない状況にある。

　これまで，学校図書館の蔵書購入を支援するポーランド全域を対象とする施策はまったくなかった（Biblioteki w Polsce 2014）。学校図書館の予算はあまり多くなく，保護者からの自発的な寄贈や，学校図書館に理解がある出版社やスポンサーから得られた寄付で賄われている。2014年12月の時点では，文化国家遺産省が提唱するポーランド全域を対象とした「読書推進活動」の政策のなかに学校図書館の資料費の拡充も含まれている。この政策では，新規蔵書購入のために300万ズロチ（70万ユーロ以上）が提供される。また国民教育省も，この学校図書館を支援する政策に関して1500万ズロチ（350万ユーロ以上）を支援することを発表した。

　ポーランドの学校図書館では，電子メディアで入手可能な情報資源がますます増えている。2010年の49種から2012年は61種まで電子メディアが増えている。2012年には学校図書館は平均で３台のコンピュータを備えている。2004～2006年にかけてポーランドでは「インターネットマルチメディア情報センターを学校図書館と教育図書館に設置しよう」という政策が行われた。最新の教育技術によって教育の質を向上させることを目的としたものであった。この政策によって１万5000校の学校図書館にコンピュータが提供された。しかし，2010年と現在を比較すると学校図書館へのコンピュータの導入のスピードは鈍化している。

　　　ポーランドの学校図書館の状況はさまざまであるが，要約すれば以下のとおり。
　　　―学校種ごとの児童生徒の図書館へのアクセス
　　　　中学校は10校に１校が，高等学校は８校に１校が学校図書館を設置していないか，アクセスできない。
　　　―都市部と地方の学校図書館の整備・環境
　　　　都市部と比較すると地方の学校図書館の環境はより悪い状態にある。
　　　―図書館の蔵書数
　　　　小学校と中学校の図書館は，蔵書数について多くの課題に直面している。
　　　―コンピュータ化
　　　　地方の学校図書館ではコンピュータの整備が進んでいない。

　専門職団体に所属する司書教諭たちは，学校図書館の状況を改善するには以下の事柄が不可欠であると強く主張した。

　　　―図書館業務の質的分析に役立ち，学校図書館の重要な業務や活動を手助けする基準が必要である。この基準は財源や新しい技術の利用や図書館員の雇用についても考慮されていて，学校図書館の規範となる定義が明確に示されるべきである。
　　　―近年の変化していくトレンドに沿って先進的な取り組みを内包し，国民教育省が学校図書館に関心をもつような基準でなければならない（電子メディアへのアクセスビリティ，情報技術能力の向上，デジタル世代の子どもたちにも印刷物の文字や図書に興味関心をもたせる政策など）。
　　　―学校図書館利用者の増加と学校司書教諭の業務負担軽減の両方を兼ね備えるものでなければならない（人員の追加補充やスーパーバイザーの導入など）。

―コアカリキュラムで規定されている児童生徒が情報技術能力を養成する教育課程に司書教諭がかかわらなければならない。
―ポーランド全域のすべてのあらゆる学校の児童生徒の読書ニーズの変化を常に把握しつづけなければならない（Biblioteki w Polsce 2014, 27-43）。

　専門性をもつ学校司書教諭たちによって明確化された上記ニーズは，「学校図書館業務の基準」と関連性があるといえる。なぜなら学校図書館の最適条件を定め，以下の範囲の必要条件を明確に述べているからである。

　Ⅰ．学校内で教育センターと情報センターの役割を果たせる状態であること
　Ⅱ．コレクションを構築・準備して使用できるようにして，情報を利用できるようにすること。また，目録を作成すること
　Ⅲ．常勤雇用の学校司書教諭が学校図書館を管理運営していること
　Ⅳ．学校教育や教育的な活動に学校図書館が参画していること
　Ⅴ．学内および学外に対して学校図書館が働きかけを行っていること

　「学校図書館業務の基準」に加えて，ポーランド学校司書教諭協会は「学校図書館での学校司書教諭の任務と活動リスト」を策定した。このリストは学校司書教諭の役割と業務について正確な指標となるものである（Staniów 2012, 250-255）。役割と業務は11のグループから構成される。

　Ⅰ．図書館の枠組みを構築する（企画立案・予算・施設・機器・設備）。
　Ⅱ．コレクションを構築する（メディア構成・選書）。
　Ⅲ．コレクションを登録する。
　Ⅳ．コレクションを編成する（目録規則に従ってデータ化）。
　Ⅴ．コレクションを利用できるようにする。
　Ⅵ．コレクションの点検（蔵書点検）をする。
　Ⅶ．教育的な業務を行う（メディア教育や読書活動を授業で実施すること，図書館を利用した授業で教科担任の支援をすること，読書活動を推進するためのさまざまなイベントを立案して実施すること，保護者への普及活動など）。
　Ⅷ．有益な情報の提供，図書目録の提供，図書館の宣伝，図書館だよりの刊行を行う。
　Ⅸ．司書教諭に必要なスキルを磨くために自己研鑽する。
　Ⅹ．文化施設，教育機関，メディア，図書館，地域，保護者会と連携する。
　Ⅺ．そのほかの業務や活動も行う（予算化されていない財源の獲得，昇進した教員へのガイダンスの実施，学校でのそのほかの業務を果たすことなど）。

基準の効果を調査する

　2010年に策定された「学校図書館業務の基準」の効果を調査するために，2つの手法を採用した。
1．「学校図書館業務の基準」の公表後に掲載された2010〜2014年の図書館専門誌（月刊専門誌である「学校の図書館（*Biblioteka w Szkole*；*The Library in School*）」「図書館員のガイドブック（*Poradnik Bibliotekarza*；*Librarian's Guidebook*）」の2誌を対象）の記事や論文のなかで執筆者が基準を紹介する際に，どのような事柄に言及しているのかを分析した。
2．ポーランド学校司書教諭協会の21すべての支部長へオンラインでアンケートを行い

「学校図書館業務の基準」について以下のような質問を行う。

　　―「学校図書館業務の基準」はポーランドの学校司書によく周知されていますか？　そして，理解しやすいものになっていますか？　もし，そうでなければ理由を教えてください。
　　―「学校図書館業務の基準」は教育部局に周知されており，学校図書館に関連する活動を重視していますか？
　　―これまでに「学校図書館業務の基準」は，むずかしい課題を解決するのに役立ちましたか？　それはどのようなことでしたか？
　　―「学校図書館業務の基準」は，学校図書館で業務の質を改善するのに役立ちましたか？　もし，そうでなければ理由を教えてください。

　調査の結果は，雑誌の記事から得られたデータを立証するものであった。さらに，ポーランド学校教師・司書協会（TNBSP）の支部長は，その地域のすべての司書教諭に連絡して，学校図書館の代表的な課題に関する見識についてたずねている。

　この基準が，学校図書館の状況に何らかの影響を及ぼしているかどうか評価するため，筆者は，基準完成後の4年間，すなわち，2010～2014年のデータを精査した。司書教諭専門家団体が基準を創作し出版した努力が学校図書館の発展に影響力をもち得たかを明らかにするため分析が行われた。

　この目的は「学校図書館業務の基準」の認知と，専門職がどのようにこの基準を利用しているかの両方を明らかにすることであり，このような研究は今までポーランドでは行われていなかった。そして，直面する課題の解決，学校管理職への働きかけ，保護者会やスポンサーに対して，司書教諭が，基準を有効な指標として用いているかどうかを明らかにすることを意図している。とりわけ基準が教育部局から重視されているかどうかを知ることは非常に重要なことである。基準は現在でも有効な指標であるのか？　それとも数年前に公開された基準は陳腐化して現在の状況にはそぐわないのか？　という質問を行い，回答の分析も行った。

　筆者が2014年9月に図書館員のためのポータルサイトやウェブサイトの調査を実施したが，すべてのサイトにおいて「学校図書館業務の基準」は告知されていなかった。「ポーランド学校教師・司書諭協会（TNBSP）」（http://www.bibliotekawszkole.pl）や専門誌の「学校の図書館（Biblioteka w Szkole）」（http://www.bibliotekawszkole.pl）[(1)] のサイトですら掲載されていなかった。これは司書教諭が「学校図書館業務の基準」を認知しているか，基準を利用しているかどうかを調べる以前の根本的な問題を提起するものである。

　「学校図書館業務の基準」は，図書館専門誌において最小限しか言及されていなかった。ポーランドの司書教諭にとって最も重要な雑誌である「学校の図書館」や「図書館員のガイドブック」ですら，この主題を検討することはなかった。基準について言及している記事や論文は若干であるが存在する（Brzeziński 2014）。しかし「学校図書館業務の基準」の策定が，どの程度学校図書館の機能に影響を与えたのかについては，誰も検討していなかった。そこで，筆者は対象範囲を拡大して，ポーランドの図書館情報学の分野で上位に評価されている学術雑誌である『ライブラリー・レビュー誌（Przegląd Biblioteczny；The Library Review）』（年4回刊行）と『ライブラリー紀要（Roczniki Biblioteczne；Library

Annals)』（年 1 回刊行）の 2 つを追加して調査することにした。

　分析の結果，2010〜2014 年までの図書館専門誌において，学校図書館はほとんどポーランドでは研究の対象とされていないことが確認された。この期間に刊行された記事や論文には，学校図書館学（school library science）の観点から検討されたものはない。これは，ポーランドの学校図書館に関心をもつ人々が少ないことに起因する。もう 1 つの理由として，学校図書館の法的な位置づけが曖昧なことがあげられる。それは 1991 年の教育制度に関する法律がこの問題の発端であり，この法律は残念なことに，学校に図書館を管理運営させる義務を負わせなかったのである。その結果，公共図書館と学校図書館の合併が，地方だけでなく都市部でも起こり，ポーランドの学校図書館は数年にわたって危機にさらされていた。合併の際は学校図書館に比べて公共図書館の設備が充実しているので，公共図書館を残すことが前提とされる。表向きの理由として，広範囲なサービス提供や開館時間延長や利用可能性の向上などがうたわれたが，実際は学校からコレクションを移動し，常勤図書館員の人員を減らし，図書館の設備や機器のコスト削減するためであった。児童生徒を対象とする司書教諭の教育能力やスキルが，公共図書館での成人読者へのニーズ（とくに変化を好まない高齢者）と異なることは考慮されていなかった。

　学校図書館が深刻な危機にさらされ，学校図書館界が「学校図書館の合併ストップ」キャンペーンを行っているときに「学校図書館業務の基準」は，非常に重要なものであった。ちょうど 2013 年に教育部局はポーランド地方自治体連盟の提案を受けて，学校法の改正を予定しており，その内容は，公共図書館と学校図書館の合併を合法化するものであった。これは教育課程を妨げるものであり，学校図書館学の世界的な潮流に逆行するものであった。5 万 5000 人以上の市民が「学校図書館の合併ストップ」キャンペーンに賛同し，最終的に学校図書館を救うことができた。キャンペーン期間中に「学校図書館業務の基準」は，たびたび引き合いに出され，『IFLA／ユネスコ学校図書館宣言』や『IFLA／ユネスコ学校図書館ガイドライン』などの国際的な文書と関連性があることを強調された。

　ほとんどの司書教諭は「学校図書館業務の基準」は学校図書館の日常業務では，わずかな影響しかないと主張している。しかし，ポーランド学校教師・司書協会の支部長と支部会員へのオンライン調査では，学校司書たちの基準に対する意識に温度差があることが明らかになった。学校司書の何人かは，『学校図書館業務の基準』を最初に読んだときには高揚感を味わったが，だんだん懐疑的になり，基準を参照することは次第に少なくなっていったと述べている。これは，基準が義務ではなく拘束力をもたないのが原因である。つまり，基準は学校図書館界の単なる「希望的意見」であり，実情を考慮していないからである。しかし，いくつかの支部では真剣な議論が何回か行われており，基準はよく認識されていた。

　ポーランド学校教師・司書協会の幹部の一人は，基準は学校法規のなかに学校図書館の地位と機能を明示させるのに貢献したと指摘している。それは，一般的な業務要領や詳細な規定がない場合，学校図書館に関して多数の重要な事柄を決定する根拠が学校法規となるからである。基準は学校図書館と学校司書，そしてコミュニティに多くの利益をもたらすと述べ，さらに学校図書館の機能や必要条件や業務が明確に規定されており有益なもの

であるとしている。しかし一方では，学校図書館の業務や環境改善は学校活動の評価としてみなされていないという回答者もいた。

　教育制度に対する恒常的な財源不足のため，図書館に財源をあてがうインセンティブがない。学校図書館には毎年必ず交付されるような固定的な予算がまったく割り当てられておらず，「すでに図書館は図書でいっぱいだ」「最近は何でもインターネットで情報を入手できる」と学校管理職が主張して，予算をさらに削減しようとする。通常の授業担当時間数から2〜3時間の負担軽減をして数人の教員が学校図書館の業務をワークシェアリングしている学校もあり，司書教諭が高度な専門資格を有しているにもかかわらず重要視されていないように思える。学校図書館の業務よりも一般教員としての授業を優先することは，学校図書館の機能悪化と密接な関連性があるという事実は，多くの調査研究によって実証されているものの，まだ過小評価されている（IFLA 2015, Sections 1.3, 3.3）。

　図書館員たちは，基準を手に取る必要性がない，なぜなら，誰に対しても何をすることも義務づけていないからだ，結局は，基準は単に奨励しているに過ぎないのだと強調する。たしかに基準は国民教育省をはじめとした，いかなる教育部局に対しても義務を課す拘束力をもっていない。近年，政策決定者が重要視することは経済的効果であり，本質的な教育効果については目を配らない。基準を国民教育省に正式に承認させる試みは再三行われてきたが，ことごとく失敗してきた。図書館員たちによれば，実際に基準に関する内容が地方自治体の特定の条例に反映されたことは一切ないという。現在の課題や差し迫ったニーズは重大さを増しており，恒常的な財源不足と常勤職の削減は，学校図書館に悪影響を与えている。「学校図書館業務の基準」は国民教育大臣が指針や指示を行う際に，教育課程において学校図書館の果たす役割が非常に大きいことを明確に示す裏づけや後押しとなる必要がある。これは教育部局に基準を準拠させる前提条件であるといえよう。

　ポーランドの一部地域では，「学校図書館業務の基準」が学校機能の質的基準を策定する際に役立っている。現在のところ，基準は学校図書館での業務設計や運営するための出発点であり，業務規則の策定や業務スケジュールを立案する際に基準が参照されている。しかし，基準がポーランドの学校図書館で業務の質を確実に改善することを回答者は主張しているにもかかわらず，誰も困難な課題や案件の解決に基準が役立ったという報告レポートを書こうとしない。実際に基準は図書館員が思い描く理想的なモデルとして，必要なときに頼りになる情報源として多くの図書館員に参照され活用されている。しかし，基準は図書館員にとってのみ重要であると思われる。なぜなら，学校図書館の使命や任務が明確なので精神的な支援にはなっているが，残念ながら基準は誰に対しても義務を課すような拘束力をもっていないからだ。教育への深い関与，高い評判を得ること，学校での地位の向上，学校管理職やほかの教員などの同僚から認められるには，司書教諭自身の資質が最も重要であると，回答者たちは確信をもって述べている。最新の教育ツールや技術に関する専門家であり教育課程のパートナーとして認識してもらうためにもこのことは不可欠である（IFLA 2015, Sections 3.2-3.4）。

研究結果

図書館専門誌とオンライン調査の結果を分析すると，ポーランドにおいて「基準」はよく認知されているとはいえず利用は限定的であった。要約すれば以下の事柄が明らかとなった。

1. 新しい学校図書館の基準は学校司書の間で広く認知されているわけではない。基準は学校図書館や教育機関のウェブサイトに十分には表示されていない（とはいえ，「学校の図書館」誌のポータルサイトでは電子版を購入することができる。価格は2ゾロチ＝約0.5ユーロ）。
2. 学校図書館学に関する記事や論文の著者は図書館の機能環境についてさまざまなテーマで検討をしているが，直接的に基準に言及しているものはない。
3. 基準が学校図書館の機能に関する具体的な課題の解決に役立ったと判明した事例はきわめて少ない。
4. 基準は国民教育省の正式な承認が得られなかったので，義務的な拘束力をもたない。ガイドラインとしてのみ機能するだけである。基準は望ましい理想的な状態を提示するが，学校の状況を変化させる効果はほとんどない。
5. 基準を出版して公表することが十分ではない。より一層の告知を行い現在の状況を変えなければならない。よい評価の学校図書館は基準を満たしていたり，基準を凌駕したりしている。ほかの図書館も同じように駆り立てるためには，常に基準が参照される必要がある。
6. 教育界全体への基準の告知と奨励は，非常に重要で緊急の課題である。第一の目標は，学校部局に対して基準に賛同してもらえるように適切に説得することである。最低限，基準は学校管理職の賛同を得て実施されるべきだ。
7. 学校図書館の管理運営をすることは，教育図書館としての使命である（ポーランドでは図書館の公的役割が区別されているが，すべての教育機関と学校の教員にとって利用しやすいものでなければならない）。2013年から国民教育大臣令に従って，教育図書館同士の連携を促進し，実践的な研修会のネットワークの形成をはかっている。これは図書館を運営する教員がお互いに協力し，お互いの経験を伝えあうことで教員の授業スキルを強化することが目的であり，学校図書館のためにすべての教員の協力を促す絶好の機会である（Ministerstwo Edukacji Narodowej 2013）。
8. ポーランドは基準策定の経験が乏しい。近年になってようやく図書館員団体がガイドライン策定の試みを始めるようになった。それ以前は，もっぱら国民教育省や教育部局の法令に追随するだけであった。
9. うまく機能している学校図書館がその学校の教育水準や教育効果に密接にかかわっていることを証明するポーランドの研究はない。そのため，学校図書館の役割が過小評価されるか無視される。

 おわりに

国民教育省や地方自治体の教育部局や教員や保護者に対して，学校図書館と「学校図書

館業務の基準」を再認識させる必要がある。司書教諭にとって最大の懸念は，児童生徒の読書能力や情報活用能力の向上を支援する図書館の質や機能に対する認識不足である。司書教諭の知識とスキルを活用することは，児童生徒の就学中はもちろんのこと成人後も難題に対処するための必要なスキルの獲得を支援し，将来の可能性を高めるすぐれた教育効果をもたらす。教科担任の多くはこのことを理解しておらず，たまにしか図書館資源を利用しない。学校図書館が児童生徒の学習に貢献している実情や，学校図書館自体に保護者が言及することで学校管理職に対して影響を与えたことは今までほとんどない。国民教育省も学校図書館の振興に積極的な支援を行っておらず，ここ数年の政策は公共図書館との合併を提案するなど，むしろ学校図書館の削減や司書教諭の教育者としての地位を奪っているようにみえる。これらの政策の多くは，学校図書館の基準の実行や学校図書館の環境改善に役立つものではない。

　結論として，2010年に策定された「学校図書館業務の基準」は積極的に利用されていない。基準はポーランドの司書教諭にとっては非常に重要であるが，しかし，地方自治体の教育部局には認識されておらず，残念なことに大臣の推奨も受けていない。それゆえ，基準を改訂し，再び出版すること，そして今度はブックレットの形で出版することがきわめて重要である。ブックレットをすべての学校に送ることで，学校管理職をはじめ，教員や保護者に広く告知することができる。卒業生や引退した教員やスポンサーなどのすべて関係者に告知することも有効である。しかし最も重要で簡単なことは，司書教諭向けのポータルサイトで，ただちに「基準」の告知を行う努力をすることである。

● 参考文献

Biblioteki w Polsce [Libraries in Poland]. Stan na 2012 r. 2014. Raport przygotowany w Pracowni Bibliotekoznawstwa IKiCz.Oprac.B.Budyńska, M.jezierska, G. Lewandowicz-Nosal, G. Walczewska-Klimczak.

Brzezińska, Danuta. 2014. "Po co komu biblioteka szkolna?" *Biblioteka w Szkole* 2：7-8.

IFLA. 1999. *IFLA/UNESCO School Library Manifesto*. The Hague: IFLA Headquarters. http://www.ifla.org/publications/iflaunesco-school-library-manifesto-1999. Accessed on 30 January 2015.

IFLA. 2002. *IFLA/UNESCO Manifest bibliotek szkolnych*. http://archive.ifla.org/VII/s11/pubs/polish.htm. Accessed on 16 October 2014.

IFLA. 2015. *IFLA School Library Guidelines Draft*. [Draft dated 12 January 2015.]

Ministerstwo Edukacji Narodowe j. 1997. "Zarządzenie Ministra Edukacji Narodowej z dnia 4 czerwca 1997 r. w sprawie liczby uczniów, na których przystuguje etat nauczyciela bibliotekarza." *Monitor Polski* nr 36 poz. 348.

Ministerstwo Edukacji Narodowej. 2008. "Rozporządzenie Ministra Edukacji Narodowej z dnia 23 grudnia 2008 r. w sprawie podstawy programowej wychowania przedszkolnego oraz ksztatcenia ogólnego w poszczególnych typach szkót." http://www.men.gov.pl/index. php/2013-08-03-12-12-08/podstawa-programowa. Accessed on 16 October 2014.

Ministerstwo Edukacji Narodowej. 2013. "Rozporządzenie Ministra Edukacji Narodowej z dnia z dnia 28 lutego 2013 r. w sprawie szczegółowych zasad działania publicznych bibliotek pedagogicznych." http://dziennikwtaw.gov.pl/du/2013/369/1. Accessed on 16 October 2014.

Ministerstwo Oświaty i Wychowania. 1983. "Program pracy biblioteki szkolne j. Zarzdzenie Ministra Oświaty i Wychowania z dn. 13 maja 1983 r. w sprawie programu pracy bibliotek szkolnych w resorcie oświaty i wychowania." *Dziennik Urzędowy MOiW* nr 5 poz. 31.

Sætre,Tove Pemmer and Glenys Willars. 2002. IFLA/UNESCO School Library Guidelines. The Hague: IFLA Headquarters. IFLA professional Reports, No. 77 [Revised edition of Professional Report No.

20］. httpj/www.ifla.org/files/assets/hq/publications/professional-report/77.pdf. Accessed on 17 February 2015.

Sætre,Tove Pemmer and Glenys Willars. 2003. *Biblioteki szkolne*. Wytyczne /FLA/UNESCO. Tłum, E. B. Zybert i M. Kisilowska. Warszawa: Wydawnictwo SBP.

"Standardy pracy biblioteki szkolnej" ［Standards for School Library Work］. 2010. *Biblioteka w Szkole* 9：8－9.

Staniów, Bogumila. 2012. Biblioteka szkolna dz/siaj ［The School Library Today］. Warszawa:Wydawnictwo SBP.

● 注

（1）2015年2月19日最終アクセス

● 訳注

①本章を訳出してみて，著者のスタニスワフは，わが国のように司書教諭と学校司書を明確に区別して使用していないように思われる。いずれにせよ，本章では，teacher librarian とあるところは司書教諭，school librarian とあるところは学校司書とした。なお，団体名称としての Association of Polish Schools' Teachers Librarians は，ポーランド学校教師・司書協会とした。

②ポーランドは小学校3年生までクラス担任制，それ以降は教科担任制となる。ポーランドの教育制度についての注釈は外務省「諸外国・地域の学校情報 ポーランド」http://www.mofa.go.jp/mofaj/toko/world_school/05europe/infoC54000.html および，二宮皓編著『世界の学校―教育制度から日常の学校風景まで』新版，学事出版，2013，pp78-85の大野亜由未「社会主義の学校から OECD 教育モデルの学校へ」を参考にした。

③ポーランドの大学は，3年制である。総合大学，工科大学，理科大学，アカデミーなどの種類がある。高等学校または技術専門高校を修了し，マトゥーラ（Matura）と呼ばれる統一試験に合格しないと大学へ進学できない。大学への進学率は約55％である。大学院の修士課程は2年制，博士課程は3年制である。

④ポーランドの初等・中等教育制度は1・6・3・3制である。就学準備クラス（ゼロクラス）1学年（6歳），小学校6学年（7～12歳），中学校3学年（13～15歳），普通高等学校は3学年（16～18歳）である（ただし，技術専門高校は4学制，職業学校は2年制）。高等学校まで義務教育である。2014年度から就学年齢が1歳引き下げられ，満6歳になる年から小学校に入学する。学期は2学期制で9月が新学期となる。

⑤Techikum（テフニクム）。4年制の中級職業人をめざす高等学校であり，「高等専門学校」とも訳されることもある。

⑥前述の技術専門高校とは別の学校である。2年制または3年制で特定の分野（農業・商業・工業・看護・調理など）の職業能力を修得する。

6

Johan Koren
Norway's School Library Development and School Reform 2001-2014—Guidelines by Grants and Liftsy

ノルウェーの学校図書館の発展と学校改革2001〜2014年
——交付金と振興策のガイドライン

ヨーアン・コーレン

要　旨　21世紀の最初の20年のノルウェーの学校図書館の発展は，3年ごとに行われるPISAの結果を反映した国家的な教育政策の組織的な計画よりも，補助金や振興策による貢献のほうが大きい。2000年のPISAにおいてノルウェーの生徒の読解力が「並み」（mediocre）であり，OECD平均と変わらないという衝撃的な結果は，従来の継続的な取り組みや「向上策」（lifts）に疑問符を与えた。これを受けて2003〜2007年まで「読書のための部屋をつくろう！（*Gi rom for lesing!*（*GRFL*）；*Make Room for Reading!*）」の振興策が始まった。この運動ののちに，「知識の向上カリキュラム（*Kunnskapsløftet*；*Knowledge Promotion*）」が策定され，2006年に新しい教育カリキュラムと学校管理イニシアティブが導入された。2007年から2008年には「学校図書館の向上（*Skolebibliotekløftet*；*Lift for School Libraries, or School Library Promotion*）」の振興策が実施された。そして現在は2014年9月30日に公表された「教員向上政策（*Lærerløftet*；*Lift for School Teachers, or Teacher Promotion*）」の取り組みが行われている。本章では学校図書館の向上のために行われた「読書のための部屋をつくろう！」と「学校図書館の向上」の取り組みを中心に取り上げる。さらにノルウェー政府の依頼をうけて，アグデル大学によって2009〜2013年にかけて実施された「ノルウェー学校図書館発展支援プログラム」についても言及する。

キーワード　ノルウェー；ノルウェー学校図書館発展支援プログラム；学校図書館の発展；学校図書館教育；アグデル大学

はじめに

1975年に当時の教育大臣であったビャートマール・ジャーデ（Bjartmar Gjerde）は「ノルウェーの学校制度は世界最高である！」と断言した（Kjellstadli 2005, citing Hallvard Haga in an undated opinion piece in *Aftenposten*）。これは，当時は学校制度に関する全国調査や国際的な評価が行われておらず，データ不足から生まれた自信であった。だが，2000年のPISA（Programme for International Student Assessment：OECD；生徒の学習到達度調査）と2001年のPIRLS（Progress in International Reading Literacy Study；国際読書力調査）の登場で変化した。

これらの調査結果はノルウェーで従来から行われていた取り組みに対して疑問符を投げかけた。これを受けて2003年から2007年には「読書のための部屋をつくろう！（*Gi rom for lesing!*（*GRFL*）；*Make Room for Reading!*）」の振興策が行われた。この運動の後に「知識の向上カリキュラム（*Kunnskapsløftet*；*Knowledge Promotion*）」が策定され，2006年に新しい全国的な教育カリキュラムと学校管理イニシアティブが導入された。2007〜2008年には「学校図書館の向上（*Skolebibliotekløftet*；*Lift for School Libraries, or School Library Promotion*）」の振興策が行われ，そして現在は2014年9月30日に公表された「教員向上政策（*Lærerløftet*；*Lift for School Teachers, or Teacher Promotion*）」の取り組みが行われている。「読書のための部屋をつくろう！」と「学校図書館の向上」の取り組み，さらにノルウェー政府の依頼をうけて，アグデル大学によって2009〜2013年にかけて実施された「ノルウェー学校図書館発展支援プログラム」を通じて，学校図書館を向上させる努力が行われた。本章では，これらの施策の進展を考察しながら，PISAの結果が，多くの点でどのように発展の重要な原動力となったのかについて述べていく（2000，2003，2006，2009，2012年のPISAノルウェーレポートを参照する）。さらには，これらの振興策によって提供される交付金を通じてノルウェーの学校図書館ガイドラインが明確にまたは暗黙的に広がっていったかどうかについても考察する。

PISA2000：将来への準備がきちんとできているか？

　OECDのPISAウェブサイトによると，PISA（生徒の学習到達度調査）は15歳の生徒の「読解力」「数学的リテラシー」「科学的リテラシー」の3分野の知識や技能を測る調査であり3年ごとに行われる。2000年に初めての調査が行われ，その結果はノルウェーの多くの人々に衝撃を与えるものであった。結果が公表された当時に教育大臣であったクリスティン・クレメット（Kristin Clemet）は「驚愕するほどのひどい成績であり，この結果を信じたくない」と発言している（Clemet 2012）。さらに結果が公表された2001年12月5日の記者会見でクレメットは「ノルウェーは落ちこぼれだということが科学的に証明されてしまった。これはノルウェーが冬季オリンピックでメダルを1つも獲得できないことのようなものである！」と叫んだといわれている（Sjøberg 2014b）。2000年のPISAノルウェーレポートでは「L97にきちんと生徒が対応できていたのか？」と疑問を投げかけ，慎重な結論を出している（Lie et al. 2001, 279）。「L97」は，1997年から導入された1学年から9学年で構成される全国的な教育カリキュラムである[①]。^{（ママ）}

　PISAで行われる「読解力」「数学的リテラシー」「科学的リテラシー」の3分野ともノルウェーの15歳の能力はOECDのなかで「ちょうど真ん中」であった。PISAノルウェーレポート委員会は，可もなく不可もなく平凡なというニュアンスで「平均的」という単語を使いたくなかったので，直接的に言及することは控え，PISAの結果は「ノルウェーにとって満足のいく結果ではない」と婉曲な表現をしている（Lie et al. 2001, 281）。ノルウェーにとっては，この種のリテラシー調査の参加は初めてのことであった。2000年のPISAと比較できるものは，ノルウェーの教育の優位性を大げさに断言したビャートマル・ジャーデの宣言だけだった。

　「読解力」で最も点数が高かったのが546点のフィンランドであった。32の参加国のなかで最も低かったのは422点のメキシコであった。一方，アメリカ合衆国の得点は504点であ

り，ノルウェーの得点の505点と1点差であった。スウェーデンでさえ516点！であり，OECD の平均は500点であった（OECD 2000, 5）。PISA の調査は1年間かけて実施されるので，結果は翌年まで公表されないことに留意する必要がある。そのため，2000年のPISA の結果は2001年12月5日に初めてノルウェーの世間一般に公表された。

最初の振興策：「読書のための部屋をつくろう！」（2003～2007年）

　2000年の PISA の結果が明らかになったあと，政府のこれまでの取り組みは破たんしたも同然であった。この結果を受けて，多くの新たな振興策が行われた。学校図書館に関する取り組みのなかで最も興味深いものが「読書のための部屋をつくろう！（*Gi rom for lesing!（GRFL）；Make Room for Reading!*）」という取り組みである。この振興策の目標は，読書への関心を刺激し読解力の向上を図ることであり，2003年4月23日の国際読書デーに合わせて5年計画で始まった（Sundt 2005, 15）。ノルウェー政府は振興策のなかに学校図書館も含まれているとして，以下のような説明をしている。

> 　学校図書館は児童生徒の読解力や情報リテラシー能力を向上させる大きな可能性を秘めている。学校図書館は，さまざまな種類の情報を利用することができる知識のひろばであると同時に，読書の喜びと実践の中心となる文化的なひろばでもある。実際，両方の機能はしばしば重なりあったり，お互いを補完しあう（*Gi rom for lesing!* 2003）。

　この時点では，ノルウェーの学校図書館の状況に関する大規模な研究は行われていなかった。政府が学校図書館に関する委員会を設立したのは1978年のことであり，「学校図書館サービス（*Skolebibliotektjenesten；School library service*）」というレポートを1980年10月に発表している（NOU 1981, 7）。これはノルウェー政府が学校図書館について唯一公式に発表したものであり（Rafste 2013），学校図書館と学校司書を定義するのに有用なものである。

> 　学校図書館は場や機能やコレクションを包有した集合概念といえる。学校図書館は校舎の中心や周辺に設置され，印刷資料・非印刷資料にかかわらず，学校で利用されるすべての教材を所蔵し，教材の利用に必要な適切なテクノロジーとともに役割を担う。
> 　学校司書は個々の学校での学校図書館のサービスの任務を負う。しかし法的な定義がないのが現状である。したがって，「学校司書」の名称は，個人の学歴ではなく，実際の職務に関連づけられなければならない（NOU 1981, 7）。

　しかし，これらの定義は委員会内部での定義のままであった。「読書のための部屋をつくろう！」が公表された際に，学校図書館のガイドラインは含まれておらず，明らかに意識されていなかった。プロジェクトリーダーであるエレン・サンダト（Ellen Sundt）は以下のように発言している。

> 　この計画は概括的なので学校図書館の発展だけを取り出して認識することはできない。しかし，学校図書館で行われる振興策はいくつかの施策のなかに織り込まれており重視されている。児童生徒は学校図書館の使い方を学び，学校図書館の活用能力を引き上げるだろう（Sundt2005, 15）。

　このプロジェクトの期間中にいくつかの施策が発表されたが，学校図書館に関していえ

ばコレクションについての言及が多いように思われる。1つ事例をあげると，「活動的な
学校図書館の鼓動（*Hjertebank for et aktivt skolebibliotek*；*Heartbeats for an active school li-
brary*）」（2003年）と呼ばれる施策はさまざまな学校の学校図書館について言及している。
この施策の立案者である学習センター（Læringssenterent: the Learningcenter）は政府に
よって設立された，学校の品質管理のために役立つ情報を提供するウェブベースのクリア
リングハウス（情報交換所）であった（Førsteklasses fra første klasse 2002, Section 4. 2. 1
The new Learning Centre）。学習センターは，2003年の春に，すべての学校と図書館に図
書を送呈した。主要なノルウェーのメーリングリストはノルウェーの図書館のあらゆる事
柄について議論するための非常に活発なフォーラムになっているにもかかわらず，この施
策の結果についてノルウェー図書館界は少しも議論されていないように思える。

　「読書のための部屋をつくろう！」は学校図書館の専門性向上のために全国的なネット
ワークを構築し，学校司書と教員の教育の進展の機会を与えた。ノルウェー第5の都市で
あるクリスチャンサンにあるアグデル専科大学（Agder University College；のちのアグデル
大学（University in Agder））では，1985年から学校司書の教育研修養成コースを開講して
おり（Romøren 2005, 30），ベルゲン専科大学（Bergen University College）とともにネット
ワークの調整役として参加した（Rafste, Sætre and Sundt 2006, 55）。これらの施策の原動力
になったのは，エリーザベト・タラクセン・ラフステ（Elisabeth Tallaksen Rafste）であ
り，ちょうどノルウェーで最初の学校図書館に関する博士論文を完成させていたばかり
だった。博士論文のタイトルは「学ぶ場所なのか？　それとも，楽しむ場所なのか？（*A
place to learn or a place for pleasure?*）」（2001年）である。ラフステは2つの学校の事例を調
査し，「学校図書館の利用や指導に関する一般的な言説と実践との間には大きなギャップ
がある」と指摘した（2005, 12）。そして，教員養成のカリキュラムのなかに図書館の利用
法も含めるべきであり，図書館員養成のカリキュラムにも教育学を含めるべきだと提言し
ている。ラフステとローモーレン（Romøren）とその同僚，のちにシリ・イングヴァルド
セン（Siri Ingvaldsen）が加わって，アグデレ大学で学校図書館教育のためのセンターを
開設し学校図書館教育のプログラムを構築していった。自ずと，2009〜2013年に実施され
る「学校図書館発展支援プログラム」を構築する場所となった。（Ingvaldsen 2013a）

　「読書のための部屋をつくろう！」を評価する人々からは「リテラシーの分野では強い
関心を集めた」「ノルウェーの学校において読書の楽しみを向上させた」「活動を実施する
際に経済的な援助を行い，学校での具体的な取り組みや活動に貢献した。全国的な政策と
しての枠組みができた」といった意見があった（Buland et al. 2008, English summary）。し
かし，2003年のPISAの得点を向上させるには，非常に時期が遅かった。おそらく，2006
年のPISAに向けても，何かしらの「重い引き上げ策（heavy lifting）」が必要とされるよ
うにみえた。

PISA2003：「正しい方向に進んでいるのか？　それとも誤った方向に進んでいるのか？」

　最初の振興策である「読書のための部屋をつくろう！」がちょうど始まった2003年に2
回目のPISAが行われた。2000年のPISAの結果に対する懐疑的な反応とはちがい，2004

年12月に公表された2003年のPISAの結果は，素直に受け入れられた。スジョベルグ（Sjøberg）の言葉を借りれば，「ノルウェーの学校は可もなく不可もない平凡であるということが，客観的な科学的知見に基づき証明された」といえよう。OECDの「読解力」の平均点が494点であり，ノルウェーの得点は500点，アメリカ合衆国は495点であった。フィンランドは今回も544点で首位であり，メキシコは今回も最下位であり385点であった（Kjærnsli et al. 2004）。言い換えれば，ノルウェーの状況はまったく変化しておらず，OECDの平均よりもほんのわずかに上回っているだけであった。2003年のPISAノルウェーレポートでは，「正しい方向に進んでいるのか？ それとも誤った方向に進んでいるのか？」と問題を提起し，当時の全国カリキュラムである「L97」は明確で具体的な学習目標を欠いていたことを以下のように示唆した。

> 明確な目標がなければ，間違った方向に進んでいるのを修正することができないことは，PISAノルウェーレポートの委員全員が十分に認識している。しかしながら，児童生徒に必要な学習という観点からみると，誤って進んでいるとまではいわないが，目的もなくさまよい，多くの活動に目標や意図がなく，気まぐれで行われているようにみえる（Kjærnsli et al. 2004, 257）。

PISAノルウェーレポートの委員は，新しい授業方法が導入される際には，導入が実施される前に比べて，いくらか混沌とした状況に陥りやすいと説明している（261）。新しい抜本的な全国カリキュラムの導入が検討された時期であったので，彼らの声明はとても先見の明があった。加えて，私たちは課題に対して単に資源を投入するだけでは，自動的に結果が改善されるわけではないことが明らかであるという新たな教訓を学んだのである（Clemet 2012）。

 向上策1：知識の向上カリキュラム（LK06, 2006）

2004年にノルウェー政府は児童生徒の知識の向上を目的とした新しい全国カリキュラムである「知識の向上カリキュラム（*Kunnskapsløftet*；*Knowledge Promotion*）」を発表した（Kultur for læring 2004）。2年後に小学校と中学校で全国カリキュラムとして開始された。このカリキュラムは『LK06』として知られている（Knowledge Promotion 2007）。「読書のための部屋をつくろう！」と同様に「知識の向上カリキュラム」の戦略は2つの側面をもっていた。

1．教育部門の意思決定と責任を地方分権化する。これは学校管理に対する抜本的な改革であり，学校を管轄する地方自治体と学校と教員の自主性と自立性を拡大することを意図していた（Aasen et al. 2012）（ノルウェーでは小学校（1〜7学年），中学校（1〜3学年）は基礎自治体であるコミューンが管轄し，高等学校（1〜3学年）は県（フィルケ）が管轄している）。
2．新しい全国カリキュラム（LK06）は，すべての教科カリキュラムで，5つの基本的なスキルを重視する。それは「口頭で自己を表現する能力，読解力，数量的思考能力，自分の考えを表現する文章能力，そしてデジタル技術を使いこなす能力である」（Knowledge Promotion 2007）。

54　Part 2　国家および地方のガイドラインの開発と使用

　リテラシーとデジタル技術は21世紀の学校図書館の機能にとって主要な役割であること
は明白にもかかわらず，「知識の向上カリキュラム」のなかでの学校図書館の記述は乏し
い。しかしながらいくつかの箇所で，「学校が知識の向上カリキュラムを達成するために
は，教育効果のある学校図書館の整備が不可欠である」との記述がみられる（Deildok
2011）。「学校図書館の向上（*Skolebibliotekløftet*；*Lift for School Libraries*)」の振興策は，学
校図書館への認識を向上促進するために設計された。しかし一方で，新しいPISAの結果
が2007年12月に公表された際には，学校司書は意見を言わざるをえなかった。

PISA2006：重い引き上げ策を実行するとき

　2006年のPISAでは，「読解力」は重視される領域ではなった（アメリカ合衆国は「読解
力」の試験には参加さえしなかった）。それでも，「読書のための部屋をつくろう！」の振興
策がちょうど展開中であったために，ノルウェーの結果について大きな関心が寄せられ
た。しかし，結果は期待外れの残念なものであった。ノルウェーの15歳の「読解力」は，
2003年から3年の間に明らかに低下していたのである。2006年のPISA調査には57カ国が
参加し，今まで首位だったフィンランドは547点で2位となり，韓国が556点でフィンラン
ドを破り首位を獲得した。ノルウェーは，2003年は500点であったが，2006年は484点に下
がり，OECD平均の492点も下回る結果となってしまった。デンマークでさえ494点とノ
ルウェーより高い得点であった（Kjærnsli et al. 2007）。一方，小学校4年生を対象に行わ
れた2006年PIRLSの結果は，2001年の結果とほぼ同じ水準であった（Van Daal et al.
2007）。

　「読書のための部屋をつくろう！」の効果はまったくなかったが，PISAノルウェーレ
ポートでは，「読書のための部屋をつくろう！」の主要目標の1つは読書能力を向上であ
るが，2005年と2006年に地方自治体に交付された補助金のうち，「読書能力の向上」のた
めのプロジェクトに使われたものは20％しかなかった。少年たちの読書への動機づけのた
めのプロジェクトは同じ程度の補助金が交付され，こちらは2006年のPISAで若干の改善
を示した領域があったと注目され，振興策を評価している。PISAノルウェーレポートの
委員たちはノルウェーの2007年秋の総選挙で首相候補のイェンス・ストルテンベルグ
（Jens Stoltenberg）が「ノルウェーは世界中で最もよい学校制度をもっている」という公
約に沿うような結論を余儀なくされ，ノルウェーの学校に重い引き上げ策を負わせること
になった（Kjærnsli et al. 2007 254, 262）。

　ノルウェーの図書館員たちは協力した。以前に高等学校の学校司書であったマーレン・
ブリット・バドシャウグ（Maren Brit Baadshaug）は「スケープゴートのための過酷な追
及のあとには，学校改善のための振興策の新たな合意形成が必要である」と報告している
（2007年）。「学校図書館の向上（Skolebibliotekløftet）」の取り組みがちょうど始まった時期
だが，「知識の向上カリキュラム（kunnskapsløftet）」とは異なり，政府の主導の振興策で
はなかった。

Skolebibliotekløftet:「学校図書館の向上」(2007-2008年)

「学校図書館の向上」キャンペーンは，IFLA (International Federation of Library Associations: 国際図書館連盟)の世界キャンペーンの一環として行われた。ちなみにアメリカ合衆国ではアメリカ図書館協会（ALA）が「@Your Library」というキャンペーンを行っている。ノルウェー図書館協会が「学校図書館の向上」の全国キャンペーンの主導者となり，全国組織15機関と図書館センター[2]（Biblioteksentralen）が後援した。このキャンペーンは国会議員や地方議員に対して，学校図書館の役割の理解を向上させ（Ingvaldsen 2013b），ノルウェーの学校図書館の持続的な改善を達成させようとするものであった（http://fradittbibliotek.wordpress.com/about/)[1]。

2002年発表の『IFLA/ユネスコ学校図書館ガイドライン』はノルウェー語に翻訳されて，ノルウェー国内の19すべてのフィルケ（県）と428すべてのコミューン（自治体）に送付され，400以上の高等学校と3000近くの小学校・中学校のすべてに配布された。キャンペーンでは毎月刊行されるニューズレターのなかで，学校図書館に対してすぐれた支援活動を行っている個人や機関を対象に花束を贈呈する「学校図書館の花束（skolebibliotekblomsten；School Library Corsage）」と題した表彰を行っていた。最後の受賞者はエリーザベト・タラクセン・ラフステ博士であった（http://fradittbibliotek.wordpress.com/2009/01/29/skolebibliotekl%C3%B8ftets-nyhetsbrev-for-desember-2008/)[2]。

「学校図書館の向上」の始動の際の記者会見では，それまで言及されなかった学校図書館の発展にとって重要な事柄が紹介された。それはヴォルダ専科大学（Volda University College）の調査部門の研究がもとになった全国の学校図書館の状況に関する報告書である。この報告書（2007年）は，筆者のバースタッド（Barstad）らが2006年秋に，「ノルウェーのすべての小学校・中学校・高等学校」に電子メールアンケートを送信し，その結果分析をしたものである。総数で1546校が回答し，回答率は51％であった。さらに，小規模な質的インタビュー調査も行われた。ほとんどの学校（高等学校の95％，小学校・中学校の87％）は，学校図書館または公共図書館との兼用図書館にアクセスできる環境であることが法令で定められていた。学校管理職，教員，児童生徒の多数が学校図書館を評価していることが判明した。しかし，明らかな要求があったのは，人材資源の領域だった。

> 80％の高等学校では学校図書館の担当者は図書館専任であるのに対して，小学校・中学校では図書館専任わずか18％である。高等学校では図書館担当者の60％が司書としての教育を受け，学士またはそれ以上の学位を保持している。(55％が司書課程のみ，4％が教育学と司書課程の両方）しかし，小学校・中学校ではわずか11％しか学士またはそれ以上の学位を保持していない（Barstad et al. 2007, 22）。

学校司書の更なる組織的な教育と地位向上は，学校図書館発展のための全国を対象とするクリアリングハウスの設立とともに重要視され，「学校図書館の向上」キャンペーンの大きな目標の1つであった。クリアリングハウスの設立は4年後の2009～2013年にアグデル大学の「学校図書館発展支援プログラム」で実施されることとなる（Ingvaldsen 2013a）。

アグデル大学での学校図書館発展支援プログラム（2009–2013年）

　ノルウェー政府の学校図書館発展支援プログラムについての議論は，PISA や PIRLS の結果を論拠としている。2008年5月28日にリレハンメルで開催された文芸大会の図書館セミナーにおいて，知識局次官のリスベス・ラグドヴェット（Lisbeth Rugdvet）は冒頭から PISA と PIRLS に言及し，聴衆の関心を集めた（2008年）。同じ年の3月にベルゲンで行われた第71回ノルウェー図書館大会では，彼女と同じ部局のオイステン・ヨハンセン（Øystein Johannesen）は，今後のプログラムの背景を明らかにするために，PISA の結果について詳しい言及を行った（Johannesen 2008）。

　もう1つの動機づけは，2006年に ABM 開発が発表したレポートである「2014年に向けた図書館改革構想（*Bibliotekreform 2014*）」において，学校司書になるための資格要件の引き上げの必要性について大きく主張したことであった（ABM 開発は文書館・図書館・博物館を統合管轄する国の機関であり，2003〜2010年まで存在した。その後はノルウェー国立図書館が機能を引き継いだ）。

> 　学校図書館も資格要件の水準を向上させる必要がある。「知識の向上カリキュラム」には，資格要件の引き上げのための予算も含まれている。学校図書館は「知識の向上カリキュラム」の達成に重要な責任をもつことになる。学校図書館発展支援プログラムの構想が実現されるように，学校司書の資格水準の向上がなされ，学校図書館の利用法がカリキュラムや授業計画のなかに含まれるべきである（Bibliotekreform 2014 2006, 36）。

　「学校図書館発展支援プログラム」の管理運営はアグデル大学が担当している。これは30年以上にわたり，学校司書の養成教育を行っていたからである。アグデル大学では1985年から短期コースとワークショップを開講しており，2011年からは正式な学士号を授与している。シリ・イングヴァルドセンは学校図書館の研究に従事していたので，このプログラムのプロジェクトマネージャーに就任した（Ingvaldsen 2013a）。アグデル大学とイングヴァルドセンは5つの領域を担当した[3]（Program for skulebibliotekutvikling 2013, 11-12）。

1．発展支援プロジェクトの管理を行う。学校司書が教員と協働して行う読書指導の向上をめざすプロジェクトへの告知，申請の査定，補助金を学校ごとに交付することが含まれる。
2．学校司書と教員のための発展支援プログラムのカリキュラムを作成する。継続教育プログラムのなかに学校図書館教育が内包されたカリキュラムを作成する。
3．高等学校1年生から利用できる情報リテラシーのためのクリアリングハウスの開発をする。体系的に分類された複数の主題領域の実例が示されウェブで提供される。
4．学校図書館に関する概存の規程の評価。
5．プログラムの最終評価を2014年に完了する。

　領域1の発展支援プロジェクトは読解力と情報リテラシーに対象を絞って実施した。全期間で173の学校が参加し，参加した学校のいくつかはプログラムの2年目に実践校としてほかの学校へ情報提供がなされる（Tåga 2014, 27）。2011年にアグデル大学の学校図書館の教育プログラムを完全な学士号として昇格させることは，領域2の必要条件に対応す

る。また継続教育の提供を続けることも同様に重要視された（Program for skulebibliotekutvikling 2013, 22-23）。

　領域3のウェブベースのクリアリングハウスは，「知識何上の全国カリキュラム（LK06）」の学習内容基準で示された内容に基づいて，http://www.informasjonskompetanse.no のURLが与えられた。学校図書館の発展支援に関するニュースや情報を提供するために，http://www.skolebibliotek.uia.no/（3）に2つ目のクリアリングハウスがつくられた。両方のウェブサイトはアグデル大学によって現在も維持・更新されている。

　領域4の学校図書館のためのガイドラインは，ノルウェー職業訓練局とアグデル大学との協定の覚書には含まれていなかったため，国の教育局の責任となった。しかしながら，新しいガイドラインはつくられなかった。それにもかかわらず学校図書館発展支援プロジェクトに補助金が支給されたのは，交付金を与える図書館を情報リテラシーセンター，課題解決センターと読書センターの範囲に絞っており，実質的には「学校図書館発展支援プログラム」は学校図書館に暗黙のうちにガイドラインを提供しているといえる。協定覚書では，以下のように述べている。「読書指導を通じて教育的役割の観点から学校図書館の発展をさせることが狙いである。そしてプログラムはほかの学校にも応用できるモデルの開発に努めなければならない」（as reported in Program for skulebibliotekutvikling, 12）。

　プログラムのプロジェクト期間の終了が近づいた2013年に，北欧イノベーション・リサーチ・教育研究所（NIFU：Nordic Institute for the Study of Innovation, Research and Education）に所属する2人の研究者によって，領域5に該当する外部評価が行われた。評価の結果は，「2009～2013年にアグデル大学が学校図書館の発展のために行ったプログラムの実施・実践・結果の大部分は成功している」というものであった（Carlsten and Sjaastad 2014, Executive Summary, 9）。しかし目標達成については以下の点で指摘があった（Carlsten and Sjaastad 2014, 8）。

1．小学校の学校司書の50%は学校図書館に必要な能力のトレーニングを受ける。
　：目標達成できなかった
2．教育のなかで積極的に学校図書館を活用し，リテラシーの強化のための長期的施策において学校図書館を重要視する学校や自治体の数を増加させる。
　：目標達成できなかった
3．教育のなかで学校図書館の組織的な活用モデルを確立する。
　：部分的にしか目標達成できなかった

　プロジェクトに参加した学校の「プログラムはモデルとしてみなすことができるかもしれないが，この期間中では，プロジェクト参加校が行ったのと同じプログラムがほかの学校で実施されることはなかった」（Carlsten and Sjaastad 2014, 8）。つまり，プロジェクト参加校を超えて一般化することはできなかった。そのため，外部評価者は「これらのモデルを評価する基準や計画がない」と指摘したのである。さらに，外部評価者は2003年ノルウェー PISA レポートのなかで「L97」カリキュラムを批判しているが，PISA レポート委員の多くが「L97」自体にもかかわっていたことの矛盾の指摘や，「知識の向上カリキュ

ラム」自体の批判と同様に「アグデル大学だけの責任ではなく，不明瞭な管理改革が原因であり，全国的な達成目標は，不十分な結果をもたらした」（Carlsten and Sjaastad 2014, 8-9）と指摘した。管理改革の実施は「知識の向上カリキュラム」においても同様に主張されたが，「2006年に導入された際に，教育研究省もノルウェー教育訓練局も改革の実施に関する包括的な戦略を立案しなかったように思える」（Aasen et al. 2012, 9）。

　それにもかかわらず，「ノルウェー学校図書館発展支援プログラム」は肯定的にとらえられている。トーガ（Tåga）は，プログラムが展開されたのは，プロジェクトの計画と実行について学校長の参加が必須だったことであるとし，さらに「熱心な学校長の存在は，自校の発展にとって不可欠であるが，それだけでなく学校図書館について，他の学校長や教育部局とやりとりをする際にも重要である」と述べている（2014, 26）。

PISA2009：「正しい方向に向かって」そして PISA2012：「まだこれからだ」

　「知識の向上カリキュラム」と「学校図書館発展支援プログラム」が展開されている最中であった2009年と2012年の PISA 調査の結果はどうであったのか？　2009年にノルウェー PISA 委員会は，「2006年からのよくない傾向が好転したしたことに満足している」と発表した（Kjærnsli and Roe 2010, 238）。いくつかの課題も残っていたが，ノルウェーの学校制度は正しい方向に進んでいるようにみえた。ノルウェーの15歳の読解力の得点は，2006年は484点だったが，2009年は503点に上昇した（前回同様に韓国が539点で首位，フィンランドが536点で2位であった。スウェーデンは497点に下がり，アメリカ合衆国の500点の後塵を拝した）（Kjærnsli and Roe 2010）。3年後の2012年のノルウェーの得点は504点で，2009年の水準の維持ができているように思われる（日本が538点で首位になり，スウェーデンは483点とさらに下がってしてしまった）（Kjærnsli and Olsen 2013）。ノルウェーの結果は，OECD 平均の493点を上回った。つまり2006年を除けば，2000，2003，2009年は OECD 平均を上回っていたことになる（Kjærnsli and Olsen 2013, 20）。「平均」という言葉はその状況によってニュアンスが変化するが，2000年の PISA 調査結果の発表の際にクリステン・クレメントが嘆き悲しんだような悪い意味合いではなく，それどころかスヴェン・ショーベルグ（Svein Sjøberg）は以下のように指摘している（2014a, English abstract）。

　　　ノルウェーは，PISA ショックに基づいて，国民的議論のみならず国の政策が立案・実行された最も明確な事例の1つである。実際に5回行われた PISA では，ノルウェーは一貫して，3つの領域すべてで，OECD 諸国で中位の得点を維持している。

　現在の首相であるアーナ・ソールベルグ（Erna Solberg）が最新の振興策である「教員向上政策（*Lærerløftet*；*Teacher Promotion*）」を発表する際に，誇大に宣伝せずに質の平均化を指摘したことは興味深いことである（2014年）。「教員向上政策」はノルウェーの教員養成の大きな変化を意味し，教員養成課程を3年間の学士課程から5年の修士課程に引き上げることを含むが，学校司書や学校図書館への影響は不明である。2014年9月30日に公表された戦略文書のなかには，「学校図書館」と「図書館」のどちらのキーワードも含まれていない。

おわりに：図書館員の意見に耳を傾ける

「政治家が教員からの忠告を聞くことをしなかった」ため，1975年にビャートマール・ジャーデはノルウェーの学校制度が世界で最もすばらしいと宣言することができたのである。それ以来，政治家の「成功する政策」はほとんどがうまくいっていない（Korsmo 2011）。

この事実が教員にとって真実であるならば，学校司書にとっても同様に真実であるといえる。ノルウェーにおける学校改革と学校図書館の発展の両方は，「PISA ショック」とノルウェーの学校制度の「PISA フィクション（PISA 調査結果を装った都合のいいでっち上げ話）」の結果であったと思える（Sjøberg 2014b）。学校図書館発展のためのガイドラインは，「読書のための部屋をつくろう！」や「学校図書館発展支援プログラム」での学校プロジェクトの評価をする際に基礎となった指針以上のものは，実際に作成されていない。ガイドラインがないことがむしろ，政策立案者がより学校司書の意見に耳を傾けさせ，学校司書がお互いに耳を傾けることにつながる可能性もある。アメリカ学校図書館協会の「学習者のエンパワーメント（*Empowering Learners*）」（AASL 2009）は，『IFLA／ユネスコ学校図書館ガイドライン』と同様にモデルとなる可能性がある（IFLA 2002；IFLA 2015）。

より重要なことは教育制度における学校図書館の役割や学校図書館のためになんらかの包括的な計画が必要であるということである。「知識の向上カリキュラム」の外部評価者は，教育研究省とノルウェー教育訓練局は「改革実行のための包括的な戦略」が欠けていたと非難した（Aasen et al. 2012, 9）。バルスタドらが行ったノルウェーの学校司書の状況調査では，以下のような言及がなされている（2012, 27）。

> 調査のなかで私たちは学校図書館に関する計画の有無の影響についても検討すべく，学校図書館の計画があるかどうかを尋ねた。得られた回答を使って独立変数を作成し，中心となる要因を分析した結果，計画策定が学校図書館の発展に効果があることが明らかとなった。

同様にトーガは包括的な計画の必要性を主張している（2014, 27）。

> 学校図書館発展支援の新しいプログラムが始動すると，個々の学校に対してだけでなく，教員教育や地方自治体の役割や地方自治体内部での協力などについても目が向けられる効果がある。もし，包括的な計画がなければ，一時的な成功だけで終わってしまう。

筆者は，1973～1975年にオスロ教員専科大学（Oslo Teacher's College）に通っていた。そのときに「図書館のケア（*Bibliotekstell；care of libraries*）」という科目を半期受講した。この授業は1975年の卒業時にオスロの学校図書館で働くための任用資格となる科目であった。しかし，ラフステが2001年の研究で奨励したように，教員養成課程のなかに図書館利用法を含めることは，ノルウェーの教員教育においてはなされなかった。

40年を経て，エリーザベト・タラクセン・ラフステと後継者であるシリ・イングヴァルドセンとその同僚はアグデル大学において学校図書館教育プログラムを学士号まで高めた。「読書のための部屋をつくろう！」で得られた経験や「学校図書館の向上」で得られた評価の結果が，ノルウェー政府からの要請でアグデル大学が2009～2013年の4年間に「学校図書館発展支援プログラム」を行うことにつながった。プロジェクトリーダーであ

60　Part 2　国家および地方のガイドラインの開発と使用

るシリ・イングヴァルドセンは2014年 8 月にリオンで開催された IFLA 大会での論文で，少なくともノルウェー図書館協会ではプログラムを継続する明確な合意が形成されていることを強調している（Ingvaldsen 2014）。このあと，イングヴァルドセンはソグン・オ・フィヨーラネ県の県立図書館長として異動してしまい，ソールベルグ政権はまだ学校図書館プログラムの継続に関していかなる発表もしていない。

謝　辞

　この章を執筆する際に，助言と提案をくれたシリ・イングヴァルドセンに感謝の意を表したい。

● 参考文献

Aasen, Petter, Jorunn Møller, Ellen Rye, Eli Ottesen, Tine S. Prøitz and Frøydis Hertzberg. 2012. "Kunnskapsløftet som styringsreform—et løft eller et løfte? Forvaltningsnivåene og institusjonenes rolle i implementeringen av reformen." ［Knowledge promotion as a governance reform: a lift or a promise? The role of levels of administration and institutions in the implementation of the reform.］ Report 20/2012. Oslo: The University: Institute for Teacher Education and School Research.

American Association of School Librarians（AASL). 2009. *Empowering Learners: Guidelines for School Library Programs*. Chicago: AASL.

Baadshaug, Maren Brit. 2008. "PISA 2006—hva betyr resultatene for skolebibliotekene?" ［PISA 2006: What do the results mean for school libraries?］ Memorandum by Maren Brit Baadshaug with comments from Liv Evju.

Barstad, Johan, Ragnar Audunson, Ellen Hjortsæter and Barbro Østlie. 2007. *Skulebibliotek I Norge: Kartlegging av skulebibliotek i grunnskule og vidaregåande opplæring*. ［School libraries in Norway: Charting school libraries in elementary, middle and high schools.］ Arbeidsrapport nr. 204. Volda: Møreforsking.

Bibliotekreform 2014. 2006. Del 1: Strategier og tiltak. ［Library reform 2014. Part 1: Strategies and initiatives］. Oslo: ABM-utvikling. http://urn.nb.no/URN:NBN:no-nb_digibok_2013022206051. Accessed on 26 February 2015.

Buland, Trond, Thomas Dahl, Liv Finbak and Vidar Havn. 2008. "Det er nå det begynner! Sluttrapport fra evalueringen av tiltaksplanen *Gi rom for lesing!*" ［Now it begins! The final report of the evaluation of Gi rom for lesing!］ Trondheim: SINTEF and NTNU Adults in lifelong learning, May 2008.

Carlsten, Tone Cecilie and Jørgen Sjaastad. 2014. *Evaluering av Program for skolebibliotekutvikling 2009–2013*. ［Evaluation of the Programme for School Library Development 2009–2013］. Report 4/2014. Oslo: NIFU. http://www.udir.no/Upload/Forskning/2014/NIFUSkolebibliotek.pdf?epslanguage=no. Accessed on 5 November 2014.

Clemet, Kristin. 2012. "Kunnskapsløftet" ［Knowledge Promotion］. Civita. 13 December 2012. https://www.civita.no/2012/12/13/kunnskapsloftet. Accessed on 5 November 014.

Deildok, Monica. 2011. "Skolebiblioteket er ikke prioritert" ［School libraries are not being prioritized］. Debate section. *Aftenposten* 20 October 2011. http://www.aftenposten.no/meninger/debatt/Skolebiblioteker-er-ikke-prioritert-6486352.html. Accessed on 21 November 2014.

"Førsteklasses fra første klasse: Forslag til rammeverk for et nasjonalt kvalitetsvurderingssystem av norsk grunnopplæring" ［First class work from 1st grade on; A proposal for a framework for a national system for qualityassessment in basic education］. 2002. Section 4.2.1 The new Learning Centre. https://www.regjeringen.no/nb/dokumenter/nou-2002-10/id145378/?docId=NOU200220020010000DDDEPIS&q=&navchap=1&ch=6. Accessed on 25 February 2015.

Gi rom for lesing! Strategi for stimulering av leselyst og leseferdighet 2003–2007. 2003. ［Make room for reading! Strategy for the stimulation of joy in reading and reading competency 2003–2007］.

Report, 24 April 2003. Department of Education and Research. http://www. regjeringen.no/nb/dokumentarkiv/Regjeringen-Bondevik-II/ufd/Rapporter-og-planer/Rapporter/2003/gi-rom-for-lesing.html?id=106009. Accessed on 9 November 2014.

Hjertebank for et aktivt skolebibliotek [Heartbeats for an active school library]. 2003. Oslo: Læringssenteret.

IFLA. 2015. *IFLA School Library Guidelines Draft.* [Draft dated 12 January 2015.]

Ingvaldsen, Siri. 2013a. "The Norwegian School Library Programme." *Scandinavian Public Library Quarterly* 46 (1). http://slq.nu/?article=volume-46-no-1-2013-3. Accessed on 14 September 2014.

Ingvaldsen, Siri. 2013b. "Case study: A School Library Promotion Campaign." Building Strong Library Associations Case Study Module 7. School libraries on the agenda. IASL-IFLA Joint Workshop Kuala Lumpur. Accessed on November 5, 2014. http:// schoollibrariesontheagenda.files.wordpress.com/2013/07/bsla_iflasl-iasl_norway_case_study_2013_final.pdf

Ingvaldsen, Siri. 2014. "The Norwegian School Library Program – What has been achieved?" Paper presented at IFLA World Library and Information Congress, 16–22 August, Lyon, France. http://library.ifla.org/912/1/213-ingvaldsen-en.pdf. Accessed on 5 November 2014.

Johannesen, Øystein. 2008. "Program for skolebibliotekutvikling: Kontekst, tiltak, utfordringer." [Programme for school library development: Context, initiatives, challenges.] Presentation at the 71st Norwegian Library Conference in Bergen, 7 March 2008. http://www.slideshare.net/oysteinj/program-for-skolebibliotekutvikling-bergen-07032008-slideshared. Accessed on 22 November 2014.

Kjærnsli, Marit, Svein Lie, Rolf Vegar Olsen, Astrid Roe and Are Turmo. 2004. *Rett spor eller ville veier? Norske elevers prestasjoner i matematikk, naturfag og lesing i PISA 2003.* [On theright track or way off course? Norwegian students' achievement in mathematics, science and reading in PISA 2003]. Oslo: Universitetsforlaget. http://www.uv.uio.no/ils/forskning/prosjekt-sider/pisa/publikasjoner/publikasjoner/rett-spor-eller-ville-veier.pdf. Accessed on 19 February 2015.

Kjærnsli, Marit, Svein Lie, Rolf Vegar Olsen and Astrid Roe. 2007. *Tid for tunge løft: Norske elevers kompetanse i naturfag, lesing of matematikk i PISA 2006.* [Time for some heavy lifting: Norwegian students' achievement in mathematics, science and reading in PISA 2006]. Oslo: Universitetsforlaget, 2007. http://www.uv.uio.no/ils/forskning/prosjekt-sider/pisa/publikasjoner/publikasjoner/tid_for_tunge_loft.pdf. Accessed on 19 February 2015.

Kjærnsli, Marit and Rolf Vegar Olsen, eds. 2013. *Fortsatt en vei å gå: Norske elevers kompetanse i matematikk, naturfag og lesing i PISA 2012.* [Still some way to go: Norwegian students' achievement in mathematics, science and reading in PISA 2012]. Oslo: Universitetsforlaget, 2013. http://www.uv.uio.no/ils/forskning/prosjekt-sider/pisa/publikasjoner/publikasjoner/fortsatt-en-vei-a-ga.pdf. Accessed on 19 February 2015.

Kjærnsli, Marit and Astrid Roe, eds. 2010. *På rett spor: Norske elevers kompetanse i lesing, matematikk og naturfag i PISA 2009.* [On the right track: Norwegian students' achievementin mathematics, science and reading in PISA 2009]. Oslo: Universitetsforlaget. http:// www.udir.no/Upload/Forskning/Internasjonale_undersokelser/pisa_2009/5/PISArapporten.pdf. Accessed on 19 February 2015.

Kjellstadli, Ole Peder. 2005. "Verdens beste skole—til tross for lærerne." [The world's bestschool system—in spite of the teachers]. *Østlendingen* 22 March 2005. http://www. ostlendingen.no/arkiv/verdens-beste-skole-til-tross-for-lererne-1.4497713. Accessed on 14 November 2014.

Knowledge promotion – Kunnskapsløftet. 2007. Oslo: Utdanningsdirektoratet [Directorate for Education]. Published 4 January 2007. Last edited 7 June 2011. http://www.udir. no/Stottemeny/English/Curriculum-in-English/_english/Knowledge-promotion---Kunnskapsloftet/. Accessed on 14 November 2014.

Korsmo, Eli Kristine. 2011. "Gratulerer med dagen!" [Happy World Teachers' Day!]. Utdanningsforbundet, 4 October 2011. https://www.utdanningsforbundet.no/Hovedmeny/Om-forbundet/Internasjonalt/Verdens-larerdag-5-oktober/Gratulerer-med-dagen/.Accessed on 23 November 2014.

Kultur for læring. [A culture of learning]. 2004. Stortingsmelding nr. 30 (2003–2004). [Parliamentary White Paper no. 30]. Accessed November 14, 2014. https://www. regjeringen.no/nb/dokumenter/

stmeld-nr-030-2003-2004-/id404433/. Accessed on 19February 2015.

Lærerløftet: På lag for kunnskapsskolen. [Teacher promotion: Teaming up for the knowledge school.] 2014. Oslo: Kunnskapsdepartementet. http://www.regjeringen.no/upload/KD/Vedlegg/Planer/KD_StrategiSkole_web.pdf . Accessed on 21 November 2014.

Lie, Svein, Marit Kjærnsli, Astrid Roe and Are Turmo. 2001. "Godt rustet for framtida? Norske 15-åringers kompetanse i lesing og realfag i et internasjonalt perspektiv." [Well prepared for the future? The competencies of Norwegian 15-year olds in reading, science and mathematics in an international perspective]. *Acta Didactica* 4. http://www.uv.uio.no/ils/ forskning/prosjekt-sider/pisa/publikasjoner/publikasjoner/godt-rustet-for-framtida.pdf. Accessed on 19 February 2015.

Norges offentlige utredninger (NOU). 1981. [Norway's Government Commission Reports] Skolebibliotektjenesten. [School library services]. 7. Oslo: Universitetsforlaget. http:// www.nb.no/statsmaktene/nb/2bfdb4022162d9c33a02b56cfb888779?index=0#0. Accessed on 21 November 2014.

Organisation for Economic Co-operation and Development (OECD). 2000. *Literacy Skills for the World of Tomorrow: Further Results from PISA 2000.* Executive Summary. Paris: OECD. http://www.oecd.org/edu/school/2960581.pdf. Accessed on 5 November 2014.

Program for skulebibliotekutvikling 2009–2013. 2013. Sluttrapport. [Programme for School Library Development 2009–2013. Final Report]. Kristiansand: Universitetet i Agder.

Rafste, Elisabeth Tallaksen. 2001. "Et sted å lære eller et sted å være? En case-studie av elevers bruk og opplevelse av skolebiblioteket" [A place to learn or a place for pleasure? A case study of students' use and value of the school library] (doctoral dissertation, Faculty of Education, University of Oslo).

Rafste, Elisabeth Tallaksen. 2005. "A place to learn or a place for leisure? Students' use of the school library in Norway." *School Libraries Worldwide* 11 (1) : 1–16.

Rafste Elisabeth Tallaksen. 2013. "Skolebibliotekets historie." [The history of the school library]. *Bibliotekforum* 38 (5) : 28–31.

Rafste, Elisabeth Tallaksen, Tove Pemmer Sætre and Ellen Sundt. 2006. "Norwegian policy: Empowering school libraries." *School Libraries Worldwide* 12 (1) : 50–58.

Romøren, Rolf. 2005. "Det er håpløst—og vi gir oss ikke. Om skolebibliotekutvikling og skolebibliotekkunnskap i Agderfylkene, 1985–1993." [It's hopeless—and we will notgive in. Of school library development and school library studies in the Agder counties 1985–1993]. In *Kilde til lyst og læring: Jubileumsskrift for skolebibliotekarutdanningen ved Høgskolen i Agder* [A source of delight and learning: Festschrift for the school library education programme at Agder University College], ed. by Elisabeth Tallaksen Rafste, Rolf Romøren and Svein Slettan, 29–35. Skriftserien nr. 112e. [Publications no. 112e]. Kristiansand: Agder University College. http://brage.bibsys.no/xmlui/bitstream/handle/11250/135055/112e.pdf. Accessed on 19 February 2015.

Rugtvedt, Lisbeth. 2008. "Pisa-undersøkelsen—bibliotekenes rolle." [The PISA study and the role of libraries]. Speech at library seminar during Literature festival in Lillehammer, 28 May 2008. http://www.regjeringen.no/nb/dokumentarkiv/stoltenberg-ii/kd/Taler-ogartikler/2008/pisa-undersokelsen--bibliotekenes-rolle-.html?id=514918. Accessed on 22 November 2014.

Sætre, Tove Pemmer and Glenys Willars. 2002. IFLA/UNESCO School Library Guidelines. The Hague: IFLA Headquarters. IFLA professional Reports, No. 77 [Revised edition of Professional Report No. 20]. http://www.ifla.org/files/assets/hq/publications/professional-report/77.pdf. Accessed on 17 February 2015.

Sætre, Tove Pemmer and Glenys Willars. 2007. IFLA/UNESCOs Retningslinjer for Skolebibliotek. Oversatt av Maren Brit Baadshaug [Oslo] : Norsk Bibliotekforening. http://www.ifla.org/files/assets/school-libraries-resource-centers/publications/school-library-guidelines/school-library-guidelines-no.pdf. Accessed on 19 February 2015.

Sjøberg, Svein. 2014a. "PISA-syndromet – Hvordan norsk skolepolitikk blir styrt av OECD." [The PISA-syndrome: How Norwegian school policy has been steered by the OECD.] Nytt Norsk Tidsskrift 1: 30–43. http://www.hkr.se/PageFiles/47900/S_Sjoberg_Nytt_Norsk_Tidsskrift_1-2014. pdf. Accessed on 19 February 2015. Sjøberg, Svein. 2014b. "Clemet og pisafiseringen av norsk skole." [Clemet and the pisafication of Norwegian schools.] *Morgenbladet*, 11 April. http://morgenbladet.

no/debatt/2014/clemet_og_pisafiseringen_av_norsk_skole. Accessed on 21 November 2014.

Sundt, Ellen. 2005. "Øke kompetansen i bruk av skolebibliotek." [Increased competencein the use of school libraries]. In *Kilde til lyst og læring: Jubileumsskrift for skolebibliotekarutdanningen ved Høgskolen i Agder* [A source of delight and learning: Festschrift for the school library education programme at Agder University College], ed. byElisabeth Tallaksen Rafste, Rolf Romøren and Svein Slettan, 15–17. Skriftserien nr. 112e. [Publications no. 112e]. Kristiansand: Agder University College. http://brage.bibsys.no/xmlui/bitstream/handle/11250/135055/112e.pdf. Accessed on 19 February 2015.

Tåga, Aud. 2014. "Program for skolebibliotek—et blaff?" [The Programme for School Libraries—just a flash in the pan?]. *Bibliotekforum* 39（4）: 26–27.

Van Daal, Victor, Ragnar Gees Solheim, Nina Nøttaasen Gabrielsen and Anne Charlotte Begnum. 2007. *PIRLS: Norske elevers leseinnsats og leseferdigheter: Resulatater for fjerde og femte trinn i den internasjonale studien PIRLS 2006* [PIRLS: The reading achievements and reading competencies of Norwegian students: Results of the fourth and fifth assessment years of the international study PIRLS 2006]. Stavanger: Lesesenteret, University of Stavanger

● 注
（1） 2015年2月19日最終アクセス
（2） 2015年2月19日最終アクセス
（3） 2015年2月19日最終アクセス

● 訳注
①ノルウェーの教育制度や図書館制度についての参考文献は以下のとおり。
　外務省「諸外国・地域の学校情報　ノルウェー」（http://www.mofa.go.jp/mofaj/toko/world_school/05europe/infoC53200.html）。マグヌッセン矢部直美ほか「文化を育むノルウェーの図書館―物語・ことば・知識が躍る空間―」新評論，2013年。大島美穂・岡本健志編著『ノルウェーを知る60章』明石書店，2014年。ノルウェーの学校制度は7・3・3・3制であり，6歳になる年の8月から就学する。義務教育は小学校・中学校の計10年である。地方は学校規模が小さいため，複式学級の小中学校も多い。また小学校では成績表はない。小学校から英語を学び中学校ではフランス語やドイツ語なども学ぶ。高等学校は大学進学をめざす普通科と，土木・電気・演劇・理髪などを学ぶ職業科がある。大学は3年制の総合大学，芸術・スポーツ・建築などに特化した単科大学，看護・教職・情報工学などを学ぶ2年から4年制の専科大学（準大学）がある。
②Biblioteksentralenは1952年に設立された公益法人であり，選書用の新刊資料案内の刊行や目録データの作成，備品や書架なども取り扱っている図書館関係機関である。
③「学校図書館発展支援プログラム」の内容および実践事例については，IFLA2012ヘルシンキ大会において，シリ・イングヴァルドセンが行った「読書教育促進に向けた共同の取り組み：ノルウェー学校図書館プログラムにおける公共図書館と学校による共同プロジェクト」の日本語訳が『障害保健福祉情報システム』HP（http://www.dinf.ne.jp/doc/japanese/access/ifla/ingvaldsen/ingvaldsen.html）に掲載されているので参照のこと（Websites accessed on 26 March 2016）。

第3部　学校図書館の実践を変えるガイドラインの利用

Part 3　Using Guidelines to Change School―Library Practice

7	Jessica Kohout and Karen W. Gavigan
	The Learning Commons——From Planning to Practice in a School System in South Carolina, USA

ラーニング・コネモンズ—サウスカロライナの学校制度における実施計画より

ジェシカ・コート，カレン・W・ガビガン

要　旨　本章は，アメリカ合衆国のある校区によってなしとげられた，学校社会での教授や学習のニーズを支援するためと，伝統的な学校図書館からラーニング・コモンズの施設へと学校改革をした取り組みについて叙述したものである。ラーニング・コモンズモデルを実施するための初期の協働的な計画段階からの動的なプロセスが示される。そのプロセスのおおよその概観を示したあと，ある中学校のラーニング・コモンズについて詳細に叙述する。このモデルを定位するためのリソースと戦略が示される。世界中の学校司書が各々の学校でこのプロセスをなぞるような機会を与えるために力を尽くすものである。

キーワード　アメリカ合衆国；サウスカロライナ州；ラーニング・コモンズ；施設；協働

はじめに

　21世紀型の学習者は，新しい教授法と学習方法を獲得するためのメディア環境においては，成長過程にある。複合的なリテラシーでは，教授の道具の発展が欠かせない。「若者たちにとって，新しい技術や写真，コミュニケーション・モデルが施設を発展させる。また，教育空間は，評価を工夫しようとして成長し，そして拡大する」（Hill and Vasudevan 2008, 5）。ラーニング・コモンズは，学校図書館の新しい形であり，アメリカ合衆国やカナダ，世界中の国々の学校において，教育評価の役割を大きく増大させている。ミシガンのジャクソン・コミュニティ・カレッジに端を発するラーニング・コモンズの考え方は，「インフォメーション・コモンズ」に関係するものであった（Beagle, 2006）。1990年代，大学図書館においては，デジタル技術へのアクセスを可能にする施設が再構築されつつあったが，その際にパラダイムの変化が起こった。グループワークやチューターのための空間を保持する間で起こったことである（White, Beaty, and Warren, 2010）。インフォメーション・コモンズは，大学図書館では，国中で広がりつつあった。学習・調査の過程での技術利用が大きく増加していたためであった（Accadi, Memo and Kim, 2010）。高等教育におけるインフォメーションコモンズを契機として，幼稚園，小学校，中学校，高等学校（これらを K-12という。幼稚園から高等学校を卒業するまでの13年間をさす）において，すべての学習者の学問的なニーズを支援する協働的な空間が，生徒を中心とした施設として登場した。

　Loertscher, Koechlin, Rosenfeld（2012）らは，K-12（幼稚園から高等学校 3 年にあたる第

12学年まで）のラーニング・コモンズを物理的・実際的な空間として，また，生徒が一人で，あるいはグループで説明したり，試したり，協同学習する場所として定義した。ラーニング・コモンズの理論的背景として一般に流布しているものには構成主義があげられる。その理論には，学習とは知識を蓄積する際に，学習者が積極的に参加することによる社会的活動そのものであるとする理念がある。図書館の閲覧空間は，知識を蓄積したりばらまいたりする情報倉庫としてとらえられるのではなく，構成主義を基盤にしたラーニング・コモンズにおいては，知識を創造したり分け合ったりする場所として位置づけられている。「私たちは，図書館を食料品店や，あるいは材料を手に入れる場所としてとらえるようなことはやめて，キッチンとして，材料を生み出す場として考えはじめる必要がある」（Valenza and Johnson 2009）。

　2008年以降，デイヴィッド・ローツチャーは，アメリカのラーニング・コモンズ運動の舵取りをしてきた。彼の著書である『ニュー・ラーニング・コモンズ』によると，共著者であるキャロル・コーチェリンとサンディー・ズワンは，「学習者は学校図書館やパソコン室の改革に勝利した！」と，当該領域における独創的な仕事としてとらえた。ローツチャーとコーヘリンは，ウェブサイト知識構築の中心となるラーニング・コモンズも管理した。同サイトは，プレゼンテーションやそのほかのラーニング・コモンズ用のリソースを含んでおり，学校におけるラーニング・コモンズの国際的登録簿のようになった。当該ウェブサイトへはアクセス可能である（http://www.scgoollearningcommons.info.）[1]。

　カナダの2州はラーニング・コモンズ運動におけるリーダーシップをとった。2010年，オンタリオの学校図書館協会は，オンタリオ州教育委員会と連携し，『学習を一緒に―学校図書館とラーニング・コモンズのあけぼの（*Together for Learning : School Libraries and the Rise of the Learning Commons*）』（OSLA 2010）を出版した。アルバータ州教育委員会は，ラーニング・コモンズを教育用語の1つとして取り入れ，教育委員会のウェブサイトではラーニング・コモンズへのリソース提供の支援を行うようになった（https://education.alberta.ca/department/ipr/slsi.aspx.）[2]。

　国際的なレベルでは，ラーニング・コモンズのコンセプトは，『IFLA 学校図書館ガイドライン草稿』（第4セクションの2つの分科会）のなかで議論された。

> 　今日，多くの学校図書館は「ラーニング・コモンズ」としてデザインされているが，「参加型文化」のなかにあっては，利用者の関与の仕方に現れる。すなわち，利用者の役割は情報を消費する者から情報を創造する者へと拡大するということだ。図書館でのラーニング・コモンズは，伝統的な学びと同様に，製品としての情報を創り出すのに必要な施設・設備を提供する。

　物理的にいえば，ラーニング・コモンズは，学校のハブとして位置づけられる。また，創造的で想像的な方法を有する21世紀型の学びを支援する施設でもある。ラーニング・コモンズの哲学は，協働的な学びに焦点をあてて，図書館の施設に対しては利用者を中心とした利用面に基盤をおいている。ラーニング・コモンズで思い描かれるのは，学生たちが学校という壁を乗り越え，情報に接し，楽しむというニーズに応えようとすることである。印刷物，オンライン，マルチメディア機器といったものがあげられる。これらは24時

間/7日(年中無休で)提供される。ラーニング・コモンズでは，知識を構築する際，次の3つの原動力が相互に作用しあっている。(1)融通が利き，物理的で，しかも実質的な学びの環境，(2)豊富な情報と最良の技術，(3)参加型のコミュニティである(Loercher and Koechlin 2014, E2)。

ラーニング・コモンズの環境は，伝統的なリテラシーとデジタル・リテラシーという2つの教授を支援する。ラーニング・コモンズは，「オープン」「アクセス可能」「社会性」「流動性」「生産的」といった言葉によって表現されてきた。ラーニング・コモンズは一般にプレゼンテーションの場であり，印刷機，スキャナー，充電場所，高速の無線接続などがある。ラーニング・コモンズ・モデルにとっては，融通の利く物理空間であることが重要であり，このことがラーニング・コモンズを特徴づけている。そのほか，キャスターつきのコンピュータを入れたカート，テーブルや棚といったものがある。また，データジャック，電源コンセントはすぐに利用できるものになっている。座席は配置され自由に，一度に一クラス分以上の人数が利用できる。児童生徒たちは，インターネットであろうと仮想的であろうと，図書カートをつくったり，学校放送のテレビ番組を制作したり，読書会やアニメ・クラブに参加したり，3Dプリンターを利用したりするなど，ラーニング・コモンズでは，生徒たちの学びを披瀝する空間が提供されるのである。

ラーニング・コモンズの司書には，情報の専門家，教員，教育的な同伴者，プログラムの管理者，技術的なリーダーなどといった多くの役割がある。ラーニング・コモンズの設計について，ミネソタ州マンカトにあるマンカト地区公立学校群におけるメディア技術担当の責任者だったダッグ・ジョンソンは，司書に向けて次のように示唆している。

> 私たちは子どもたちが望む場を探すことで学ぶことができる。コーヒーショップは子どもたちの社会的な学びの空間であることを示してくれる。スポーツジムや劇場はパフォーマンス空間でなければならないことを示唆している。図書館が子どもたちにとって情報を共有する場所だけではないのと同じことである。YouTubeが供給するものは，社会的なネットワークサイトとして，また共有サイトのメディアとして人気がある。それはちょうど私たちが図書館を情報生産の場にしたのと同じことなのである。

 レキシントン物語——メディアコモンズへ

レキシントン校区は，アメリカのサウスカロライナ州の州都であるコロンビア市の西方に位置している。この校区にはレキシントンのほか，ギルバートやペリオンといった多くの田園地帯があり，この地域は面積750平方マイルのうちの48％を占めている。校区には，小学校17校，中学校5校，高等学校5校，技術センター1校，代替学習センター1校があり，生徒数2万4000人，教師数1600人を擁している。

校区の全小学校，中学校，高等学校には，少なくとも一人のフルタイム勤務のメディアスペシャリストとメディアアシスタントがいる。全中学校・高等学校には，フルタイム勤務の技術統合スペシャリストを配置しており，ほとんどの小学校ではフルタイム勤務を基本にした配置となっている。レキシントン校区の学校図書館ではメディアスペシャリストは，学級担任や教務担当者と協力しあい，生徒や職員に対しては，効果的なアイデアや情報の使い手となるように支援している。校区の技術統合スペシャリストは，互いの関係を

構築し，模範となって，教師が効果的な技術活用によって生徒の学習を一層高められるように支援するという役割がある。

　過去には，校区では学校図書館メディアスペシャリストに向けた月例会が開催されていたが，技術統合スペシャリストたちはこういった会合とは別の会合をもっていた。学校図書館メディアスペシャリストと技術統合スペシャリストはお互いに近くで働く必要がなかったので，学校内では概して異なる場所にいたのである。稀に同じ部屋で働いていることもあったが，お互いに必要とするようなニーズもなく，協力しあったりするような目的もなかった。

　レキシントン校区の全学校図書館にラーニング・コモンズの考え方を取り入れるまでに3年間を要した。この計画は，学校図書館メディアスペシャリストであるデイヴィッド・ローツチャーが2011年3月にサウスカロライナ学校司書協会大会における講演に端を発する。その考え方は学術事務所の所長と校区の管理者に示され，その結果，支援を受けることになった。ラーニング・コモンズ・モデルを管理するための財政的支援として，レキシントン校区の教育財団による補助金が約2年間にわたって供与されることとなった。技術統合スペシャリストと学校図書館メディアスペシャリストは，5000ドル以上を受け取ることができただけではなく，補助金による支援と旧来型の図書館をラーニング・コモンズに転換する支援として1万ドルが支給されたのである。

　技術統合スペシャリストと学校図書館メディアスペシャリストはデイヴィッド・ローツチャーの研究を用いて，旧来型の学校図書館からラーニング・コモンズへの移行に向けて協働的に取り組んだ。彼らはデイヴィッドの研究にあるラーニング・コモンズの規準を元にして，ラーニング・コモンズへの移行を図るため，自分たちの一連のルーブリック（rubric，評価基準表）①をつくった。そのルーブリックには，技術統合スペシャリストと学校図書館メディアスペシャリストが，施設とラーニング・コモンズ・モデルをよりよくするのに資するという目的があったのである。

変化の過程

　2011年の夏（7～8月にかけて），旧来型の学校図書館の環境をラーニング・コモンズの施設へと移行するような努力が払われた。校区では，技術統合スペシャリストと学校図書館メディアスペシャリストが，ひと夏かけて読もうと，ローツチャー，コーチリン，ズワンズによる『新しいラーニング・コモンズ』（2008年刊行）を購入した。技術統合スペシャリストと学校図書館メディアスペシャリストから構成される運営委員会は，当該地区の人事部門の2人の管理官によって任命された。運営委員会は小中高校の全学年の担任から構成された。地区内全校でラーニング・コモンズ・モデルの立案計画の進行の管理業務が運営委員会としての目的であった。

　技術統合スペシャリストと学校図書館メディアスペシャリストは2011年の秋から地区月例会を設置し，お互いに顔を合わせるようになった。技術統合スペシャリスト，リテラシーコーチ，情報技術職員らは，ラーニング・コモンズ部門へと働く場所を移すようになった。運営1年目には，ラーニング・コモンズ・モデルを調査したが，同様にラーニン

グ・コモンズはどのようなものなのか，多くの議論がなされた。ラーニングチームは，ラーニング・コモンズへの転換・形成に必要な物品一覧を作成することとなった。学校区は次年度に向けて各ラーニング・コモンズ用に，55インチの大型テレビ（140cm）や5機のMacBook Airなどを用意した。

　2012〜2013年度にかけては，技術統合スペシャリストと学校図書館メディアスペシャリストがローツチャー，コーチリン，ズワンズらの研究に基づいてルーブリックを作成しはじめた。このルーブリックは，「物理的」「仮想的」「経験的」といったラーニング・コモンズの構成要素を評価するように設計された。物理的なコモンズとは，協働的な取り組みを支援・促進するような「完全に柔軟な学習空間」があることとした。ラーニング・コモンズは，仮想的に開かれた場所であると同時に，仮想の実験的な学習センターであることや，個別指導，資料，道具，支援協力のほか，専門的な開発と学習が中心に位置づけられる場所であるとした。「実験的な学習センター」，あるいは，「実験コモンズ」とは，「学校のなかに専門家が在中し，実際に実験することができ，模範的な教授と学習経験を展開する場所」としている（Loertscher, Koechilin & Zwaan 2008, 8）。そのルーブリックは校区のミッションステートメントを反映している。それは，「レキシントン地域校区の使命——一般人，研究者，芸術家，体育を支援する場所——は，地域学習の中心となって活躍できるような21世紀型の卒業生を輩出する気運となるものである」(Lexington School District One, n.d.)。このように1年間にわたって，学校図書館メディアスペシャリストと技術統合スペシャリストはみなラーニング・コモンズを生み出すため，会合を続け，研究に参加したのであった。

　ここには討議，フィードバックのほか，疑問点を明確にするための価値ある原案が含まれている。それはこれまで全員が参加できたり聞かされたりしたものであった。あまたの活動を通して，グループ間で活動を回し，疑問点やコメント，あるいは証左となるような考えを執筆することができたこともあり，報告書は大部なものになったが，そのなかでルーブリックについて言及されていた。ほかの章では，話し合いには何が最も重要であるかをふり返ったものまで集約されていた。ラーニングチームはすべての学校から集い，一緒に働くことができたが，それぞれ状況の異なる学校で一緒にグループをつくったり，作業を混合したりする様子がみられた。また，技術統合スペシャリストと学校図書館メディアスペシャリストが勤務校の異なる人たちと一緒のグループをつくって行うような活動もみられた。やがて，ルーブリックはグーグルドキュメントに分類されたので，提案を作成するためのルーブリック立案のプロセスでは全員がその指標を共有するという取り組みがみられた。運営委員会には，全員がプロセスに参加できる機会を保証するという目標があったのである。合同会合後，運営委員会はグーグルフォームに参加者が閲覧できるように規定の調査表を送った。うまくいったことやよりよく取り組めたこと，次の段階に進むためのアイデアなどに向けて，調査表への回答をみるためであった。寄せられた回答は，しばしば次の会議に向けて，運営委員会計画に役立った。

　このような協働的なプロセスを通して，技術統合スペシャリストと学校図書館メディアスペシャリストは，ともに話し合い，評価規準にとって最も重要なことや，物理的，仮想

的，実験的なコモンズの指標となる根拠を決定していった。ルーブリックのための物証を創造する過程で，学校と校区のニーズについて疑問点が出されたり議論を促されたりした。その指標は50年以上の伝統校であろうと，1年にも満たない新設校であろうとも，すべての学校に関係するものとなった。また，学校の現在と将来のニーズにも見合うようにつくられたのであった。規準に関する合意がなされた，それは会議を多く経てなったようである。理想的なラーニング・コモンズへの移行を促すためには，どのようなインフラ，家具，機器が必要なのか，長時間の議論を行ったのである。複数のチームが，『学校図書館のリソースコレクションのためのサウスカロライナ州の基準』（South Carolina Department of Education 2012）に掲載された基準に依拠したのであった。これはルーブリックを準備していく際には最も参考になる実例を含んでいるためであった。ルーブリックのカテゴリーからその一例を引用してみよう。

　　　一物理的ラーニング・コモンズ：空間は人を招いたり，学校のコミュニティに働きかけたり，探究を促進したり，発見したり，創造したりする。
　　　一実験的ラーニング・コモンズ：空間内で協働的な取り組みが行われる。
　　　一仮想的ラーニング・コモンズ：オンライン・ツール，データベース，そのほかのリソースへのアクセスを提供する。

　ルーブリックをつくる最終的な取り組みのあと，技術統合スペシャリストと学校図書館メディアスペシャリストらは，各々の学校でラーニング・コモンズの評価に取り組んだ。次の研究年に向けた業務として，さらによりよくしたい領域に特化し，3点の目標を抽出し，学校の事務管理部門と情報を共有した。たとえば，ミードウ・グレン中学校のラーニング・コモンズの目標は，実験コモンズで起きる協働性をより強固にしたり，ラーニング・コモンズで生徒に技術支援ができる技術指導者を組織化したりするというものだった。2014〜2015年度にかけて，技術統合スペシャリストと学校図書館メディアスペシャリストを担当する指導主事は，学校を訪ねて，新たに作成された規準に基づいた，物理的，仮想的，実験的なコモンズの評価に取り組んだ。それはスペシャリストたちを評価せず，がっかりさせるものではあるが，ニーズを識別し，将来的な改善を図る評価基準をつくるためのものでもある。技術統合スペシャリストと学校図書館メディアスペシャリストはラーニング・コモンズ・チームとしてともに会合と仕事を継続した。すべての学校で空間の転換を図る取り組みがなされるとともにラーニング・コモンズのルーブリックの規準に向き合ったのである。

特　徴

　校区内の新図書館のラーニング・コモンズの変え方は，構造と設計にみられた。そこでは，一層開かれたスペースや移動可能な家具，協働的なスペースがあった。古い施設はラーニング・コモンズ・モデル用に転用された。たとえば，蔵書は雑多なままであったのだが，相当量を除籍し，オープンスペースをたくさん設けるために，電子書籍を多く購入し，書架を再構成するようにした。移動可能な家具，電子書籍用の書架，あるいは，より

新しい技術を獲得するために，補助金を獲得するための書類を何枚も書いて，財政の強化を図ろうとするチームもなかにはみられた。学校図書館メディアスペシャリストたちは，校内の執務室をたたんで，生徒のために録音スタジオやほかの作業スペースへと転換を図った。

校区内には空間使用面での転換が実現された。ラーニング・コモンズの年間行事計画表は公的なものとなった。教員が編成したものもみられた。アクセス可能な空間をつくり出すためであった。ウェブサイトを更新し，より親しみやすく，双方向的なものにして，一層仮想的なラーニング・コモンズとなるように取り組んだチームがみられた。また，可能なかぎり，ラーニング・コモンズにおけるスクールコミュニティやサービスとリソースを再編成するチームもみられた。

 中学校のラーニング・コモンズ

レキシントン校区では，2012年の8月に開校した新設校であるミードウ・グレン中学校にラーニング・コモンズ・モデルの1つが設置された。この学校のラーニング・コモンズは，生徒と教師がともに学び，クリティカルに考え，新しい技術を発見し，そして，情報を共有したり，グローバル社会に接続したりする探究センターとして提供されているものである。21世紀型の学習者のニーズに見合うモデルを基盤としている。

ラーニング・コモンズでは，壁全面が窓になっていたり，ほとんどの家具に車輪が付いていたりするなど，間仕切りを設けないというコンセプトで特徴づけられている。空間は，マインドとしてラーニング・コモンズ・モデルが設計されたものである。技術統合スペシャリストと学校図書館メディアスペシャリストの部屋は互いに向かい合っている。実験室や会議室，メディア制作室は，同様に施設内にあった。折り畳み式のガラスの間仕切りが，実験コモンズを分離しており，学習スペースと分離したり，あるいはメインのオープン・コモンズへと広げたりすることができる。ラーニング・コモンズには，3500冊の書籍と3500冊の電子書籍を所蔵している。このように，実物の書籍だけがある空間を求めるよりも，書架の数が少ない空間への改編が求められたのである。移動可能なカウチソファーや，快適な椅子やキャスターが付いたテーブルといった家具がある。「アップル・テレビ」が付属した固定テレビとポータブルテレビは，必要に応じて教授と学習とを分けるのに役立ったという。校区の全生徒と全教師に高速 Wi-Fi にアクセスできる iPad が支給された。また，ラーニング・コモンの空間内で，生徒は MacBook Air や iMac，プリンターやスキャナー，ビデオカメラを使うことができた。一度に数クラス入れるほど大きな空間だった。一緒に何かを行うことが自然な学校のため，時には他の生徒の学習が実験コモンで行われている間にも，同学年の3クラス以上のクラスが同じ空間で一緒に指導されることもある。技術統合スペシャリストと学校図書館メディアスペシャリストによる協働は，バランスのとれた基盤の上に成立しており，ラーニング・コモンズの空間内では，数多くのチームの協働的な取り組みがみられるのである。

将来の行動のための教訓と忠告

　校区にとってラーニング・コモンズとは何かというビジョンを創り出すプロセスには継続して多くの人たちが参加した。しかし，その方法は途中で困難にぶつかった。技術統合スペシャリストと学校図書館メディアスペシャリストが最初にローツチャーの研究を共有した際，このような変革への抵抗をみせた。学校内には予算的にも空間的にも問題があったので，必ずしもすべての学校図書館メディアスペシャリストや技術統合スペシャリストが当初から協力したわけではなかった。学校図書館メディアスペシャリストと技術統合スペシャリストは，ラーニング・コモンズを利用者の使い勝手のよいものにするため，チームとして働く大切さを学んだ。

　図書館施設の再構築を査定するのに用いるルーブリックへの関心もみられた。チーム内には，そのルーブリックを用いた査定の評価がチームの業務に影響を与えることもあるため，不安や心配もみられるようになった。ルーブリックを作成する過程では，コンセプトを明確にすることが求められた。そのコンセプトとは，生徒がオンラインを使ったり，また生徒と教師が必要な蔵書類を渉猟するのを手助けしたりすることなどである。今日では，そのルーブリックはラーニング・コモンズ・モデルを評価するように設計されており，専門的な目標が設定されているといえる。また，ルーブリックは物理的，仮想的，実験的なラーニング・コモンズに対するニーズを証明するものとして今も使用されている。

　校区ではラーニング・コモンズの規模，年期，リソースを一変し，誰もが利用者中心のモデルを向上させようと一緒に働いた。新しい設備や移動可能な家具，古い家具に取り付けられたキャスター，書架を取りはずすための除籍図書など，変化は目にも明らかだった。しかしながら，目に見えない変化のほうがもっと重要であった。教員と協働すること，ラーニング・コモンズ内の協働を促進すること，このような空間に関係すると判断される声を聞いて，教員と生徒に見通しを与えること，そして，生徒が意見を述べたりプロジェクトを記録したりするような空間や場所を生徒に与えること，よりよい教授と学習のための空間を創造することなどがあげられる。

　ラーニング・コモンズが成功し，記憶されるべき図書館へと近づくには，ラーニング・コモンズの推進を考えている学校司書がもっと実践を生み出すことや，施設を創り出すことよりも学習者中心の環境づくりに従事することが求められる。学校図書館メディアスペシャリスト，技術統合スペシャリスト，学級担任，生徒らの間で協働的な学習が行われる際には，ラーニング・コモンズの質的な力がそこに存在しているのである。終わりにあたり，ラーニング・コモンズでの支援とリソースのレベルがどうであろうとも，学校司書が考慮すべきこととして，次のような助言をあげておこう。

　　校内にラーニング・コモンズを設立するにあたって，リソース量には限界もあれば豊富な場合もある。最初にこのプログラムを始めるということには，協力的な指導が実施されること，同時に物理的な施設を使用すること，仮想的ラーニング・コモンズを構築すること，生徒と教員の両者が自己の思考を肯定的にとらえるようにすることなどの意義があるのだ。このプログラムを実行するリソースが不足しているがために，世界中のすぐれたリソースをかき集めるようになるのである。物ごとを整備するためには，支援だけではなく，資金と時間

も求めよ。そこには生徒，教員，管理人，保護者，コミュニティ組織や企業の支援も含まれる。たくさんの人たちが調整にあたるだろう。相違点はうわべではなく，教授と学習に生じたと実感されるように（デイヴィッド・ローツチャー，著者へのeメール・メッセージ，2014年11月1日）。

● 参考文献

Accardi, Maria T., Cordova Memo and Leeder Kim. 2010. "Reviewing the Library Learning Commons: History, Models, and Perspectives." *College and Undergraduate Libraries* 17（2）: 310–329.

Beagle, Donald R. 2006. *The Information Commons Handbook*. New York: Neal Schuman Publishers.

Hill, Mark, and Lalitha Vasudevan, eds. 2008. *Media, Learning, and Sites of Possibility*. New York: Peter Lang.

IFLA. 2015. *IFLA School Library Guidelines* Draft. [Draft dated 12 January 2015.] Johnson, Doug. 2013. "Power Up! The New School Library" *Educational Leadership* 71（2）: 84–85.

Lexington School District One. "About Us." *http://www.lexington1.net/lexoneweb/aboutus.aspx*. Accessed on 2 January 2015.

Loertscher, David V. and Carol Koechlin. 2014. "Climbing to Excellence: Defining Characteristics of Successful Learning Commons." *Knowledge Quest* 42（4）: E 2 –E10.

Loertscher, David V., Carol Koechlin and Esther Rosenfeld. 2012. *The Virtual Learning Commons: Building a Participatory School Learning Community*. Salt Lake City, UT: Learning Commons Press.

Loertscher, David V., Carol Koechlin and Sandi Zwaan. 2008. *The New Learning Commons Where Learners Win! Reinventing School Libraries and Computer Labs*. Salt Lake City, UT: Hi Willow Research & Publishing.

Loertscher, David V., Carol Koechlin and Sandi Zwaan. 2011. *The New Learning Commons Where Learners Win! Reinventing School Libraries and Computer Labs*. 2nd ed. Salt Lake City, UT: Hi Willow Research & Publishing.

Ontario School Library Association（OSLA）. 2010. *Together for Learning: School Libraries and the Emergence of the Learning Commons: A Vision for the 21st Century*. Toronto: OSLA. https://www.accessola.org/web/Documents/OLA/Divisions/OSLA/TogetherforLearning. pdf. Accessed on 18 February 2015.

South Carolina Department of Education. 2012. *South Carolina Standards for School Library Resource Collections*. https://ed.sc.gov/agency/programs-services/36/documents/ Standards_School_Library_Resource_Collections.pdf. Accessed on 8 November 2014.

Valenza, Joyce Kasman, and Doug Johnson. 2009. "Things That Keep Us Up at Night." *School Library Journal* 55（10）: 28–32.

White, Peggy, Susan Beatty and Darlene Warren. 2010. "Information Commons." In *Encyclopedia of Library and Information Sciences*, Vol. 3, edited by Marcia J. Bates and Mary Niles Maack, 2401–2408. London: Taylor & Francis.

● 注
（1）2015年2月20日最終アクセス
（2）2015年2月20日最終アクセス

● 訳注
①ルーブリック（rublic）とは，最近，教育分野で使われるようになった言葉で，子どもの学習到達状況を測るための評価基準表のこと。各評価項目において，子どもの学びがどのレベルまで到達しているかをチェックすることで，客観的に評価できるようになるという利点がある。現在では，評価対象は子どもとは限らずに行われる。

|8| Elsa Conde, Isabel Mendinhos and Paula Correia
School Library Learning Standardsin Portugal——Leading the Way

ポルトガルの学校図書館の学習基準——プロジェクトの推進

エルザ・コンデ，イザベル・メンディノス，ポーラ・コレリア

要　旨　この章ではポルトガルの教育科学省が推進した学校図書館ネットワーク計画を紹介する。その計画では学校図書館の教育活動を推進して統合される読書活動および情報メディア活用能力に関する学習基準の創出をめざしていた。1996年に開始された学校図書館ネットワーク計画では2400以上の学校図書館が参加している。基礎教育の第２期・第３期，中等教育のすべての学校図書館，基礎教育の第１期の大規模校の大半の学校図書館が参加している。こうした学校のすべてに学校図書館があり，児童生徒たちは図書館サービスの恩恵を受けている。2013年から『学校図書館での学習』の基準を用いた当初の計画が25校の学校を対象に始まり，2014年に学校数は倍増して，最近では150校以上の学校に拡大している。当初の計画の評価結果はレポートの有効性を示したので，学校図書館職員の役割を拡大させて，学校の教職員全体と学校図書館の共同活動を推進させた。教員たちは学習活動の革新的な本質に気がつき，熱意を示して新しい技能を獲得できた。

キーワード　ポルトガル；学校図書館ネットワーク；情報リテラシー基準；児童生徒の評価基準；基準の影響

はじめに

　デジタル技術，インターネットの進展，広範囲で複雑な技能の獲得という点で，図書館職員の教育的役割の意識の高まりが新しい情報リテラシーの形態の発達における図書館職員の職務方針に言及する枠組みの定義になってきた。大学図書館，学校図書館，類縁機関がガイドラインとカリキュラム，基準（AASL/AEST1998；ACRL2000；ANZIIL2004；IFLA2006；AASL2007；SCONUL2011；UNESCO2011など）を作成してきた。このようなガイドラインなどは新しい技術およびメディアとデジタル環境の情報技術の進展に伴って視点と概念的基盤を改めてきた。

　学校図書館はこうした状況の変化への対応に深くかかわると思われてきた。「学校図書館は，生徒たちが読書，探求，研究，思考，想像，そして創造を行う中心であり，情報から知識へと旅する現実的・仮想的な学習の場であり，生徒たちは個人的，社会的，そして文化的にも成長する」（IFLA 2015, Section 1.3）。学校図書館と司書教諭が生徒たちの学習活動と情報リテラシーの向上，同時に知識や文化へのアクセスにかかわることは世界的規模の調査研究によって明らかにされつつある（Williams, Wavell and Morrison 2013）。

　ポルトガルの学校図書館ネットワーク計画 SLNP は，学校図書館を支援している。こ

の計画は1996年に教育・文化省によって開始されて、各段階の学校図書館が技術面、教育面の支援と協議を受けて発展してきた。このネットワークに参加する学校図書館は2450ある。基礎教育学校の第2期（10～11歳）と第3期（12～14歳），中等教育学校，これらすべての学校図書館と基礎教育学校の第1期（6～9歳）の学校図書館の多くが含まれている。数校の学校図書館と3名までの司書教諭が1つのユニットとなっている。

学校図書館での学習（Learning with the School Library）

横断学習で知識の獲得における学校図書館の役割と21世紀に生きる児童生徒たちが求める知識の重要性を強く意識したことで、2012年の学校図書館ネットワーク計画で就学前教育と基礎教育における学校図書館の活動について「学校図書館での学習（Learning with the School Library）」と題される学習基準の枠組みの確立にいたった（Rede de Bibliotecas Escolares 2012a）。

この学習基準の実践は「2014年から2020年に向けての学校図書館ネットワーク計画の方策的枠組み（SLNP Strategic Framework for 2014-2020）」（Rede de Bibliotecas Escolares 2013a）に続き、「学校図書館の評価モデル：2014～2017年（School Libraries Evaluation Model：2014-2017）」（Rede de Bibliotecas Escolares 2013b）が公表された。さらに上記の3つの資料は学校図書館の発展と強化に向けての包括的な方針と、学習、教育上の達成、情報リテラシーの改善のための学校図書館の活動を創出した。

「学校図書館での学習（Learning with the School Library）」が推進する主な目的は、次のとおりである。

— 知識社会で学ぶ児童生徒たちが必須とする情報リテラシーの向上につなげる
— 情報リテラシーを推進して改善するうえで学校図書館の役割と司書教諭の活動を統合する
— 学校図書館と教職員の協力を通じて授業での学習と課外学習で情報を活用する読書、メディア、技術、学習活動を関連づける
— 学校図書館の役割を拡大して、教育上の達成に影響を与えるガイダンスを示す
— 教育と学習、情報リテラシーと学校図書館におけるガイドラインと研究動向に応じて実行する

『学校図書館での学習（Learning with the School Library）』：学習の枠組み

『学校図書館での学習』を支えている学習の枠組みは読書リテラシー、メディアリテラシー、情報リテラシーの3つの分野に分かれる。

— 読書リテラシー：マルチモード、印刷、デジタル形式の文章の利用と考察、そして理解、異なった表現形式（話し言葉、書き言葉、マルチメディア）の習得を含む。
— メディアリテラシー：異なるメディアおよび成果物、通信技術、そうした技術によって伝わるメッセージの批判的な分析と理解、さらに個人や社会に与える影響、メッセージを伝達・製作の方法で活用する技能を児童生徒たちに身につけさせることを含む。
— 情報リテラシー：児童生徒たちに形式にこだわらず、情報源と情報通信手段を使って検索、アクセス、評価、製作、倫理的・効果的に活用するという技能を身につけさせる。

技術リテラシー・デジタルリテラシーは、この枠組みの全体にかかわり、とくに位置づ

けていない。つまり，情報技術とツール，デジタル環境が学校教育，社会教育のあらゆる場面で存在することを示している。

　実績基準は読書リテラシー，メディアリテラシー，情報リテラシーのそれぞれ3つの学習の枠組みで定められた。実績の指標はそれぞれのリテラシーの領域で確立した流動的で累積的な学習の性質，知識獲得の周期のちがい，柔軟に統合された運営方法のための必要性を考慮して学習・教育段階ごとに構成された。実績基準は就学前教育（3〜5歳），基礎教育（訳注：日本の小学校と中学校に相当）の第1期，第2期，第3期の最終到達目標として定められた。それぞれの段階における知識，技能，学習態度，評価が表8.1（次ページ参照）に総括して示されている。

　リテラシーのそれぞれの領域では機能的な手法もカリキュラムを成立させると思われる図書館の働きかけと関連事項を考慮している。この資料の最後の部分は思いつく限りの発想と多くの可能性の指標，立案・計画される学校の自由な創造性の余地を残して実践例で構成されている。

学習基準の実践と『学校図書館での学習』

　『学校図書館での学習』の枠組みの実践は2012-2013年度に25校を対象に始められた。対象校は2013-2014年度には50校に拡大されて，現在では150校以上に達している。表8.2は2012〜2014年までの協力校の数を示している。

　こうした学校は，予備調査のために次の選考基準によって選ばれた。

　　　―学校教育の4段階とリテラシーの3領域のそれぞれを満たす条件。
　　　―学校図書館と司書教諭のリーダーシップの重要性について各段階に異なった背景のある学校。
　　　―学校の地理的位置に従って，学校図書館の地域担当者による訪問調査。
　　　―学校または併設校の司書教諭と教員，学級の取り組み。

　実施の際には，校長，教育委員会，司書教諭・学校図書館職員，学校図書館地域担当者，（司書教諭・学校図書館職員と共同活動する）教員，児童生徒たちが関与した。学校図書館の地域担当者は共同作業の役割を担った。彼らは学校の研究活動のさまざまな局面での監督指導，情報資源の収集・構築，学校図書館ネットワーク計画（SLNP）の部署との連絡調整において共同作業を指揮した。SLNPの部署は，この枠組みを改善し，さらなる活用をめざして，学校図書館地域担当者との協力のもと，試験的な実践，過程の推移の観察・分析，データの報告を担った（Rede de Bibliotecas Escolares 2014a, 2014b）。

　学校では次のような段階で実施された。

　　　―カリキュラム・教育計画・活動計画・学級の時間割の見直し
　　　―選ばれたリテラシーの分野に関連する文献リストの読解と分析
　　　―さらに向上した活動・計画に適切な指標の選択
　　　―リテラシーの枠組みに含まれる活動・計画にかかわる教員たちとの計画策定
　　　―使用される教材（情報源），ツール，チェックリストの把握と作成，適応できるための改作

78　Part 3　学校図書館の実践を変えるガイドラインの利用

表8.1　読書リテラシー：知識と技能

第1期	第2期	第3期
1．フィクション，ノンフィクションを自由に，あるいは指導方法に従って読み終える。	1．さまざまな分野の，学年に応じて複雑な内容の作品を自由に，または指導方法に従って読み終える。	1．さまざまなテーマの長編で，さらに複雑な内容の作品を自由に，または指導方法に従って読み終える。
2．自分の好み，興味関心，学習段階に求められる技能に従って，読書材を選ぶ。	2．自分の興味関心，欲求，学習段階に求められる技能に従って，読書材を選ぶ。	2．学習段階に求められる技能に応じた，さまざまな基準に従って，自分の選択を説明できる読書材を選ぶ。
3．読んでいる図書とそのほかの表現形式（音声，動画，マルチメディア）のテキストから意味を導く。	3．意味を導き，テキストの分野を認識して，複数の表現形式のテキスト同士の関係を見きわめる。	3．意味を組み立てて，疑問をもって，テキストの分野，異なる複数の表現形式のテキストの関係と固有の機能を究明する。
4．適切な語彙と文法のしくみを用いて簡潔に，考えを声に出して表現する。	4．推論的で連続的な論理の一貫性を保ち，慣用表現で，少しずつ複雑な語彙と文法構造を用いて考えを声に出して表現する。	4．構成力で論証して，推論的な論理の一貫性を保ち，慣用表現で，変化に富んだ語彙と複雑な文法構造を用いて考えを声に出して表現する。
5．感じたことを表現し，意見を述べて，読書経験をレポートする。	5．読者として考えが変わったと注目した文章，著者，登場人物，出来事をふまえて読書経験をレポートする。	5．読者として自分の経験をふまえて好みを表現，説明して読書経験をレポートする。
6．教員の指示したさまざまな形式で，正確に首尾一貫して自分の考えをちがった種類の文章に書き表す。	6．異なった形式で，その形式の働きに適して，自分の考えを違った種類の文章に書き表す。	6．文章の種類，形式，分野の慣例に従って自分の論説文を正確に自分の考えを文章に書き表す。
7．徐々に読書習慣を身につける。	7．読書習慣を向上させる。	7．自分自身の読書習慣をしっかりと身につける。
8．日常生活で情報を調べ，関心のある事柄をさらに学ぶ。	8．個人的あるいは学習上の要求に応じて，情報を調べて新しい状況にも適応する。	8．日常生活の問題を解決するために自分で情報を調べて，知識を広げて，手段方法を決める。
9．大人の庇護の下で情報伝達をしたり，自分の関心や個人的・学習上の要求を満たしたりするためにデジタル情報技術・ツールを使う。	9．指示や安全上のルールに従って情報伝達をしたり，自分の関心や個人的・学習上の要求を満たしたりするためにデジタル情報技術・ツールを使う。	9．日常生活・学習のために自律的に安全に情報伝達をするためにデジタル情報技術・ツールを使う。
10．自分の必要や関心に応えるために学校図書館を使う。	10．学校図書館の資料構成のしくみに親しみ，自律的に実体のある資料とデジタル情報を使う。	10．自律的に体系的に学校図書館，そのほかの図書館・電子図書館を自分たちの学習の一部として使う。

表8.2　『学校図書館での学習』の学習基準の実施の当初2年間にかかわった学校数

実施年度	2012-2013				2013-2014			
段階／分野	読書リテラシー	メディアリテラシー	情報リテラシー	計	読書リテラシー	メディアリテラシー	情報リテラシー	計
就学前教育	1	0	1	2	2	2	3	7
第1期	5	1	5	11	5	2	9	16
第2期	5	0	2	7	7	1	3	11
第3期	1	2	2	5	6	4	6	16
計	12	3	10	25	20	9	21	50

―活動・計画の実行
　　―学習状況の確認と評価

当初2年間の計画では，次のような到達度の結果が現れたと思われる。

　　―読書リテラシーの指標となる得点の増加
　　―学校図書館での作業と活動にかかわるリテラシーの枠組みの分野の技能の改善向上
　　―向上した行動と教育的活動の一貫性と質
　　―共同作業の経験と相互評価に支えられた新しい状況と教育的・学習的実践の探求
　　―あらゆる学習と知識構築の状況における新しいツールと技術の利用と情報活用
　　―学校と児童たちの学習改善における学校図書館の機能統合と持続可能性，その影響
　　―学校管理職による認識，改善される学習への計画と枠組みの重要性をもった教授法の体系

一連の基準を用いて学校を支援するために次のような資料を作成した。

　　―理論的に構成された枠組みと企画書（Rede de Bibliotecas Escolares 2012b）
　　―発表用資料（Rede de Bibliotecas Escolares 2012c）
　　―計画書
　　　　―観察チェックシート
　　　　―実施過程の進行表
　　　　―学習活動評価シート

　計画の結果の情報は上記に述べた当初2年間の資料の内容分析，計画にかかわった学校へ訪問して地域担当者，司書教諭，教員との懇談，この目的のための電子メールとネットワークコミュニティによるオンラインでの連絡によって集められた。

　観察と評価から職務の向上へ

　2014年3～5月まで学校図書館ネットワーク計画がe-ラーニングの実務研修を地域担当者，司書教諭，教員の計45名を対象に2クラスに分けて実施した。こうして追加情報が集められて，さらに研修用資料が作成された。同年さらに120名を対象に4クラスの実務研修が行われ，研修を終えた地域担当者によって全国各地で同様の研修が行われた。
　この研修では，表8.3（次ページ参照）に示したようにカリキュラムへさまざまなリテラシーを統合するために，異なる段階（学年層）と教科の枠組みの知識と技能と関連する教育目標の相互構築が1つの課題となっている。

　『学校図書館での学習』の枠組みにみられる評価

　当初の計画の関係者たちは『学校図書館での学習』の学習の枠組みを，教員にとっても図書館にとっても読みやすく，明快に理解できる最良の指導書であり，相互の共同活動を計画して，その活動の目的を明らかにし，共同実践と活動の系統化に役立つと考えた。学習基準に関連した活動のおかげで，学校の全教職員から司書教諭のカリキュラムへの前向きなかかわりが一層認識されるようになってきた。示された手法と，とりわけ例示が枠組みの実践にとても役立つと考えられ，この資料の最も積極的な一面と重視された。
　『学校図書館での学習』の学習基準の枠組みは学校図書館職員と教員・学級の共同活動

表8.3 『学校図書館での学習』の情報リテラシーと自然科学（第3期）の教科目標のキーワードの対照表

● 枠組み（分野）：情報リテラシー
● 学習段階：第3期
● 情報リテラシーと自然科学の教科のキーワードの対照表

1．テーマをサブ・テーマ，話題，分野の範囲に展開する。検索の優先順位を決める。 2．より専門的な情報で検索してみる。 3．ツール・情報源（印刷媒体・デジタル情報）を選択して検索方法を決定する。 4．検索オプションのブール演算子を使って検索してみる	16.1．ポルトガルの残された自然を保護・維持する協会・団体を探索ガイドで調べて列挙する。（第8学年） 15.4．ポルトガルと世界の保護地域についての情報を探索ガイドで分類して体系化する。（第8学年） 1.9．EU諸国の国民の健康状態に関する情報をEUの健康指標で比較する。（第9学年）
5．第1と第2の情報源から情報を選んで，そのちがいを認識する。	15.4．ポルトガルと世界の保護地域についての情報を探索ガイドで分類する。（第8学年）
6．選んだ情報から帰納的・演繹的論理に基づき，推論を立てながら，意味を導く。	14.1．時間の考えについてさまざまな形式で情報を分類する。（第7学年） 14.2．多様な資料で，歴史時代と地質年代を区別する。（第7学年） 14.7．多様な資料で，地球の歴史を通して表層領域（大気圏，生物圏，岩石圏，水圏）の変化の結果を推論する。（第7学年） 14.3．与えられた資料で，天然資源の利用と処理過程の短期・中期・長期の影響について推論する。（第8学年）
7．話し合って，観点を検証し，ほかの観点からも考えて，自分の立場を見直す共同活動に取り組む。	16.2．学習活動として環境保護団体への手紙の形式で悪影響を最小限にする対策を示して，学校のある地域が直面している環境問題について考える。（第8学年）
8．異なる情報源から断片的な情報を組み合わせて，まとめて，分類し，集めた情報を組み立てる。	15.4．ポルトガルと世界の保護地域についての情報を探索ガイドで分類して体系化する。（第8学年） 1.9．ポルトガルの国民の健康状態に関する情報をEUの健康指標で比較する。（第9学年）
9．著作権侵害に留意して，著作権にかかわる既定と関連する権利を知って守る。 10．必要個所を引用し，著者と出所を明示する。既定を守り，書誌情報を控えておく。 11．最適な表現方法を選び，異なる書式・ツールがあることを知る。	16.2．学習活動として環境保護団体への手紙の形式で悪影響を最小限にする対策を示して，学校のある地域が直面している環境問題について考える。（第8学年）
12．新しい学習活動を共有するために伝統的な環境，ウェブ情報，ソーシャルネットワークシステムを使う。 13．探索・検索の過程・結果を分析する。評価を批判的に考察して，正しい行動を列挙する。	17.3．資源の再利用についての広報活動に関する情報を集めて企画する。（第8学年）
14．情報を活用するために，自立的に学校図書館，そのほかの図書館，資料・デジタル情報を使う。	すべての項目

を活発にした。こうした共同活動は教材の準備と計画，活動の向上と評価にまたがってかかわった。一般的に教員の行動は教材の選択，教える内容，成果の訂正と評価に意識が集中して，司書教諭のかかわり方は作業的活動で補助的な側面に意識が向かう傾向がみられた。たとえば，読書の時間を活発化するとき，情報検索・情報処理の課題の説明書・ガイダンスを配布するとき，成果の製作や発表にソフトウェアを使うとき，学校と地域で結果を報告するときに何がかかわるのかということである。

こうした傾向は会合や作業を始める前の短い説明でみられた。数名の教員とカリキュラ

ムの領域が取り込まれることはよく起こった。そして，ときどき計画にかかわる教員，全国読書活動計画の関係者，保護者たち，公共図書館，学校での学力向上にかかわる組織の関係者が参加することもあった。教員たちは実行された活動の革新的な点を認識した。

　活動の授業と児童生徒たちへの支援は教科教育・カリキュラムの領域だけでなく，読書や作文といった地域での課外活動，技術クラブやワークショップ，個人学習を通じても見受けられた。活動は教室，学校図書館，実験室，そのほかの特別教室で行われ，その時々によって，すでに作成された定期的な年間学習指導計画に基づく体系的な場合であったり，時節にあったり，不定期に行われたりする場合もあった。児童生徒たちの活動はそれぞれ異なる方法で行われた。グループ全体が団結する，小グループ，2人，個人で行われた。最も多かったのは小グループでの活動であり，結果としてまったく異なる方策とさらなる支援が求められた。教員と司書教諭の共同活動が必要不可欠なことが明白となった。

　実践は，一般的にアクティブ・ラーニングの基本理念，計画的な学習活動，読解・探究・成果・相互伝達の実践から生み出される。この枠組みの応用実践例として，さまざまな教育・学習の実践が派生した。それは次のようなことである。プロジェクト学習，探究活動，養成活動，読解・作文の授業，さまざまな形式の資料の作成，ブレインストーミング，話し合い，内省，考察と結果の口頭発表，出版と配布の技術の探究，ゲーム，活動・動作の表現，演劇，展示である。

　活動の最も価値のある側面の1つは多様で多くの種類の学習用資料，そのなかでとくにデジタル資料につながる可能性をもつことである。デジタル資料の技術はリテラシーのあらゆる要素とかかわっているので，司書教諭はこうした資料やツールを使って有益な支援ができることが判明した。児童生徒たちは発表資料・電子図書・動画の作成，ポスター制作，ニュース原稿の作成を行って，小規模な展示会や年度末の行事で学級，全校，また機会があれば地域でも発表を行った。こうした学習活動ではブログ，ウィキ，ポドキャストなどのデジタルツールが使われ，そのほかのWeb2.0のソフトも幅広く使われて，そのため計画で提案された活動に児童生徒の取り組む姿勢が変わった。

　活動を支援するために，学校図書館は情報機器，図書，目録，オンラインデータベース，電子書籍，人形，画像資料，雑誌，映画，推薦図書リスト，インターネットのリンク集を提供していた。カリキュラムに関連して，ガイダンス，過程を示した手引書，探究ガイド（Big6），テーマ集，指導書，発表資料，パンフレット，リーフレット，情報技術に関する資料，教育用資料など，さまざまな形態の資料が生み出された。

学習へ与えた影響の評価

　リテラシーに関する評価において，信頼性のある評価基準票を適正なものとみなしている。それは実際の状況と事実に基づき，目的が明確で観察した事実を直接に書式にできる評価であり，基準に相応させた児童生徒の到達度のレベルを反映しているからである。学校図書館ネットワーク計画事務局（SLNP）から観察記録表と包括的評価票を配布して，司書教諭と教員が協力して記入した学習活動の評価結果の情報収集はさまざまな技法によって成し遂げられた。たとえば，活動の前，最中，後に行った質問に対する児童生徒の

記入票やインタビュー調査の回答と活動中の児童生徒の観察は、こうして作成された資料に基づいて行われた。こうした評価の技法はそれぞれの学校で用いた評価トゥールに関係する。チェックリスト、自己評価用紙、レポート、アンケート、解答用紙、日誌、そのほかの読書記録、意見用紙などである。

　観察記録表はほぼ状況に適応したものだったが、おおむね観察する技能によって個別の項目が選択された。実施後にすべて記入された書式には中心的な目的として学習活動の向上にかかわった教師たちの認識の分析と評価を含み、幅広い観点に対する情報が得られた。

　　　―『学校図書館での学習』の学習基準の枠組みに含まれる評価のすべて
　　　―実施に関連する課題の計画
　　　―教員と司書教諭の共同活動
　　　―学校図書館の資料・施設の利用
　　　―作成された教材
　　　―普及と唱道
　　　―活動の実施中の児童生徒の動機づけ
　　　―児童生徒の学習活動への影響

　評価から得られた結果

　当初の計画の結果に対する評価には大きな問題が起きやすいと思われる領域がある。本質的に備わっている知識・技能を調査項目と図書館利用を含めた横断学習に合わせて同時に評価すること、かならずしも調査対象が観察・測定しやすい結果を示すとは限らないのに結果を当てはめること、かなり長い期間をかけて行う学習活動なのに短い期間で評価をしてしまうことである。こうして、着手したばかりの評価は過程を通じて授業と児童生徒の発達の進度を観察するのに可塑的で試験的であった。新しい評価手法が当初の計画の枠組みに対する外部評価を2015年末までにリスボン大学の教育研究所の協力で応用範囲の広い枠組みとして作成されて実用化をめざしている。

　各年度末に当初の計画にかかわった司書教諭と教員の報告からは共同作業のレベル、使われた教材、児童生徒への支援、学校図書館を使った活動と学習への影響について大変肯定的な評価が示された。多くの教員と司書教諭は、評価の手法に改善が必要であり、この進展を確実なものにするために今後も調査研究を継続したいとしながらも、少なくとも一部の項目で進展がみられたと述べている。

　教員と司書教諭の証言によれば、枠組みのリテラシーに関するキーワード（読解力の向上、情報探索方法の獲得、クリティカルシンキングの向上、著作権の尊重、インターネットの安全性、ツールの操作方法、読書量と学校図書館の利用率の向上など）、あるいは教科に関する項目について積極的な認識があると気づいた。この最初の試みに限ったことであるが、主な影響を与えたことの1つが、学校図書館の価値を高く認めて、ひきつけられるような、一般的に強い参加の意識、熱心さ、やる気と言い表せる生徒の態度と関連している。児童生徒たちはさまざまな手法を楽しんで使い、広く深く学習した。

計画の発展に望まれることと新しい視点

2012〜2014年の当初の計画で用いた枠組みの経験から改善点を導いた。

- 学校が教室と学校図書館での活動を調整して，教員と司書教諭が共同作業をしっかりとするための時間調整を改善する。
- 学習の進展を確実に保証して，影響の評価をより精密に行うために，今後さらに組織的に同じ児童生徒たちと一緒に計画を発展させる。
- 教科，段階，学級，対象地域，学校におけるリテラシー活動の種類の数を増やして幅を広げる。
- 各学校が結果と作成資料を評価して発表して，教育界に計画について公表する時間を確保する。
- 学校図書館の資料と設備の改善と，司書教諭と教員に対してリテラシーに関する研修に支出を継続する。

150校以上で枠組みの検証作業が継続中である。進行の過程での経験を積み重ねて，対象校の数を拡大している。計画の拡大を続けるとともに，計画の未来の発展に向けて2015年からの新しい活動計画もすでに準備しつつある。

- リスボン大学の教育研究所が行っている計画の外部評価に基づき，実施過程と手段を改良して実用的にするために提案を共同作成する。
- 『学校図書館での学習』の学習基準の枠組みで用い，学校で技術的・教育的な支援のできるコンピュータ・ソフトウェアの開発をする。
- 指導書と新しい活動，資料，支援教材を提供する。
- 地域担当者の協力をえて，『学校図書館での学習』の研修を新しい学校に広める。
- 計画の活動と結果を広く普及させる。

 おわりに

『学校図書館での学習』の枠組みは，明確によく練り上げられて，多くの学校で支援できる，適正で役立つ資料と考えられた。司書教諭はこの資料がカリキュラムに貢献でき，教員たちへの介入を円滑にして，実践を見直して，学校教育での質を高めると考えた。教員にとって，この資料は学校図書館とつながり，一緒に活動することの利点を明確に示す。学校図書館での活動に参加することは図書館の使い方とその意義について児童生徒たちの考えを広げてきた。児童生徒たちは熱意とやる気をもって活動に参加して，さまざまな手法を使うことを楽しみ，技能と知識を向上させるように学んだ。

私たちが情報の世界に結びつく方法，私たちが学んで社会に順応する方法は変化して，新しい知識と技能を向上させる必要性を導いている。しかしながら，最近の教育政策では過程の不利益を犠牲にして評価し，試験を強調し，伝達しやすい方法を用いて，教科の内容の負担を重くしているので，新しいリテラシーの学習を可能にする新しい教授法と教育環境を生み出すには相当な困難が立ちはだかる。このように学校と教員の進取の気性に富む受け答えは学校図書館ネットワーク計画の実行の成否にかかわる問題である。すべての学校と児童生徒たちに司書教諭が必要とされる実態は，教員が学校図書館と協力することに気がつく段階を通じて学校で計画が次第に自発的に実施されるにつれて，必ずしも仕事量を増やすのではなく，仕事の質を高め，教育の目標により近づくことになる。

リテラシーは，革新的な教え方によって価値が与えられる。したがって司書教諭の関与は，教材の開発と新しい教え方の提案による新しい手法の探究，適切な資料の提供，情報技術の操作の支援，さまざまな学習環境の創出，異なる教科の教員たちとともに計画を立てて，教育活動に取り組み，評価する共同関係の研究，課題，その進展への援助には欠くことのできないものだった。

『学校図書館での学習』という学習基準の枠組みは，明らかに学校における学校図書館の役割を強固なものにした。学習基準が学校の実践に定着しつづけることと学校の通常の学習活動として確立することが重要な課題である。この当初の計画の経験で，学校図書館はカリキュラムに価値を与え，教育の手法を豊かなものとし，学習活動・情報リテラシーの発達にかかわり，統合教育（訳注：特別な支援を必要とする児童生徒を受け入れて教育する）と公民教育を促進させてきた。

● 参考文献

American Association of School Librarians（AASL）. 2007. *Standards for the 21st Century Learner*. Chicago: American Library Association. http://www.ala.org/aasl/sites/ala.org.aasl/files/content/guidelinesandstandards/learningstandards/AASL_Learning_Standards_2007.pdf

American Association of School Librarians and Association for Education Communication and Technology（AASL/AECT）. 1998. *Information Literacy Standards for Student Learning*. Chicago: American Library Association. http://umanitoba.ca/libraries/units/education/media/InformationLiteracyStandards_final.pdf

Association of College Research Libraries（ACRL）. 2000. *Information Literacy Competency Standards for High Education*. Chicago: American Library Association. http://www.ala.org/acrl/sites/ala.org.acrl/files/content/standards/standards.pdf

Australian and New Zealand Institute for Information Literacy（ANZIIL）. 2004. *Australian and New Zealand Information Literacy Framework: Principals, Standards and Practices*. Ed. Alan Bundy. Adelaide: Australian and New Zealand Institute for Information Literacy. http://www.caul.edu.au/content/upload/files/info-literacy/InfoLiteracyFramework.pdf

IFLA. 2006. *Guidelines on Information literacy for lifelong learning*. Final draft by Jesús Lau, IFLA. http://www.ifla.org/publications/guidelines-on-information-literacy-for-lifelong-learning

IFLA. 2015. *IFLA School Library Guidelines Draft*. IFLA. 2006. [Draft dated 12 January 2015]

Rede de Bibliotecas Escolares. 2012a. *Aprender com a biblioteca escolar : referencial de aprendizagens associadas ao trabalho das bibliotecas escolares na Educação Pré -escolar e no Ensino Básico*. Lisboa : RBE. http://www.rbe.mec.pt/np4/conteudos/np4/?newsId=681&fileName=Aprender_com_a_biblioteca_escolar.pdf

Rede de Bibliotecas Escolares. 2012b. *Aprender com a biblioteca escolar : Enquadramento e conceção*. Lisboa : RBE. http://www.rbe.mec.pt/np4/file/697/aprender_enquadramento.pdf

Rede de Bibliotecas Escolares. 2012c. *Aprender com a biblioteca escolar : apresentação*. Lisboa : RBE. http://www.rbe.mec.pt/np4/conteudos/np4/?newsId=698&fileName=apres_aprender_be_2014.pdf

Rede de Bibliotecas Escolares. 2013a. *Programa Rede de Bibliotecas Escolares : quadro estratégico: 2014-2020*. Lisboa : RBE. http://www.rbe.mec.pt/np4/conteudos/np4/?newsId=1048&fileName=978_972_742_366_8.pdf

Rede de Bibliotecas Escolares. 2013b. *Modelo de avaliação da bibliotecas escolares : 2014-2017*. Lisboa : RBE. http://rbe.mec.pt/np4/file/1047/978_972_742_365_1.pdf

Rede de Bibliotecas Escolares. 2014a. *Aprender com a biblioteca escolar : relatório do projeto piloto de aplicação do referencial Aprender com a biblioteca escolar 2012-13*. Lisboa : RBE. http://www.rbe.mec.pt/np4/conteudos/np4/?newsId=1273&fileName=aval_referencial_2014.pdf

Rede de Bibliotecas Escolares. 2014b. *Aprender com a biblioteca escolar : relatório do projeto piloto de aplicação do referencial Aprender com a biblioteca escolar 2013-14*. Lisboa : RBE. http://www.rbe.

mec.pt/np4/conteudos/np4/?newsId=1430&fileName=referencial_aval_13.14_ref.pdf

Society of College, National and University Libraries (SCONUL). 2011. *The SCONUL Seven Pillars of Information Literacy: Core Model for Higher Education*. London: SCONUL. http://www.sconul.ac.uk/sites/default/files/documents/coremodel.pdf

UNESCO. 2011. *Media and Information Literacy Curriculum for Teachers*. By Carolyn Wilson et. al. Paris: UNESCO. http://unesdoc.unesco.org/images/0019/001929/192971e.pdf

Williams, Dorothy, Caroline Wavell and Katie Morrison. 2013. *Impacts of School Libraries on Learning*. Aberdeen: Robert Gordon University. Institute for Management, Governance & Society. http://scottishlibraries.org/wp-content/uploads/2015/05/SLIC_RGU_Impact_of_School_Libraries_2013.pdf

● **訳者参考文献**

須永和之「海外レポート ポルトガルの学校図書館；第85回 IASL 年次大会報告（2）」『学校図書館』No.673，2006年，pp.81-83

村上義和・池俊介編著『ポルトガルを知るための55章 第2版』明石書店，2011年，pp.123-126（エリア・スタディーズ；12）

● **参考資料**

ポルトガルの教育制度

年齢	3	4	5	6	7	8	9	10	11	12	13	14	15	16	17
学年				1	2	3	4	5	6	7	8	9	10	11	12
	就学前教育			基礎教育									中等教育		
	幼稚園			第1期			第2期			第3期			（コース制）		

注：中等教育学校（日本の高等学校に相当する）…科学・人文コース，職業コース，芸術専門教育コース，技術コースなど

第4部　ガイドラインを利用する学校図書館への広報と発展

Part 4　Using Guidelines for School Library Advocacy and Development

|9| Karin Ahlstedt, Inga Andersson, Sofia Hög, Jenny Lindmark and Bo Westas
School Libraries for All——From Concept to Reality in Sweden

みんなのための学校図書館——スウェーデンの概念から現実へ

カリン・アルステッド，インガ・アンダーソン，ソフィア・ヘーグ，

ジョニー・リンドマーク，ボー・ウエスタス

要　旨　本章は，スウェーデンの労働組合 DIK のなかで専門家グループによって着手された「みんなのための学校図書館」について，漠然とした法的概念の設定から具体的な現実にいたる経緯を述べる。その過程は 4 つの明確なステップから構成される「学校図書館」の定義，学校司書の能力の定義，成功事例，統計的な現実の検討である。専門家グループは，「学校図書館は児童生徒の学習に何かちがいを引き起こすのか」という課題の核心に迫るために調査を行った。その調査結果は，児童生徒の成績達成にちがいを引き起こすものは単に学校図書館や学校司書の存在ではなく，提供されるプログラムとサービスの質であるという結論に達した。最後に，専門家グループが，この 4 年間の作業の間に学んだ経験や教訓についてふり返る。

キーワード　スウェーデン；学校図書館の定義；学校司書の能力；メディアリテラシーと情報リテラシー；広報；世界クラスの学校図書館

背　景

スウェーデン政府は，2010年春に新しい教育法を提出した。その法律は，2011年 7 月に完全施行された。この新しい法律は，すべての児童生徒に「学校図書館へのアクセス」が保証されるべきだという規定が条文に含まれている。それまでは，学びの共同体のなかで図書館は，もっぱら図書館法によって規定されていた。学校図書館は教育法のなかでふれられてなかったので，学校図書館の発展に責任をもつ者が不明瞭であった。しかし，教育法によって学校長の責任が明確になった。

新しい法律とともに，「学校図書館へのアクセス」の確保は，法的な権限をもち，学校長の責任の一部になった。しかし，「学校図書館」の定義は，法律やほかの関連した文書のなかに述べられておらず，行政と学校長の両者に，学校図書館をみるとき私たちはどのように学校図書館を認識するかという問題を残している（Limberg and Hampson Lundh 2013, 11）。

「学校図書館」を構成する定義は多くある。しかし，それらの定義は国家間で異なり，同一国家のなかでさえ異なることもある（IFLA2015, Section2. 4; Limberg and Hampson Lundh 2013, 12-13）。専門的な視点からその問題に対する答えを出すために，DIK は学校図書館について専門家作業部会をつくることを決めた。DIK は，文化とコミュニケーションの分野で学問上の修練を積んだ専門家が集まったスウェーデンの労働組合である。DIK

は2万人を擁し，スウェーデンの図書館員の10分の8以上が会員であり，図書館員を代表するような高い地位の者も含んでいる。学校図書館に対するこの種の広報に労働組合がかかわることは，少し変わって見えるかもしれないが，まったくないわけではない。ほかの北欧の国からの例として，2014年のリヨンでのIFLA会議で紹介されたノルウェーの事例がある（Aas 2014）。

グループは一つの明確に定義された課題とともに始まったが，一つのことが必然的にほかの課題を引き起こすということを心に留めておかなければならない。こうして活字になってふり返ってみると，この道のりは上手に構造化され論理化されたようにみえるかもしれない。しかし実際には，それは直観的でときとして確信がない過程でもあった。

 スウェーデンの学校における学校図書館へのアクセス

2012年5月，スウェーデン国立図書館は，スウェーデンの学校図書館についての大規模な調査を行った。この調査は，職員の有無，開館時間，アナログメディアとデジタルメディアの比率など，図書館利用可能性について焦点を当てたものである。さらに読書活動，情報リテラシー分野での教育支援活動，教員と学校長の教育の協力，学校司書が支援した活動の種類など多岐にわたる調査を行い考察された。この調査において，「学校図書館」は以下のように確認された：

　―カードもしくはコンピュータ化された目録を置いていること
　―学校内に設置されていること
　―少なくとも週20時間勤務する職員が配置されていること
　―少なくとも1000の物理的なメディア（書架6つ分）を所有していること

この調査結果は，スウェーデンの学校ではわずかな児童生徒しか「学校図書館」を利用していなかったことを明らかにした。実際，小学校・中学校の教育において，3人に1人の児童生徒しか上記の基準に一致する定義された学校図書館を利用していなかった（Kungliga biblioteket 2012, 4）。調査は，学校図書館は本のある部屋以上のものでないというありふれているが時代遅れの認識が依然として存在していることを裏づけた。もし仮に学校が学校図書館にアクセスできるといっていたとしても，教育的な学習の手段となるための機能，情報資源，そして利用可能性が欠けていた。

 ステップ1：学校図書館の定義

専門家部会の最初の課題は，「学校図書館」という用語を定義づけることであった。部会は，たとえば郊外と大都市の学校，小学校と中学校というように異なる背景をもつ専門的な業務経験を有する4名の学校司書で構成された。徹底的な議論のあと，学習に影響を与える社会や技術の変化・進歩を考慮し，さまざまな背景をもつ学校図書館に対応できるように，専門家部会は「学校図書館」を以下のように定義した（DIK 2013）。

> 学校図書館は教育学的な機能がある。学校図書館の使命は，教育法，カリキュラムそしてシラバスによって定義される。学校司書の指揮のもと，学校図書館は多様なテキストを提供し，児童生徒のコミュニケーション能力やデジタル能力を向上させる。

90　Part 4　ガイドラインを利用する学校図書館への広報と発展

　定義を練り上げているとき，専門家部会は『IFLA/ユネスコ学校図書館宣言』から発想を得た。また，定義は『IFLA 学校図書館ガイドライン草稿』と一致している。とくに後者は，学校図書館は正規の教育のなかに位置づけられ，専門的な資格のある学校司書がいることや，学校図書館は学校のカリキュラムと児童生徒が学ぶことを支えるべきだと述べている（IFLA 2015, Section3. 2-3. 4）。

　DIK が学校図書館を生涯学習の視点のなかでみるようになってから，グループはその定義を「ヨーロッパ連合生涯学習のための主要能力（European Union's key Competences for Lifelong Learning）」と明確に関連づけたいと思った（European Union 2006）。コミュニケーション能力とデジタル能力は EU の8つの生涯学習のための主要能力のうちの2つである。公式に幅広く受け入れられた概念と定義を使うことの長所は，あらゆる用語を自分で定義する必要がないということである。さらに，政治家やほかの意思決定者たちが慣れている用語を使うことは，彼らとの議論を容易にする。とくに同じ用語が一般的にヨーロッパの教育政策の議論で使われているときはそうである。

　定義のなかで「学校司書」を欠かせない必須のものとすることで，DIK は学校図書館プログラムの質は学校図書館の人的資源に左右されるということを強調する。私たちは自らの視点で，学校図書館は大きくとらえれば，学校司書そのものであると考えている。学校図書館は児童生徒のコミュニケーション能力とデジタル能力を向上させることが十分にできる学校司書が必要であることを明言することによって，DIK は数学の先生が教室を数学の学習体験の場とするように，図書館員は本の部屋がデジタル学習体験とコミュニケーション学習体験になると述べている。

　「学校図書館」を定義づける作業の締めくくりとして，DIK の議論に沿った定義は，教育省，教育庁そして学校調査団に提出された。DIK は，スウェーデン自治体・地域協会とスウェーデン学校長協会のような，ほかの重要な多くの団体と会合をもった。

　定義は認められて推薦されたが，その定義は，これらの議論のなかでは，概して受け入れられなかった。そのためらいの主な理由は，その定義が学校司書を学校図書館の欠かせない要素として言及したためである。誰もが定義に学校司書を含むことは，より高いコストがかかることを意味するとわかっていた。しかし，学校司書が何であるかを実際には誰も知らなかった。

ステップ2：学校司書の能力の規準

　学校図書館の定義を提示したあとに，DIK の委員会によって専門家部会は，学校司書に対する能力の規準を定義する新たな任務が割り当てられた。現在，スウェーデンには学校司書に対する特別なトレーニングのプログラムはない。大学や大学院での図書館学校での教育がより一般的である。図書館情報学（LIS）で学位を取れば，すべての館種（たとえば公共図書館，学校図書館や大学図書館）で図書館職員として働くことができる。図書館情報学（LIS）の学位を得れば，短い教育課程と仕事の経験をもとに専門家として従事することになる。

　現場では図書館員は，業務における実践的な技能要求により適した専門的なトレーニン

グプログラムが要求されている。しかし，教育の政策立案者や政策決定者の間では，学校
図書館は正式に教育を受けた図書館員が配属されるべきだという一般的なコンセンサスの
一致はない。ゆえに，もし学校の図書館は完全に職員が配置されるとしても，教員や図書
館補助員（library assistant）が配置されると思われる。

専門家部会で進行中の使命の1つに，教育庁に「教育職員」ついての統計に学校図書館
職員を含めるべきだと説得し理解させることがある。現在は，教育庁はこれら統計に学校
司書を含めることを拒否している。事実上，これは責任のある政府機関が意図的に教育分
野の研究者が利用する統計に学校司書をみえないようにしていることを意味する。研究者
が児童生徒の学習過程における学校司書の支援についての重大な役割を見落としているこ
とは，したがってなんの驚きもない。

専門家部会はメンバーの日々の専門的な実践をふり返ることによって能力の規準を策定
することとした。これは学校司書によって一般的に遂行される業務についての長いリスト
となった。次の段階は，リスト化された項目を学校司書に要求される本質的な技能の短い
リストに要約して構築することであった。当然のことながら，これは決して容易なことで
はなかった。

専門家部会が「学校図書館」を定義する作業で行ったように，私たちは学校司書の本質
的な能力を明確に示そうとした際に，EUの「生涯学習のための主要能力」と同様に
『IFLA（／ユネスコ—訳者補）学校図書館宣言』と『ガイドライン』を用いた。私たちの作
業によって，網羅的ではないが，学校司書によってなされる業務の中枢と考えられる規準
を策定した。学校司書は以下の能力を有している。

- —さらなる学びを動機づける能力—学ぶことを学ぶ
- —個人や集団の学習過程で個人やグループに対して指示／指揮することができる教育的かつ
　関係のある技能
- —利用者の視点から情報検索の過程に焦点を当てたデジタル能力
- —コンテンツの仲介やコミュニケーションに対する方法についての知識と活用する能力
- —メディアとコンテンツを児童生徒の個人のニーズと環境に合わせる能力
- —現在の学習資源と可能性のある学習資源を調べて情報検索を系統立ててする能力

なぜ私たちがこのような能力規準を選んだか説明する価値はある。

第一の規準—さらなる学びを動機づける能力，学ぶことを学ぶ—はその根源をEUの生
涯学習のための主要能力にもつ。この明確な主要能力は利用の仕方や探し方を指導するこ
とと同様に，新しい知識を得て，処理して，取り入れることを含む。それは，個人の学習
の認識，メタ認知を含む。情報に基づく学習は，個人の学習過程を気づかせる。「情報に
基づく学習の専門家」として，図書館員は探究に基づく研究課題を通して児童生徒を支援
する。

第二の規準—個人や集団の学習過程で個人やグループに対して指示／指揮することがで
きる教育的かつ関係のある技能—も同様に情報検索の過程を通して児童生徒を支援すると
きに必要な技能である。教育の一部としての図書館員の専門性はシラバスとの相互作用の
なかで発展する。探究に基づく学習とその分野のなかで求められるスキルの変容は，今日

ではきわめて重要なものである (Schreiber and Henrichchesen 2006)。

　第三の規準—利用者の視点から情報検索の過程に焦点を当てたデジタル能力—は，図書館員の専門的経験であり，情報を探したり利用したりすることの利用者の経験，同様にそれをより深く理解しようとする利用者の努力に関するキャロル・クルトーの研究を根幹としている (Kuhlthau 2004)。同様に，「デジタル能力」がEUで用いられている主要能力の1つであるので，私たちは「デジタル能力」という用語を意図的に選択した。「情報リテラシー」や「メディア情報リテラシー」（MIL）は幅広く使われ広範囲な用語であるので，私たちはそれらの用語を使うことにした。私たちはそれらの間に何の矛盾も感じない。デジタル能力を用いることで他分野（たとえば文書館，公共図書館，そして美術館・博物館）におけるDIKの方針と専門家部会の作業を関連づけることが容易になった。

　第四の規準—コンテンツの仲介やコミュニケーションに対する方法についての知識と活用する能力—は，専門性のある図書館員の基本的な知識基盤に属し，今日ではさまざまな図書館分野に広く求められている能力である。それは，各学校の状況をカバーするための重要な前提条件でもある (Schreiber and Henrichsen 2006)。

　残り2つの規準—メディアとコンテンツを児童生徒のニーズと環境に合わせる能力—と—現在の学習資源と可能性のある学習資源を調べて情報検索を系統立ててする能力—も同様に現在の図書館員の核となる能力の部分である。

　私たちの考えでは，統合されたこれらの能力の規準は，『IFLA学校図書館ガイドライン』(IFLA2015, Section3.5) で述べられたように専門職の学校司書としての5つの役割「教育」「経営」「リーダーシップと協働」「コミュニティとの連携」「図書館サービスの振興」を要約しているといえよう。

　ステップ3：最善の実践：世界クラスの学校図書館

　「学校図書館」という用語を定義し，学校図書館職員に対する能力の規準を明確に規定したので，専門家部会は第三の段階である，成功事例を明らかにすることに進んだ。これは，「世界クラスの学校図書館賞［Skolbibliotek i världsklass］」を創設することによって行われた。学校は構造化された推薦用紙に記入することで自分たちの学校を推薦した。その後，専門家部会は，次に揚げる質の高い規準と照らし合わせて候補を評価した。「世界クラスの学校図書館」は：

　　―学校の教育の理想像として系統立てられた一部を構成する。
　　―教員たちが学校運営と児童生徒の学習について協力している。
　　―児童生徒のコミュニケーション能力，とくに，いろいろな形態のテキストを読むことで読解力を向上させる。
　　―情報技術と情報検索の過程とソーシャルメディアについての理解に，重点的に取り組み，児童生徒のデジタル能力を向上させる。
　　―学習過程において個人やグループを支援する。
　　―学習資源を見渡して，文献やメディアを利用することで，教員や生徒を支援する。

　「世界クラスの学校図書館」は，次のような学校司書が配置されている。

―児童生徒に対して読解技術を高めることを動機づけるすぐれた能力がある。
―児童生徒に信頼性のある出版物や信頼性のある情報をツールとして利用できるように指導する。
―児童生徒に情報の洪水のなかを渡ることやデジタルの特徴について気づくことを教える。
―デジタル化された知識の学校の中心である。

「世界クラスの学校図書館」のキャンペーンは2年間（2013年と2014年）実施された。このキャンペーンはおおいに成功し，たくさんのメディアに注目される結果となった。とりわけ，地方紙では，学校司書が賞と活動についてインタビューを受けていた。2014年は29校が賞を与えられ，そのうち14校は2度目だった。この賞の最初の年は，学校図書館に関連した規準のみが使われたが，賞を出すまでの私たちの経験に基づき，専門家部会は，専門性がある学校司書の重要性を強調することの必要性に気づいた。その結果，学校司書に関連した規準を追加することによって賞の基準が強化された。資格要件を満たした職員がいなければ，その学校図書館は教育の改革や児童生徒の学業成績を向上するための有効な手段を失う（IFLA 2015, Section5.2）。

 ステップ4：現実の検討

　学校図書館の定義と学校司書の能力に関連した規準に基づいて，専門家部会は，ほかの学校に対して倣うのによい見本と思われるいくつかの学校すなわち，「世界クラスの学校図書館」を受賞した学校を選別した。私たちは自分たちの論理上の作業と質的な判断は統計調査の形で得た経験的事実に照らして吟味できるという結論に達した。教育省は第9学年の最後の成績に基づく一連の統計を実施している。これらの統計は児童生徒の社会教育学的家族背景（たとえば親の教育，外国のルーツ・背景）を考慮し調整されている。

　2014年の夏の間，私たちはこれらの統計を学校図書館が児童生徒の学習に影響があるかどうかを調べるために使った。私たちはたくさんの異なる調査を実施し，学校図書館がある学校と学校図書館がないと学校を比べた。満足のいくちがいを見つけられなかった。私たちは学校司書が配置された学校図書館と学校司書が配置されていない学校図書館で調査した。再び，重大なちがいはなかった。私たちはこれらのグループすべてを学校図書館に学校司書がいる学校すべてと比べて調査した。結果は？　気が滅入るほど，私たちは満足のいくちがいを見つけられなかった。

　最終的に，「世界クラスの学校図書館」とそうではないすべての学校とを検査してみた。明らかに，「世界クラスの学校図書館」の数は少ないので，たとえどんな結果を私たちが得たとしても統計的に有意とはいえなかった。とはいえ，「世界クラスの学校図書館がある学校」は，「すべての学校」より「平均点が高い」割合ははるかに高いことが明らかな傾向として現れた。同様に，「平均点が低い学校」の割合は世界クラスの学校図書館がある学校のなかではより少なかった。

　2つのグループは規模の点で異なる―1つのグループはとても大規模である一方で，もう1つのグループはとても小規模である―そのため，統計的に有意な結論を導き出すことはできない。学校図書館の質で成績にちがいがあるのか？　私たちにはわからない。相関

関係は因果関係ではない。私たちはその疑問を解決できる調査が必要である。図書館の有無で調査したときちがいが見つけられず，図書館員の配置の有無で調査したときでさえもちがいが何も見つけられなかったということは記録に残しておく価値がある。ちがいを生んだのは，「世界クラス図書館」だった。

　これは児童生徒の到達度においてちがいを生み出しているのは単に学校図書館や学校司書の存在ではなく，提供されているプログラムとサービスの質であるということをさし示していると推測される。学習に関する本当の改革が起こるためには，図書館，図書館員そしてよい情報資源（資料）があるだけでは十分ではない。教育者（図書館員や学校長を含む）は協力し，学習における学校図書館が果たす役割について共通の考えをもつことが必要である。そしてこれはおそらく，子どもたちの本質，学びの本質，そして教えることの本質について教育者が抱いている信条に変化を引き起こすであろう（Oberg 2001a, 2001b）。

　学んだ教訓

　この章で今までのところ，私たちは結果，つまり専門家部会の作業の成果に焦点を当ててきた。しかし私たちは，専門家部会の作業過程について経験や教訓を共有したいとも思う。

　何よりもまず第一に，この4年間を通して，明確に示された課題を決められた期間のなかで，私たちはDIKの委員会へ毎年の活動評価や報告書を提出することで，恩恵を受けている。このことにより専門家部会は焦点を失わずに助かっている。

　第二に，専門家部会のメンバーすべての知識と経験から恩恵を受けられるように，創造性と信頼の雰囲気を築くことが必要である。私たちにとって，これは次のことを意味する。「感知しないことは愚か」で「部会が集合体としてしたいことを決定するときまで形式的になりすぎないように」する。寛大で協力的であっても焦点は合わせる。

　第三に，この種の広報作業は概して限られた経済面に苦しんでいる。デジタルツールの利用は専門家部会のなかで私たちが協力することを容易にした。デジタルツールは経済的で使いやすいことを証明したばかりではなく，それらは作業や書くことについて新しくより協力的な方法を切り開きもした。

　第四に，学校図書館は2種類の組織，教育と文化の間にある隙間でつくり出される。そのため，学校図書館の領域の核は複雑であるようだ。スウェーデンでは，学校図書館を含む，公的に資金を提供された図書館すべては文化庁の管轄である図書館法で管理されている。しかし学校図書館は，現在では教育省の管轄である教育法でも同じように管理されている。つまり，国家レベルで異なる省の間で公的責務がわけられており，地方レベルの組織にも，しばしば反映される（Limberb and Hampson Lundh 2013）。そしてしばしば起こることだが，責務が分けられたとき，それは散漫となり，放置されるリスクが生じる。これは私たちが学校図書館を向上させようと試みるなかで遭遇したたくさんの困難の背後にある重要な理由である。しかし学校図書館という隙間の位置は強みでもある。それは，公共図書館とは別のものであり，伝統的な教育とは別のことである。そして，学校において学校図書館に学びを転換する可能性を与えるというちがいである。学校司書はあなたに正し

い答えを与えないが，あなたが的確に質問する手助けをする。

第五に，この種の広報作業には常に緊張関係がある。私たちは何かよいことを奨励することに満足するのか，あるいは，「最もよい」ことを奨励することだけに満足するのか。学校図書館に「能力のある職員」がいることはよいことだ，これに対して，「学校司書」がいることが最もよいことだ。私たちはどちらのために争うべきなのか。私たちはジレンマをかかえ込んでいた。学校図書館の私たちの定義の最初の版では，2011年から，私たちは「能力のある職員」という文言を使った。学校図書館における能力に関するいかなる向上もよいことだという理由からだった。しかし，1年ほど経って，私たちはこの一般的な用語はあまりにも漠然としていて，日々の実践にもとづいて理論を定義することはむずかしかった。言い換えれば，ただ単に「よいこと」で満足するのではなく，私たちは「最もよいこと」を望んだ。それ故，「能力のある職員」を「学校司書」と置き換えるために，私たちは，熟考したうえで戦略的選択をして，私たちの最初の定義を改訂した。私たちはいまだにそのジレンマで悩ましいが，私たちの目標はより明白である。

第六に，もしあなたが速やかな結果に関心があるのなら，学校図書館を広報することはあなたの仕事ではない。実際に，古いステレオタイプや時代遅れの概念を打破して，何が学校図書館であるかを定義づけることは驚くほどむずかしい。さらに，学校と教育の行政領域は，ほかの行政領域と同じように，強い既得権益によって複数の専門家団体が存在しない。多くの場合，正しいと思うことを進めていくためには，支援や政治的な後援なしでは十分ではない。専門家部会は作業でおおいなる自由を楽しんでいたが，それは常にDIK の委員や委員長の積極的な支援があり，彼らは専門家部会が作成した資料や論文を政治家や政策決定者との打ち合わせの際におおいに利用して宣伝してくれたからである。

第七に，この章で紹介された作業は学校司書の部会による広報作業の結果である。何度も何度も，しかし私たちは，調査は本質的であるという事実を痛いほど意識することになった。とりわけ，私たちには児童生徒の学びの成果に影響を与える専門職の学校司書を学校図書館に配置した効果に焦点を当てた調査が必要である。しかし私たちはまた，自らの作業の間に明らかとなったほかの問題，たとえば図書館職員と教員間の協力の重要性に気づいた。Louise Limberg（1998）は課題に取り組む児童生徒が自分たちが未知の事柄についてどのように取り組むか，つまり，どのように，児童生徒は情報検索と情報利用の方法を知り内容を理解できるようになるかを示している。情報への表面的なアプローチは学習の表面的な成果に呼応するようだ。これらの結果は，教員と学校司書が協力して作業することによって果たされる決定的な役割をさし示す。調査はよい資源のある学校図書館が必ずしも学習者の学習の成果に明白な影響をもたないという（Limberg and Hampson Lundh 2013, Oberg 2001b）ことを示している。決め手はどのように学校図書館が理解され，学校司書，児童生徒，そして教員によって使われるかであると思われる。

最後に，私たちが自らの作業を疑ったとき，すなわち，学校図書館のために戦うことが見込みのない戦いに思えたときが何度もあった。士気が下がるのもプロセスの一部である。覚えておきたい大切なことは，社会におけるデジタルの発達，学ぶことと教えることの新しい形態，知識基盤社会に求められる能力が専門職の学校司書に対する状況を日々強

化するということである。

● 参考文献

Aas, Mette Henriksen. 2014. "Why Should Unions Support School Libraries? The Norwegian Model." Paper presented at IFLA World Library and Information Congress, 16–22 August, Lyon, France. http://library.ifla.org/id/eprint/441.Accessed on 20 February 2015.

DIK. 2013. *Vad är ett skolbibliotek? DIK reder ut begreppet.* Nacka: DIK. http://dik.se/media/173407/skolbibliotek_2013.pdf. Accessed on 1 March 2015.

European Union. 2006. Recommendation of the European Parliament and of the Council on Key Competences for Lifelong Learning. (2006/962/EC). http://eur-lex.europa.eu/legal-content/EN/TXT/?uri=celex:32006H0962. Accessed on 20 February 2015.

IFLA. 2015. *IFLA School Library Guidelines Draft.* [Draft dated 12 January 2015.]

Kuhlthau, Carol Collier. 2004. *Seeking Meaning: A Process approach to Library and Information Services.* 2 nd ed. Westport, CT: Libraries Unlimited.

Kungliga biblioteket. 2012. Skolbiblioteket 2012: grundskolor, ungdomsgymnasier. Stockholm: Kungliga Biblioteket. http://www.kb.se/dokument/bibliotek/statistik/slokbibliotek2012/skolbibliotek2012_webb.pdf. Accessed on 2 March 2015.

Limberg, Louise. 1998. "Att söka information för att lära: en studie av sampspel mellan informationssökning och lärande" [Experiencing Information Seeking and Learning: A study of the interaction between two phenomena] (doctoral dissertation, University of Gothenburg).

Limberg, Louise, and Anna Hampson Lundh, eds. 2013. *Skolbibliotekets roller i förändrade landskap: en forskningsantologi* [The roles of school libraries in changing landscapes: A research anthology]. Lund: BTJ förlag.

Oberg, Dianne. 2001a. "Teacher Transformation." In *Inquiry-based learning: Lessons from Library Power,* by J. Donham, K. Bishop, C. Kuhlthau, and D. Oberg, 31–46. Worthington, OH: Linworth.

Oberg, Dianne. 2001b. "Transforming Instructional Practice: Two Case Studies of Inquiry-Based Learning." In *Selected Papers from the* 5 th *International Forum on Research in School Librarianship,* held in conjunction with the 30th Annual Conference of the International Association of School Librarianship, 148–161. Auckland, New Zealand.

Schreiber, Trine and Lise Alsted Henrichsen. 2006. "Gymnasiebibliotekarerne og temaet undervisining" [High school librarians and the issue of education]. In *Bibliotekarerne: enprofession i et felt at viden, kommunikation og teknologi* [The librarians: A profession in a field of knowledge, communication and technology], edited by Trine Schreiber and Hans Elbeshausen, 175–208. Frederiksberg: Forlaget Samfundslitteratur.

10	Margo Pickworth and Jenny Uther
	Teacher Librarians and the AustralianProfessional Standards for Teachers

司書教諭とオーストラリア教職専門性基準

マルコ・ピックワース，ジェニー・ユーサー

要　旨　オーストラリアでは，最近刷新された「オーストラリア教職専門性基準」に基づき正式な教員資格プロセスが導入された。この章では，著者らが，この教員資格プロセスの高度課程を修了した司書教諭としての経験を記述する。この経験は，司書教諭が自らの実践を評価し，この国家資格を求めるにあたっての支援と指導を提供する動機づけとなった。彼らの行動を支えているのは，このプロセスの促進と参加が個々の学校の司書教諭の認識や信頼性のレベルを高めるだけでなく，オーストラリア全体における司書教諭の地位を高めることになるという認識であった。この活動の重要な成果は，国の「政策助言プロジェクトチーム」と協力して，新しい「オーストラリア教職専門性基準」とオーストラリアの司書教諭たちをつなぐことをめざした1つの指針を開発し出版したことである。

キーワード　オーストラリア；学校図書館教育；司書教諭；学校司書の教育的役割；教員教育；司書教諭教育；資格認証；資格認定；教職専門性基準；司書教諭専門性基準

背　景

2009年に発表されたオーストラリア図書館情報協会（Australian Library and Information Association, ALIA）とオーストラリア学校図書館協会（Australian School Library Association, ASLA）の共同政策提言は，オーストラリア司書教諭における資格の重要性を強調し，司書教諭を「認定された教員資格と司書資格を併せもつもの」（ALIA2009）と定義している。オーストラリアでは，大多数の司書教諭が教員資格と司書教諭大学院課程の資格を所持している。教員の資格を取得するには，教育学を専攻し大学課程を修了する必要がある。教員になる人は，別分野での大学課程に続いて教育学を修了することも可能である。2年のパートタイムまたは1年のフルタイムの司書教諭大学院課程がいくつかの大学に設置されている。これらのコースは，学校図書館を経営管理する，より深い側面と同様に専門的教育科目として情報リテラシーと探究学習に焦点を当てている。大学院の資格を修了することを奨励する職場がある一方，大学院の資格のない教員を図書館に採用するところもある。いずれにしても，ASLA と ALIA の共同提言は，「司書教諭は，教育者であると同時に情報管理者でもあり，両分野における総合的な理解をもつものであるように」（ALIA 2009）と求めている。そのうえ，この政策提言は，司書教諭が適切な教育学の深い理解をもち「卓越した教育実践の模範となる」ことも推奨している。

AISTL：教育と学校リーダーシップの卓越さ

　2010年，私たちは教科教諭の同僚と一緒に「オーストラリア教職リーダーシップ機関」（The Australian Institute for Teaching and School Leadership, AITSL）が教職と学校教育のリーダーシップの卓越さを促進する国の先導役となることをめざして設立されたことを知った。この新しい組織は，のちに『オーストラリア教員パフォーマンスと開発の枠組み』を練り上げるために国中から重要な教育関係者と協力することになる。この枠組みは，「すべてのオーストラリアの学校において履行されるべき成功に欠かせないサイクルの要素を含んだ効果的なパフォーマンスと開発のサイクルの特徴を記述している」（AITSL, 2012.4）。このオーストラリアの教員（司書教諭を含む）のためのパフォーマンスと発展サイクルは，ふり返り，目標設定，専門的実践，学習そしてフィードバックとレビューの要素を組み入れていた。

　『オーストラリア教員パフォーマンスと開発の枠組み』からはひと組の教員基準が出現した。生徒の学習の成果は，教員の効果に大きく影響されるということを確認したHattie（2003）の研究により裏づけ強化され，『全国教職専門性基準』（現在『オーストラリア教職専門性基準』として再規定されている）は，2010年12月にオーストラリア教育省に認定され，2011年に公告された（AITSL 2011, 2014）。これらの基準は，4段階のキャリアに分けて効果的なオーストラリア教員の専門的実践を示し，オーストラリア教員の質的改善の重要な基本的ステップとなった。これらの基準は，専門的実践の土台となり，前述した全国教員パフォーマンスと開発の枠組みで考慮に入れられた。『オーストラリア教職専門性基準』は，専門知識，専門的実践，専門的関与という教育における3つの領域の概要を示している。これらの3つの領域は，さらに7つの基準に細分されている。この基準は，オーストラリアの教員が何を知っておくべきで何ができるべきかを詳細に示している。

　この2年間司書教諭を含むオーストラリアの教員は，この基準に注目し，自分自身の実践を評価し顧みるため，そしてさらなる専門性の目標を発展させるための物差しとして使いはじめた。さらに，教員資格認証のプロセスは，「新任」「正規」「熟達」「指導」教員という4つのキャリア段階に向けてつくられた。「新任」と「正規」の段階は，全教員に対して強制だが，その上の「熟達」教員，「指導」教員のキャリア段階は任意である。自主的な資格である「熟達」教員や「指導」教員を取得する教員は，同僚，州と国から専門性の卓越さを認定される機会を得る。一部の州や地域では，このような資格に対して手当がつく。

　この基準の導入以来，オーストラリアの教員は，AITSL，州の教員機関そして勤務先の学校に促されてそれぞれのキャリアの段階のキーワードに，精通するようになった。国の組織であるAITSLは，ウェブサイトで手引書，ビデオ，作品サンプルを含む補助資料を提供している。オーストラリアのどの州も独自の「研究機関」または一定の公的機関が資格に関する教員の窓口になっている。それらは，記録の管理と質問に答えること，そしてウェブサイトを通して補助資料を提供する役割を担っている。個々の学校も専門的議論への参加や教育的実践を観察してレポートにまとめるのに適当なメンターを任命することで，教員たちが基準について学べるように支援しはじめている。

オーストラリア司書教諭は，教員と司書の二重の役割をもっており，一般には学校で教員と同様の条件で雇用されているので，同様のふり返り，目標設定，専門性評価と資格認定のプロセスが適用される。司書教諭にとっての問題は，大半の補助資料が教科教員に焦点を当てたもので，学校内での専門性のある役割，たとえば司書教諭に対しては限られていることである。

この基準の発効に続いて，筆者たちは，学校司書としても働く教員としての実践を評価することを試みることにした。このプロセスは，まだ初期的だが，私たちは「ニューサウスウェールズ教員機関」と協力して熟達教員を認定する厳格なプロセスを経験した。このプロセスを通して，私たちの教育実践は検証され，教育プログラム，ブックリスト，生徒作品サンプル，そして専門的プレゼンテーションといった記録的証拠のポートフォリオをまとめた。地元ニューサウスウェールズ州における教職専門性基準に達したことを明示するために同僚からの推薦状も得た。私たち両人とも，「熟達」教員と認定されることに成功した。

変化への挑戦

「高度熟達」教員に認証されるまでの道のりは，「オーストラリア教員学校リーダーシップ機関（The Australian Institute for Teaching and School Leadership, AITSL）」の進展とともに，『オーストラリア教職専門性基準』の発展をみて2010年に始まった。数年をかけて，私たちは3つの目標達成に貢献してきた。

- 　オーストラリア司書教諭に『オーストラリア教職専門性基準』の認知度を上げる
- 　オーストラリア司書教諭に『オーストラリア教職専門性基準』に基づいた全国教員資格プロセスを促進する
- 　国の「政策助言プロジェクトチーム」と協力してオーストラリア司書教諭と『オーストラリア教職専門性基準』を結びつけることをめざしたガイドラインを開発し出版する

司書教諭たちの間に基準の認知度を上げる

熟達教員の資格を得てから，私たちは，自分自身の分野ともっと広い専門分野のサークルにおいての代弁者となっていった。私たちにとっての主な焦点は，同僚である司書教諭たちの間で『オーストラリア教職専門性基準』の認知度を上げることだった。これらの基準では，熟達教員は「日常的に自立，または協力して自分自身の実践と同僚の実践を向上させるように動く高度に効果的で技術のある授業実践者である。彼らは，博識であり，学校の活力ある一員であり」そして「生徒の背景や多様な個人の特徴そして学習に関してそれらの要素がもつ影響を理解することで生徒の学ぶ機会を最大限にする」（AITSL 2014）と述べている。私たちの意向は，この基準のとくに熟達教員へのキャリア段階についてオーストラリア司書教諭たちの理解とくに，そのキーワードを深めることの支援だった。

私たちの経験をもとに，熟達教員レベルの基準となるキーワードと経験ある司書教諭の最上の実践とを明確にリンクさせることが可能となった。要するに，熟達教員／司書教諭は，熟達オーストラリア教員を表す活動である専門的知識，専門的実践，専門的関与の3

領域において同僚を補助し，助言し，模範となって一緒に働くということである。

これらの特質は，『IFLA学校図書館ガイドライン草稿』（IFLA 2015, Section3.5.3）に反映され，「学校司書の仕事では協働が必須の部分である」ということとともに「学校規模の企画立案やリーダーシップチームワーク」の参加や「教科横断の探求プロジェクトや学際的な学習単元のような活動を通して学校規模の連続性と密着」を促進することを強調している。『IFLAガイドライン』は，専門技能の向上を通して学校司書が積極的に図書館を活性化し，教員を支援すると記述されている。『IFLA学校図書館ガイドライン』（Section5.8）では，役割として「ともに指導する」という側面に重点がおかれており，これには協力して計画立案し，実践し，指導の評価をすることが含まれている。これらの特質の多くは，「オーストラリア教育専門性基準」において高度熟達教員の段階への要素として位置づけることができる。

「オーストラリア教職専門性基準」を使ってオーストラリアの司書教諭は教科教員の同僚と同様の専門的ふり返りや目標設定をし，全国的パフォーマンスと開発の文化を支えていく役割を果たすことが重要である。また，これらの司書教諭の指導する役割についての見方は強く，『IFLA学校図書館ガイドライン草稿』（2015, Section1.5）でも反映されており，「効果的な学校図書館プログラムのための最も大切な条件は，資格をもった学校図書館の専門家へのアクセスである」と記述されている。さらにいえば，学校司書は，「学校におけるほかのリーダー同等の教育と準備を必要とする」。

結果的に，私たちはまず2013年ASLAの「隔年会議：カリキュラム体験：つなげる，まとめる，導く」において「教員基準」と資格プロセスにかかわる機会の認知度を高める活動をした。この会議では，セミナーを催し，同僚たちと一緒のパネルディスカッションで先導するよう求められた。司書教諭の専門的な背景に関する多くの質問があった。この会議に参加した人たちは，これら多くの基準に見合っていることを示す実践の証をどのように用意すればよいのか漠然としていたが，国レベルの議論は始まった。

この議論は，2014年初めに行われた「オーストラリア教員専門性基準：司書教諭版」と称したウェブセミナーにより，多くの司書教諭を聴衆にして続けられた。ウェブセミナーの参加者たちは，適切な証拠に関する同様の懸念を示し，私たちは司書教諭が「熟達」教員の基準を示すのに使える背景に適した証拠のより具体的な例を提供することができた。

 司書教諭における国の資格プロセスの促進

2つ目の狙いは，司書教諭に「熟達」教員のキャリア段階の資格を自主的に取得するよう提唱することだった。2012年4月までにすべての「豪州教育委員長」が，オーストラリアでの「熟達」教員，「指導」教員の資格を公認した。これは，全豪を通して新しい「オーストラリア教職専門性基準」を基礎として用い，より高度なキャリア段階での教員の認定に関して厳格で首尾一貫した判断をすることを含んでいた。教員に実践のふり返りを奨励し，外部のフィードバックをもたらすことで，この資格認証のプロセスは，教員（司書教諭も含めて）の資質向上に貢献することを目的とし，究極的にはすべてのオーストラリアの若者の教育的所産の向上が目標である。資格認証は，教員の専門性を高め，教室に居な

がらにして指導の質を認定し，キャリアを促進することを可能にした。

さらに，資格認証は，学校図書館プログラムとサービスを評価する理想的な機会をもたらす。『IFLA 学校図書館ガイドライン草稿』（IFLA 2015, Section6. 1）で推奨しているように，「評価は，学校図書館のプログラムとサービスを履行するのに不可欠な要素」であり，OPAC（Online Public Access Catalogue）記録や生徒の学習教材などさまざまな情報源から情報を集めることがこの評価のプロセスに貢献できる。オーストラリア司書教諭の資格認証プロセスにおいても類似の証拠として収集できる。

キャリア段階でのより高い資格の認証プロセスは，オーストラリアの多くの州において自主的なものではあるが，すべての教員が勤続年数に関係なく，最低でも「正規教員」レベルの資格認証を受ける必要があると予想される。このことは，すべての教員が仕事上の発展をみせて彼らの専門的実践がオーストラリアの基準に見合っていると示すことを要求することになる。このように資格プロセスは，より多くの教員に影響を与えるようになるので，私たちの行動ができるだけ多くの司書教諭に届くことが急務となった。個人的な強い関与を別にして，経済的技術的変化がこのような役割は必要ないという認識に導く可能性のあるこの時代に学校教育の指導・学習のプログラムにおいて司書教諭の役割が欠かせないものであることをこのプロセスが再び断言してくれると私たちは信じた。また，模範となり，助言し，メンターとなり，共有することで，自分自身の学校において同僚の教員のリーダーとなる機会があると信じた。

司書教諭のためのエビデンスガイドをつくる協力

2012年以来，筆者らは，ASLA のチームで『教員基準』の認知度を高めるために活動した。ASLA は，司書教諭と学校図書館を代表する中枢団体である。その目的は，学校図書館の資料サービスの国の基準やガイドラインを作成し，検証し，維持することである。ASLA の主な使命は，学校図書館の資料サービスと教員の司書業務の発展を促進するための資料を開発し，記述し，発行することである。

この使命の１つとして2012年に「政策助言プロジェクトチーム」に参加するよう招かれて新しい教員基準を形づくる資料の準備と司書教諭の新しい教員資格の認証手順の支援をし，すでに教科教員ための AITSL のサイトで閲覧可能となっている補助資料を補足している。このプロジェクトチームは，一連のエビデンスガイドをまとめて出版するために定期的にオンライン会議を開催した。最初の議論は，オーストラリアでの司書教諭の実践の指針となる『司書教諭の専門的卓越性の基準』（ASLA 2004）に関することであった。このプロジェクトチームの目的は，この文書を新しい「熟達教員」のキャリア段階の基準とリンクさせることであった。

「政策助言プロジェクトチーム」は，２年かけて『熟達教員キャリア段階における司書教諭のエビデンスガイド』を作成し，これが2014年３月に出版され，2014年９月には『正規教員キャリア段階における司書教諭のエビデンスガイド』が続いた（AELA 2014a, 2014b）。これらの文書は，ウェブサイト上で ASLA の会員なら閲覧できる。「指導」教員キャリア段階のガイドもまた近い将来計画されている。

補助文書を執筆すると同時に，私たちのさらなる目的の推進のため雑誌記事の出版を含むさまざまな専門的活動にかかわった。ASLA 機関誌『アクセス』(Pickworth and Uther 2014) での記事,「あなたは，高度熟達司書教諭ですか？」はその１つである。これらのエビデンスガイドの発表以来，オーストラリア司書教諭たちの間で新しい『オーストラリア教職専門性基準』の認知度が如実に上がったことをこの分野からの反響が示した。これらの文書を求めるたくさんのリクエストがあり，チャールズスタート大学の大学院司書教諭課程の推薦図書リストにも入った。「司書教諭入門」と題する一教科を通して学生は，個人ブログでこの役割への深まる理解についてふり返ることを課せられる。2014年12月10日に一人の司書教諭課程の院生がマリアンヌ・グラッソの「司書教諭学習ジャーナル」ブログに，次のようなコメントを投稿している。

> 『司書教諭の専門的卓越性の基準』(ASLA&ALIA 2004) と最近出版された『司書教諭熟達教員キャリア段階におけるエビデンスガイド』(ASLA 2014) は，効果的な司書教諭とは何かを理解する上で不可欠のものだった。これらの文書は，将来，私の専門的目標を定める手助けとして使用するだろう。

このような反響は，私たちの仕事が，ほかの司書教諭に基準を明確に結びつけて考え，「高度熟達」教員資格をめざす励みとなっていることを示している。

 挑戦に到達すること

ニューサウスウェールズ州の資格を取得するプロセスは，厳格で時間のかかるものであった。この『オーストラリア教職専門性基準』はオーストラリアの学校に最近導入されたばかりなので，このプロセスは今後明確化され，検証されていくことになる。多くの教科教員が司書教諭と同様にこの基準と認証に不慣れであり，オーストラリア各州の教員研究所がどのように認証のプロセスを司るかについてはたくさんの疑問が残っている。

このプロセスを経験するにあたって私たちにとって，また「政策助言プロジェクトチーム」の助言者として務めたメンバーにとっての壮大な挑戦は，司書教諭という役割のなかでの基準適用だった。オーストラリアの司書教諭は，多様な状況のもと勤務しているので，すべての学校図書館の実情に合った適切な実践例をあげることは困難だった。

私たちのアクションによる影響

教員基準や教員資格の分野での私たちの活動は，個人的かつ専門的学習と成長への，そしてオーストラリアにおける司書教諭の専門性にとっての好ましい結果を生む機会をもたらした。

個人的見地からいうと，地元ニューサウスウェールズ州での「高度熟達」教員資格の認証を通して，指導と学習の両分野での司書教諭の核となる役割を再認識させてくれた。自分の実践をふり返り，向上への専門的目標を設けることにつながった。「教員」としての私たち自身についてより学び，司書教諭の仲間だけでなく，教科教員の専門的学習と成長を促進するために図書館外での役割も務めるきっかけとなった。

私たちのこの分野での活動は，ほかの専門的機能で働くことを通してまた専門性の成長

と学習の機会をもたらした。より豊かな機会のなかには，「新任レベルの資格審査委員会」の会員となり，New South Wales（NSW）Board of Studies, Teaching and Educational Standards（BOSTES）とともに行ったNSWの教員のためのエビデンスガイドの見直しとNSWの教員が「熟達」教員としての資格認証をえる審査パネルへの参加などがあった。この時期とその後，自身の学校ではメンターや助言者としてのリーダーシップを発揮し，教員資格に関することで，たびたび専門的助言を求められた。実践を共有し，メンターとなり，専門的貢献をしてきたことで，校内だけでなく，より広い専門的な集まりにおいても注目された。

司書教諭の分野という幅広い展望からみると，個人としてまた国のチームの一員としての私たちの行動の1つの結果は，専門的実践のふり返りのツールとして司書教諭の間に「基準」を浸透させたことであった。「熟達」教員や「指導」教員という高度なキャリア段階の資格を自主的に取得する機会の認知も深めた。この1つの例は，約50名が参加した基準に関する2014年のウェブセミナーで集められた質の高い実例であり，司書教諭が学校内で始まろうとしているパフォーマンスと開発の文化，そして教員に対する新しい基準の目的についての議論に参加することにより自信を示した。1人の参加者は，「とても有益な情報で，基準を司書教諭の文脈でとらえめざすべき方向を示唆してくれた」とコメントした。

私たちがたずさわったASLA政策助言プロジェクトチームの仕事は，オーストラリアの司書教諭と司書教諭課程の院生に対しての教員資格プロセスの手引きとなり，有意義な補助文書の出版に結びついた。そのうえ，この文書を準備する過程は，会員に有意義な価値のある事業を遂行するため全国ASLAに属する委員会の効果的な活用例を示した。

おわりに

国の教員資格のプロセスが，オーストラリアで，より広く採用され継続するにつれて，「光を輝かせよう」というユニークな機会がオーストラリアの司書教諭にもたらされるであろう。私たちは，同僚が私たちの専門性の評判を上げるために，国の教員資格プロセスの潜在的な関連性と含意についてさらなる議論に継続してかかわっていくことを願っている。私たちは，促進，出版，認知度を上げる行動を通して，司書教諭たちに私たちの足跡を継ぎ，教員資格のより高いレベルを獲得するべく奮闘することを奨励する。そうすることによって，司書教諭たちは，校内での自分の価値と信頼性を高め，オーストラリア中の司書教諭の評判を向上させつづけていくことになろう。

● 参考文献

Australian Institute for Teaching and School Leadership（AITSL）. 2011. *National Professional Standards for Teachers*. Melbourne: AITSL. http://www.aitsl.edu.au/docs/default-source/default-document-library/aitsl_national_professional_standards_for_teachers. Accessed on 20 February 2015.

Australian Institute for Teaching and School Leadership（AITSL）. 2012. *Australian Teacher Performance and Development Framework Fact Sheet*. Carlton South, Victoria, Australia: Education Services Australia.

Australian Institute for Teaching and School Leadership（AITSL）. 2014. "Highly Accomplished

Teachers." http://www.aitsl.edu.au/australian-professional-standards-for-teachers/standards/career-stage/highly-accomplished. Accessed on 25 February 2015.

Australian Library and Information Association（ALIA）. 2009. *ALIA-ASLA Statement on Teacher Librarian Qualifications*. https://www.alia.org.au/about-alia/policies-standards-andguidelines/alia-asla-statement-teacher-librarian-qualifications. Accessed on 6 January 2015.

Australian School Library Association（ASLA）. 2004. *Standards of professional excellence for teacher librarians*. 2004. Kingston, Australia: Australian School Library Association. http://www.asla.org.au/policy/standards.aspx. Accessed on 20 February 2015.

Australian School Library Association（ASLA）. 2014a. *Evidence Guide for Teacher Librarians in the Highly Accomplished Career Stage*. Canberra, Australia: Australian School Library Association.

Australian School Library Association（ASLA）. 2014b. *Evidence Guide for Teacher Librarians in the Proficient Career Stage*. Canberra, Australia: Australian School Library Association.

Grasso, Marianne. 2014. *Marianne's TL Learning Journey*. "Critical Reflection"（blog）. Posted on 12 October 2014. http://thinkspace.csu.edu.au/marianne/2014/10/12/etl401-criticalreflection/.Accessed on 25 October 2014.

Hattie, John. 2003. *Teachers Make a Difference: What Is the Research Evidence?* Sydney, Australia: New South Wales Department of Education and Training. 132 Margo Pickworth and Jenny Uther

IFLA. 2015. *IFLA School Library Guidelines Draft*. ［Draft dated 12 January 2015.］

Pickworth, M., and Jenny Uther. 2014. "TLs as Leaders: Are You a Highly Accomplished Teacher Librarian?" *Access: Journal of the Australian School Library Association* 28（1）: 20–25.

11

Marlene Asselin, Ray Doiron and Alemu Abebe
Applying an Ecological Model and Standards for Library Development to Build Literacy in Rural Ethiopian

エチオピア農村地帯共同体におけるリテラシー構築のための図書館開発への生態学モデルと基準の適用

マルレーヌ・アセリン，レイ・ドイロン，アレム・アベベ

要　旨　多数世界の隅々にまでいえることは，特殊化した学校図書館の発展を妨げるのは情報資源の不足である。ここでいう特殊化した学校図書館とは，むしろ地元の学校に設置された共同体図書館（community library；以下，CL）のパートナーと言い換えたほうが適切だが，「すべての人々の教育と学習を機能アップ」することを目的とする図書館であり，それゆえ，今日の学校に役立つ図書館の一類型を構成するものである。本章ではエチオピアの農村地帯の CL に勤務する図書館職員のためのトレーニングプログラムについて説明する。同プログラムは，エチオピア国中から共同体図書館員50人が集められ，地域それぞれの状況に応じたプログラムを設計し，参画を可能にし，パートナーシップを築き，機動的な研究者として奉仕する方法を学ぶ18カ月のプログラムである。共同体メンバーすべてのリテラシーと学習を支援する 7 つの基準を取り扱ったことを示す物証をもとに，モニタリングと評価が引き続き行われた。さらに，新しいデジタルテキスト／ファミリーリテラシー構想のための基準の採択という試みについても説明する。本章の最後では，これらの進歩的な図書館が立ち向かった挑戦や，学んだ教訓，また，それぞれが，個別的かつ地域／国家的アイデンティティをもつような CL の強いネットワークを確立するのに必要とされる複雑なバランス認識の必要性についても論じる。

キーワード　エチオピア，共同体図書館，図書館開発，生態学モデル，基準の実施，トレーニングプログラム

はじめに

　最近の IFLA 宣言（2013b）で示され，リヨン宣言（Lyon 2014）でも繰り返されたのは，図書館の役割，情報への重点的アクセス開発，開発エージェントとしての図書館員の仕事である。同様に，新しい『IFLA 学校図書館ガイドライン草稿』（IFLA2015, Introduction）は，「世界中の学校図書館は，それぞれ多くの形式で，共通の目的，すなわち，『すべての人のための教育と学習』の増進を共有する。その目的を通じて，学校図書館要員は，すべての人の機会公平を擁護する」（5）と強く主張している。多数世界の隅から隅までいえることは，資源が乏しいことが特殊化した学校図書館の発展を妨げているということである。これはむしろ，地元の学校に設置された CL のパートナーと言い換えたほうが適切だが，「すべての人々の教育と学習を機能アップ」する図書館であり，したがって，学校に奉仕する多くの図書館の形態の 1 つである。

背　景

　非政府・非営利組織であり，カナダ教育開発機構（CODE, Canadian Organization for Development through Education）①のパートナーであるカナダ教育開発機構エチオピア部会（CODE-Ethiopia；以下，C-E）は，エチオピアの農村地帯で25年以上にわたり，リテラシーを支援し，読み書きのできる環境の創造に貢献するため，図書へのアクセスを増大させてきた。現在まで，この組織は，エチオピア国の僻地，農村地帯，低サービス地域に，97館のCLを設立・供給してきた。これらのCLは，通常，その地域で経営される唯一の図書館サービスであり，地元の学校の児童生徒らは，ときに，最大のヘビーユーザとなる。エチオピアでは，学校，教師は非常に限られた資源しかもたず，通常，学年や課程を教えるのに必要な教科書しかない状況である。「学校図書館」はあったとしても，図書はほとんどなく，スタッフもおらず，児童生徒のためのスペースもない。共同体図書館の職員は，子どもと若者にねらいを定めた読書推進プログラムを開発することによって，児童生徒らの学びを支援するため教師と非常に密接に仕事をする。また，C-Eは，文部省職員，地区管理者，教育役員と協働し，学校への図書の配本を調整し，図書館職員が学校，教師，児童生徒らを目標にした図書館計画を創出できるよう訓練する。

　現在のC-Eの図書館トレーニングプログラムは生態学の4次元モデルで発想されている。すなわち，状況の適合性，参画政策と実践，戦略的共同体パートナーシップ，そして，継続的な実地研究（Asselin and Doiron 2013; Asselin, Abebe and Doiron 2014）である。一連の包括的な共同体図書館員トレーニングワークショップから例を引き，本章では，とくに，子ども，若者，そして，大人たちのための革新的な読書振興とリテラシープログラムの設計を通して，C-Eの共同体図書館が，この生態学モデルを適用し，エチオピアの田園地帯においてどのようにリテラシーの向上に寄与するかを説明する。

　エチオピアでは，15～24歳までの識字率は55%である（UNICEF 2015）。2010年の低学年読書評価（EGRA, Early Grade Reading Assessment）では，「音読の流暢さと理解力においてショッキングな結果，すなわち，児童生徒らは読みが遅く，読んでいるものの内容を理解しておらず…，第2学年の子どものうち，相当な割合の者が単語を一語も正確に読めず…，第3学年では，不読書の子どもが相当数いた」（USAID 2011, 5）。2023年までに中所得国に加わるというエチオピアの目標は，識字率を改善しないかぎり達成不可能であろう。政府とともに海外および地元の組織が，地球規模のリテラシー目標に向かって，多数のプロジェクトとさまざまなレベルの改革を開始している。本章が書かれたのも，C-Eが，国際的な非政府組織（NGO）のEIFL（Electronic Information for Libraries, 図書館のための電子情報）②から資金提供を受け，革新的なデジタル書籍プロジェクトに着手したからである。このプロジェクトは，必要とされるより多くの地方コンテンツおよび現地語読み物の開発，国の早期リテラシー改善を補完するプログラムの提供を通じて，リテラシー発展の早期を支えるギャップの解消に取り組んでいる。本章の最後で再び取り上げるが，この新しいプロジェクトは，C-Eの現地語出版プログラムとファミリーリテラシーにおけるCLのリーダーシップ的役割への関与の双方の上に構築されている。

　現在のエチオピア政府の構想では，リテラシーと生涯学習を共同体開発の不可欠の要素

と位置づけている。幼年学校または小学校における識字教育は，新しいカリキュラム，教員と児童生徒のための新しい資料，および，教師トレーニングの改訂により，国による改革が進行中である。さらに，国の成人識字能力プログラムでは，機能的識字を獲得する人数を2015年までに3000万人とした。C-Eの図書館プログラムはこれらの政策の成否に影響を及ぼす。これら構想の目標の多くが，「すべての人々への教育と学習」の増進といった学校図書館共通の目標と同じであり，CLのスタッフは「すべての人々への機会の公平」の啓発に専心する（IFLA 2015, Introduction）。本章に概説された生態学の枠組みは，国際学校図書館協会（IASL, International Association for School Librarianship）やほかの国際的な学校図書館団体のメンバーから意見を取り込み，IFLAによって発展させられた新しいガイドラインに符合する。

　今日，アフリカの公共図書館および共同体図書館は「とくに情報サービスの提供が重要になった発展途上の共同体において，人々の大部分のニーズに役立つ」（Mostert 1998, 72-73）ものとして構想される。最も重要なのは，CLは「共同体自身によって設立されなければならない」ということであり，「情報は特殊な共同体のニーズにも適切であるべきであり，これは，共同体から持続的な入力があることを意味する」（Stillwell 1989, 267）。大陸全体に，母国語資料を産み出そうとする圧力があることは，図書館がそのような資料へアクセスする主要な場所になるということである。情報環境のための「超接続性」（hyperconnectivity）という地球規模の潮流（IFLA 2013a）にもかかわらず，図書は，質の高い教育，読書振興，リテラシーレベルの向上の基盤であることに変わりはない。図書は，情報とインスピレーションを供給し，全国いたる所の共同体の経済的社会的文化的発展を下支えする。

　IFLA（2013b）は，地球規模のリテラシーと教育政策において潜在的に重要な役割を図書館に与え，すべての利害関係者に「図書館は，世界のどこにあろうとも，持続可能なプログラム開発を配送する信頼できるメカニズムたり得ることを認めるよう」呼びかけている。Krolakは，"The Role of Libraries in the Creation of Literate Environments"（2005）のなかで，図書館の役割に関するいくつかの実際的戦略を示すと同時に，なぜ，図書館が，ときに，その役割と争うことになるのかを説明している。

> 　たとえば，適切な読書とリテラシー資料をもって教室，家庭，職場，あるいは，共同体のほかの場所を訪問するなどして，共同体の残存部分に積極的能動的に挑戦を広げるべきである。別の選択肢は，図書館において，読み書き競争やブッククラブ，著者による読み聞かせ，創作文クラスや夏の読書プログラム，研究サポートやディスカッショングループ，祝賀や祭礼，展示会やストーリーテリングセッションなど，創造的でおもしろいプログラムを計画することである。また，そのようなプログラムは，正規の学校教育に否定的思い出をもっているかもしれないリテラシーレベルの低い成人らが，学習に戻る第一歩を踏み出すことを可能にする（UNESCO 2011, 22）。

　C-Eの共同体図書館システムの職員は，これらタイプの図書館の役割と活動に向けられたトレーニングプログラムに不可欠の構成要素となっている。

CODE エチオピア共同体図書館員トレーニングプログラム

　CL 構想の一部として，C-E は，広範なトレーニングプログラムを開発した。これは，主として蔵書の管理と構成にあたる図書館職員を訓練するワークショップを実施するものである。C-E の図書館開発の最近の局面では（2012-2016），読書振興とリテラシーサポートに関連する原則と戦略を組み込んだ広範な訓練要素が加えられた。この局面は，本稿の執筆者らが開発した。同プログラムの開発と実施については，別の場で報告した（たとえば，Asselin and Doiron 2013; Asselin, Abebe and Doiron 2014を参照）。

　私たちは，エチオピアの異なった地域から集まった50人の図書館職員たちに直接実施される１週間のワークショップを３本一まとめで開発した。図書館管理と包括的な図書館プログラム開発における技能に焦点を当てたワークショップは，読書振興，リテラシーサポート，読書文化増進の原則に定着した。参加者は，自らの共同体に面と向かって挑戦し，アクティブラーニング環境に没頭し，明白な実現目標を確立した。

　最初のワークショップ（2012年11月）が終わったとき，参加者は細かな作業をやり残したが，次のワークショップ（2013年４月）までに完遂した。４月，彼らは自分たちの仕事の記録を持参し，その成功と挑戦を仲間らと共有した。そのなかには，写真，業務マニュアル，企画，お話をもとに書かれた子どもたちの絵，女子読書会のメンバー一覧，図書館のサインや展示，地方紙の記事などが含まれていた。ワークショップの第２週が終わると引き続き，参加者は，より高度な課題と記録の完成に着手した。トレーニングの最後の週では，彼らは指導的図書館員チームと交流した。これは，図書館広報業務のため地方教育局によって任命された個人の集まりである。

生態学的枠組みによる共同体図書館プログラムの策定

　成長しつづける CL プログラムを支援するため，個人的社会的文化的経済的進歩の主役に図書館をおく方法として，生態学的枠組みが Asselin & Doiron（2013）らにより提案された。この枠組みは相関的で互いに依存している要素から成る。(a) 状況／環境，(b) 公正／参画／社会正義，(c) パートナーシップ／相互作用，および，(d) 活動／研究である（図11. 1）。

　各要素は，CL の役割と目的を反映しており，その日その日の一連の実務のための枠組みと，図書館プログラムを形づくる構想を提供する。この意味で，図書館と図書館職員は，自らの共同体の文化，発展，アイデンティティの不可欠の構成要素となって働かなければならない。彼らは，そのサービスとプログラムを通じて，共同体に関係する公正さの問題に取組まなければならない。彼らは，共同体の重要なセクターすべてと絆や協働やパートナーシップを築くことにより，リーダーシップ的役割を担わなければならない。そして，自らのプログラムとサービスが意味ある変化をもたらすことを保証するため，生涯にわたる研究者あるいは学習者にならなければならない。

　このモデルを枠組みとして使用し，私たちは，現在，C-E 共同体図書館開発の応用例を共有している。

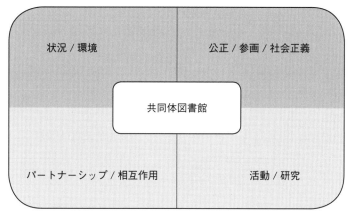

図11.1　共同体図書館開発のための生態学モデル（Asselin&Doiron, 2013）

状況／環境

　図書館が，共同体の重要な要素，すなわち学校と主要な共同体サービスに距離的にも近く，共同体開発プロジェクトの不可欠な構成要素と認識されるとき，図書館は最も大きな影響力をもつ。戦略的な要衝を占めることにより，CLのプログラムとサービスを，学校の教師や児童生徒と織り合わせることができるようになる。成人教育プログラムも同様である。同様に，健康，女性，家庭，および青年団組織，さらに，地方政府と，そして，農耕と中小企業セクターとも織り合わせることができるようになる。

　地方の共同体による最初の貢献は，一度に50〜80人の読者を収容できる図書館の建設から始まる。建物については，C-Eが規定する最低基準を満たすことが期待されている。それには，ロケーション，安全，学校や共同体サービスへの近接といった有用性が含まれている。共同体は，「図書館管理委員」として5人の人物を指名する。その役割は，資源動員，企画，監督，相談役，業務マニュアルや手順の準備である。彼らは自治体当局の教育セクター，文化・観光局，学生および女性・児童管轄事務所から募集される。

　共同体は，また，図書館施設の改装に寄与し，公益事業の対価を支払い，図書館員や他の職員の給料を支払う。これらのガイドラインは，リソース，リーダーシップ，あるいはCLの概念へのかかわり合いに応じて，各共同体で異なって用いられる。

　より凝集力のある共同体図書館システムを築く新しい構想の一部として，「地方教育事務局」によって指導的図書館員（Lead Librarian）が指名され，主要行政区で活動中の教育関連団体から選出される。C-Eは，6カ所の教育地方事務局で，調整，動員，モニタリング，評価，パートナーシップの創出，訓練，感知，広報といった特別な役割を担う指導的図書館員の幹部団を用いる。彼らは，C-Eにより緊密な管理とサポートを与えられるCLを代表する面々である。

公正，参画，社会正義

　図書館は参画と社会的政治的価値の変化に対応する基本的責務を負っている。CLは，コレクションのために新しい資料を組織化したり，すべての人々を参画させるプログラム

を構築したり，友好的で包括的な施設を運用することによって，現れ出る価値を支え助長する。「文化的言語学的に多様な共同体への図書館情報サービス活動の核心は，『個別な』あるいは『付加的な』ものでなく，中心的なものであり，常に，地方の，あるいは，特定の需要を満たすよう立案されるべきである」(IFLA2009)。C-E 共同体図書館員が，公正，参画，社会正義の扱い方をどう学んだかは，次の（a）（b）を実施する彼らのプログラムのなかに繰り返し例示されている。（a）婦女子，あるいは，彼女らの子どもたちにリテラシーと学習の機会を提供する，（b）現地語の資料を使用して読書を振興し，読書文化を支援する。

エチオピアの CL は，女子の図書館利用促進に重要な役割を果たしてきた。共同体図書館員は，適切な安全と安心を確保しながら，「女子専用」の特別な時間をどのように図書館に設定するのか学習した。女子のためのブッククラブが設立されつつあり，女子の関心とニーズを支持するように CL の規則や振興策がつくられている。

一般的に教育が重視されるのと連動し，教育と学習のための現地語資料が奨励されている。アフリカでは珍しく，エチオピアの多くの地域では，小学校の児童は 8 年生まで出生言語による教育を受け，その後，英語へ移行する。C-E は現地語資料の奨励に応じて，大規模な出版プログラムを実施した。6 つの地方語による500以上のタイトルが出版され，学校と地方の CL に配布された。子どもたちはこれらの本を味わい楽しみ，現地語で小説を読んだり情報を得たりすることに安らぎを覚える。

トレーニングワークショップの間，各グループには黙読の時間が与えられ，現地語コレクションを読みグループ内で議論した。これにより，共同体図書館員の現地語コレクションに関する知識不足は解消された。黙読は読書文化を醸成する基盤であり，読書を実践し，社会的背景をもって語られる思想や物語に反応する。また，彼らは，子どもたちへの本の紹介の仕方を含めて，主要な教授法である音読，分担読書，一斉読書を学び練習した。そして，流暢で有意義な読書に没頭し，本の理解と解釈へと誘われた。最終的に，児童生徒らが，現地語参考図書のなかにあるツール（たとえば，目次，用語集，索引，見出し）を使って情報を突き止める手助けをする方法を学んだり，同様に，これらテキストの特徴をとらえて理解につなげられるよう指導する方法を学んだ（たとえば，強調された言葉，画像やイラスト，辞書を引かずに言葉の意味を見当づけるなど）。C-E の図書を利用するということは，言語学の有意義な文脈で，すべての子どもと若者にとって重要なリテラシー技能の開発を共同体図書館員がサポートできることを意味した。

📖 パートナーシップ / 相互作用

共同体メンバーの需要と関心を満たすという共同体の欠くべからざる構成要素として，CL の職員は，情報資源の保護者であり権威者であることから，学習者，リーダー，プロモーター，研究者へと，アイデンティティと役割を再構成しなければならない。図書館が奉仕すべき共同体はどのような人々か？　個人，部門，組織を含む共同体のニーズと関心は何か？　共同体図書館員は，指導力を発揮して共同体の絆を築き，教育さらには共同体の発展に図書館がいかに重要な役割を果たすかを示す。しかしながら，図書館員単独では

これができない。彼らは，地域社会の指導者，市および地区の職員，学校長，教師，保護者，そのほか共同体の大人たちと有意義なパートナーシップをつくり出し，協働しなければならない。

これらの関係を築き上げるための主要なターゲットは，地方の小学校および中学校の教師らである。国内の多くの地で学校分割が行われている。すなわち，人口の半分が午前，残りの半分が午後に通学するというものである。これは，児童生徒らが，午前か午後のどちらかに CL を利用できるということでもある。図書館職員は，また，教師と友好関係を築き，CL が教師とその児童生徒のために何ができるかを提示しなければならない。

行動 / 研究

上述したように，C-E の共同体図書館員は，パートナーシップ，公正，安全確実な学習環境の上に築かれた新しい活動を行っている。これは解決すべき懸案，問題，課題を特定するため共同体メンバーとの相互作用を必要とし，地域ニーズに対し資料とプログラムで応答を試み，行動計画を開発し，実施した活動のフィードバックを見いだし，ふり返り・計画・行動の連続したサイクルに則って行動を見直す。共同体図書館員は，自分らの活動を記録し，共同体と結果を共有し，図書館計画を組み込む新しい方法，すなわち，アフリカのほかの有効な CL によって肯定されたサイクルを見分けなければならない（Parry 2009）。

共同体図書館員が彼らの有用性を前もって築くことができる重要な方法の1つは，自分らの「図書館経営委員会」と定例会を開くことである。この委員会の仕事は，進捗状況のモニタリング，懸念事項への対処，CL が持続し成長するための戦略の開発である。勢いよくスタートを切ったにもかかわらず，人事異動やニーズの変化によって，経営委員会の影響力が弱まる場合がある。トレーニングプログラムを通して，C-E 共同体図書館員は，互いに成功を共有したり，ワークショップリーダーから学んだ原則を自分たち自身の状況に適用したり，自分たちの図書館に引きつけて具体的な計画を作成したりすることにより，経営委員会を積極的に巻き込み続ける方法を学んだ。

トレーニングプログラムの間，国中の図書館経営委員会の代表らがアディス・アベバに集められ，CL を改善する戦略を開発するため，自らの役割に関する徹底的なトレーニングを受けた。このトレーニングから浮かび上がった主要なテーマの1つは，地方の CL を引き続き支援する組織化された専門ネットワークの必要性であった。グループの意見が一致し，組織委員会のメンバーとして奉仕する11人の指導的図書館員を任命することになった。全国規模の協会を具体化するよう，現在，フォローアップ活動が繰り広げられている。

この一連のワークショップを通して，参加者は，必要なものを見分けること，その必要性に取り組む戦略を開発すること，いくつかの新しい活動を試みること，いろいろなことがどれくらいうまくいったかを評価すること，そして，よりよく成功を収めるために計画を調整することの重要性を学習した。この行動モデルは，図書館員としての自らのそして CL の役割について，自信と興奮に裏打ちされた沸き立つようなプロフェッショナルな感

表11.1 共同体図書館プログラムのための7つの基準

基準番号	基準の焦点
1	共同体における図書館と図書館員の役割に理解を示す
2	読書振興プログラムのための綿密な計画を作成する
3	読書振興プログラムにおいてC-Eの図書を有効に使用する
4	読書振興プログラムに婦女子と家庭のための活動を組み入れる
5	読書振興プログラムをモニタリングし成功を分かつ
6	図書館員が読書振興およびリテラシーサポートにおいてどのように学校や児童生徒および教師らと協働するかについて理解を示す
7	CLにおいてさまざまなリテラシー活動を完遂する

覚を増大させ,参加者を向上させることを証明した。

共同体図書館員の実地研究にとって主要な道具となったのは,筆者らが創作した生態学の枠組みに結びつけられた7つの基準であった。実地研究を指標とルーブリック(rubric,評価基準表)で構造化し,それによって,参加者は,トレーニングプログラムでの進捗状況を記録できるようになっている。2回目と3回目のセッションでは,追跡シートを完成させるため,参加者は,全トレーニングプログラムを通じて基準に向けたすべての取り組みの物証を提出する責任が課せられた。導入された順に,基準を表11.1に掲げる。本章の付録には,基準の詳細と追跡シートを掲載した。

ほとんどすべての図書館のスタッフは,自らの共同体内における図書館の役割について彼らが理解していることを示す活動を完遂した(基準1)。彼らは,詳細な年次計画を作成(基準2)して,C-E現地語図書の利用(基準3)を示す写真を撮った。さまざまな方法で,彼らは,婦女子,および家庭のための個別のプログラム(基準4)をどのように設計したかを示した。また,ワークショップの最後の1週間が終了してからも,読書振興活動が伸張している(基準5)ことが,いろいろなデータにより示されていた。大部分の図書館は,トレーニングプログラムの終わりまでに,それぞれの現場で学校やほかの組織との交流を開始した(基準6)。最終的に,共同体図書館員全員が成人と子どものリテラシープログラム(基準7)に関連した活動の物証を提出した(Abebe 2013a, 2013b)。

 検討および最終見解

CLの生態学モデルに基づいて図書館プログラムを設計し,一連の包括的な基準を適用することによって,C-Eの共同体図書館は,今や有意義で有効な地方の図書館プログラムを開発する共通の枠組みをもつにいたった。このトレーニングプログラムの期間中強調されたのは,CLで提供されるサービスとプログラムが,児童生徒のための自習室というだけでなく,それから離れて,学校カリキュラムに関連づけられ,読み書き能力や積極的な読書習慣の育成にリンクした教育・学習センターとして,教師と学生の両方に役立つように移行させるべきであるということであった。『IFLA学校図書館ガイドライン』でも,CLの文脈に簡単に適用できる一般原則と効果的な戦略を提示している。

Krolak(2005),Mostert(1998),Stilwell(1989)らによる低サービス地域におけるCL

のビジョンを受け入れ，「共同体への親能動的拡大」(pro-actively reach out to the community)（UNESCO 2011, 22）に挑戦しながら，C-E 共同体図書館員は，どのように（a）有意義な目的と現地語資料の利用を通じて，女性，子どもたち，成人を支援するか，また，（b）学校，保健機構，女性およびコミュニティベースの組織，政府，宗教系組織やエチオピアだけでなくグローバルなリテラシーをも目標として支援する他の地域団体と関係を築き上げるかを学んだ。これらの図書館，およびその革新的なプログラムは，今度は，全国的な読書振興プロジェクトを支え，国のいたるところの街角にたむろする子どもや若者が読書教材やカリキュラム支援学習教材へアクセスできるようになるのである。

学んだ教訓

　本章で説明したプログラムには，実施を妨げる多くの難問がつきまとっている。そのなかには，C-E 図書館が設立された農村地域における重要な情報資源へのアクセス問題や危険なほど低い識字率の問題がある。エチオピア人リーダーらのなかにも示唆する者がいるように，CL は「本の飢饉」にみまわれつづけている。しかし，図書館職員や地方の図書館リーダーたちは，CL の価値と目的を認めている。彼らは自分らの CL がいかに共同体の唯一重要な構成要素であるかを認識している。彼らは，CL が成人男女やすべての子どもや若者のために，個人的共同体的発展にどのように貢献できるかを知っている。彼らは，すべての共同体パートナーの技能と情報資源を利用して，自分らの図書館を建設し発展させなければならないことを知っている。そして，彼らは，どのように共同体のニーズに反応し，そのニーズを満たす図書館計画を策定しなければならないかを知っている。ユネスコの "Creating and Sustaining Literate Environments" (2011) のような重要な資源は初心者向けの手引きを提供するが，地方文化，慣習，利用できる情報資源に合わせて改変しなければならない。また，地元の学校の児童生徒のために「学習のリーダーシップ」的役割を引き受けるなら，『IFLA 学校図書館ガイドライン2015年版草稿』は，CL のための基礎的な枠組みを提示してくれる。エチオピアには，図書館のリーダーや地域図書館のスタッフが図書館サービスとプログラムを進めるうえで役立つ文書がほとんどない。

　トレーニングの間，共同体図書館員は，図書館資源をただ個別利用できるようにする以上に，より効果的に利用可能にする方法を学んだ。しかしながら，需要は供給をはるかに上回る。現地語資料や地方語のデジタルコンテンツの生産と供給は，情報アクセス問題を解決する1つの大きな方途である。デジタル図書館計画の策定といった挑戦を開始するため，C-E は，EIFL から資金供与を受けて新しいプロジェクトを開始した。そのプロジェクトでは，就学前児童とその家庭に本を提示するコンピュータとデータプロジェクタを，CL に供給することになっている。C-E の就学前リテラシープロジェクトは，アフリカ，ヨーロッパ，ラテンアメリカから応募のあった公共図書館および共同体図書館プロジェクト10件のうちの1つで，2014年に助成金が与えられ（EIFL2014），子どもと若者のニーズに役立つ情報通信技術を使用したサービスを開発するものである。

　6冊の本が地方で書かれ，図解され，C-E により印刷体と PDF フォームの両方で出版された。オリジナルなテキストで，民話や歌が採話され，C-E 出版プログラムの主要な現

地語に翻訳された。プロジェクトのターゲットグループは早期の読書習慣と技能を支える幼児のいる家庭である。パイロットサイトが3つ設けられ，その地の図書館職員は，テクノロジーの利用や，家庭と早期リテラシーを支援する戦略とプログラムのトレーニングを受けた。ファミリーリテラシーセッション（2015年春）の終わりに，参加共同体はそれぞれ本を2冊，合計12点の，地方を題材にする地方語で書かれた早期読書用の印刷またはデジタルアクセスに適したテキストを制作することになっている。

　上述のように，エチオピア政府は，低学年におけるリテラシーレベルを改善する包括的な構想を実施中である。これは，共同体図書館員が，自らのリテラシーを高めたり，リテラシー発展やリテラシー教育についての訓練を受けたりする必要性を意味する。彼らは，自身の共同体の外を見て図書館計画が国際的な状況でどのように開発されるかを理解する必要がある。それにより，革新的なアイデアを自らの状況に適合させ，グローバルな図書館ビジョンに一致させて図書館計画を作成できるようになる。

　エチオピアにはどのような形にせよ全国規模の図書館協会はない。そのため，最前線の図書館スタッフには，重要なつながりと継続的な専門的支援をもたらす源泉がほとんどない。このことは，図書館の発展のための方向性と戦略を提示する『IFLA 学校図書館ガイドライン』のような国際的な学校図書館関係文書が重要な役割をもつということである。あらゆる種類の国際的な図書館組織は，あらゆるタイプの図書館を支援するため努力しつづける必要がある。一方で，エチオピアのような地の図書館職員が直面する現実への認識がなされないまま残されている。

　本論考で提示した共同体図書館計画のための生態学的枠組みには，個人的，および社会／経済的な変化（Asselin and Doiron 2013; IFLA 2013b; Namhila and Niskala 2013）の仲介者として思い描かれたCLの役割が深く浸潤している。どのような共同体においても図書館のこの役割は単一のものではなく，上で議論したように，地方共同体やより大きい国家共同体における不可欠のプレーヤーであることに大きく左右される（Williment2009）。これは，個々の図書館員，地域ネットワーク，国家を含む集合体として発想され，遂行され，伝え聞かれる必要がある複雑で洗練された事業である。それでも，結果は一様ではないだろう。なぜなら，生態学的枠組みで明瞭に表現したように，社会的経済的変化が顕在的潜在的に評価されるにしたがい，状況が異なるものだからである。

　一国内においてさえ，すべてに通用するトレーニングプログラムも図書館プログラムもあり得ない。私たちは，生態学的アプローチが，CLの役割（同じく学校図書館の役割にも適用できると提案する）に関する発展的再構成を可能にすると考える。その役割は，より広い社会的経済的変化に貢献するが，ほかに類のない状況，リソースの量と質によるアクセスの異なり，パートナーシップを変えたり形づくったりするための共同体組織のかかわりに影響を与える要素に対しては柔軟性をもち敬意を示す。共同体あるいは学校内の生涯学習者として，また，実地研究者としてあらゆるタイプの図書館員を元気づけることができれば，すべての子ども，若者，成人のリテラシーと学習支援の仕方に意義ある評価を下し改善することができよう。

● 参考文献

Abebe, Alemu.2013a. *Report on the Third Phase Library Training Workshop*（*November 4-8, 2013*）. Addis Ababa: CODE-Ethiopia.

Abebe, Alemu.2013b. *Results of the Monitoring and Evaluation in the New Community Libraries: A Synthesis Report*. Addis Ababa: CODE-Ethiopia.

Asselin, Marlene, Alemu Abebe and Ray Doiron. 2014."Applying an Ecological Model for Library Development to Build Literacy in Rural Ethiopian Communities." Paper presented at IFLA World Library and Information Congress, 16-22 August, Lyon, France. http://library.ifla.org/870/ '15.1.15 現在参照可。

Asselin, Marlene and Ray Doiron. 2013. *Linking Literacy and Libraries in Global Communities*. London: Ashgate.

Electronic Information for Libraries（EIFL）. 2014. Ten new library services for children and youth. http://www.eifl.net/news/ten-new-library-services-children-and-youth '15.2.21現在参照可。

IFLA. 2009. *IFLA/UNESCO Multicultural Library Manifesto*. http://www.ifla.org/node/8954 '15.3.6 現在参照可。

IFLA. 2013a. "IFLA Trend Report." http://trends.ifla.org/ '15.2.21現在参照可。

IFLA. 2013b. "IFLA Statement on Libraries and Development." http://www.ifla.org/publications/ifla-statement-on-libraries-and-development'15.2.21現在参照可。

IFLA. 2015. *IFLA School Library Guidelines Draft.*（2015年1月12日付草稿）

Krolak, Lisa.2005. *The Role of Libraries in the Creation of Literate Environment: Background paper prepared for the Education for All Global Monitoring Report 2006 Literacy for Life*, Hamburg: UNESCO Institute for Education. http://www.ifla.org/publications/the-role-of-libraries-in-the-creation-of-literate-environments '15.3.6現在参照可。

Lyon. 2014."The Lyon Declaration on Access to Information and Development." http://www.lyondeclaration.org/ '15.3.6現在参照可。

Mostert, Janneke. 1998. "Community Libraries: The Concept and Its Application with Particular Reference to a South African Community Library System." *International Information & Library Review* 30: 71 -85.

Namhila, Eellen Ndeshi and Niskala, Ritva. 2013. "Libraries Supporting National Development Goals in Namibia." *IFLA journal*, 39（1）: 58-69. http://ifl.sagepub.com/content/39/1/58.full.pdf+html '15.2.21 現在参照可。

Parry, Kate. 2009. "The Story of a Library: Research and Development in an African Village." *Teachers College Record* 111（9）: 2127-2147.

Stilwell, Christine. 1989. "Community Libraries: A Brief Review of their Origins and Nature with Particular Reference to South Africa." *Journal of Librarianship and Information Science* 21（4）: 260-269. doi:10.1177/096100068902100403 '15.2.21現在参照可。

Stilwell, Christine. 2011. Poverty, Social Exclusion, and the Potential of South African Public Libraries and Community Centres. *Libri* 61（1）: 50-66. doi:10.1515/libr.2011.005 '15.2.21現在参照可。

UNESCO. 2011. *Creating and Sustaining Literate Environments*. UNESCO Bangkok Asia and Pacific Regional Bureau for Education: Bangkok. http://unesdoc.unesco.org/images/0021/002146/214653E.pdf. '15.2.21現在参照可。

UNICEF. 2015. UNICEF Data: "Monitoring the Situation of Children and Women: Ethiopia." http://data.unicef.org/countries/ETH '15.3.6現在参照可。

USAID. 2011. *Draft Statement of Work for Comment: Reading for Ethiopia's Achievement Developed*（*READ*）*Technical Assistance Project.*
https://www.fbo.gov/index?s=opportunity&mode=form&id=6141842a5847aa7dd117ca59e4f2a82b&tab=core&_cview=1 '15.2.21現在参照可。

Williment, Kenneth. 2009. "It Takes a Community to Create a Library." Partnership: the Canadian Journal of Library and Information Practice and Research 4（1）: 1-10. http://http://journal.lib.uoguelph.ca/index.php/perj/article/viewFile/545/1477. '15.2.21現在参照可。

116 Part 4 ガイドラインを利用する学校図書館への広報と発展

付録

生態学をベースにした共同体図書館計画開発の実証的モニタリングと評価，査定のための基準および追跡シート

共同体図書館／閲覧室：

場所：　　　　　　　　　　　　　　　　　　日付：

基準1：共同体における図書館と図書館員の役割に理解を示す

指標：
1.1　図書館に図書館の目的の宣言を掲示した
1.2　共同体の諸グループに対し図書館についてプレゼンテーションした
1.3　経営に関する時間およびプログラムのバランスを示す一週間ごとの時間割を作成した
1.4　図書館員が，共同体の諸グループまたは個人のさまざまなニーズに図書館サービスをどのように
　　　調和させたかを示す事例がある

ルーブリック：

（1）所期の指標を1つ　実施した：	（2）所期の指標を2つ　実施した：	（3）所期の指標を3つ　実施した：	（4）所期の指標を4つ　すべて実施した：
図書館宣言の掲示	図書館宣言の掲示	図書館宣言の掲示	図書館宣言の掲示
プレゼンテーション	プレゼンテーション	プレゼンテーション	プレゼンテーション
バランスのとれた時間割	バランスのとれた時間割	バランスのとれた時間割	バランスのとれた時間割
ニーズにマッチしたサービス	ニーズにマッチしたサービス	ニーズにマッチしたサービス	ニーズにマッチしたサービス

注：図書館の目的の宣言のコピー（または，写真）を添付してください。
　　あなたが共同体の諸グループに行ったプレゼンテーションについて説明してください。
　　毎週の時程表の例を示してください。
　　共同体のどなたかのニーズを満たすサービスをどう行ったのか事例を共有してください。

基準2：読書振興プログラムのための綿密な計画を作成する

指標：
2.1「C-E 読書週間」の計画を完成した
2.2 さまざまな読書振興活動がある
2.3 計画のなかに地域共同体の諸グループを含んでいる
2.4 読書振興に地元の学校が関わっている

ルーブリック：

（1）所期の指標を1つ　実施した：	（2）所期の指標を2つ　実施した：	（3）所期の指標を3つ　実施した：	（4）所期の指標を4つ　すべて実施した：
読書週間	読書週間	読書週間	読書週間
さまざまな活動	さまざまな活動	さまざまな活動	さまざまな活動
地元団体の巻き込み	地元団体の巻き込み	地元団体の巻き込み	地元団体の巻き込み
学校との協働	学校との協働	学校との協働	学校との協働

注：写真を歓迎します
　　「読書週間」の振興について説明してください。
　　開発したさまざまな活動の例を提供してください。
　　共同体の諸グループをどのように巻き込んだか示してください。
　　学校がどのように含まれたかを示してください。

基準3：読書振興プログラムにおいてC-Eの図書を有効に使用する

指標：
3.1　C-Eの大型本を用いた活動を開発した
3.2　C-Eの小説を用いた活動を開発した
3.3　C-Eのカリキュラム副読本を用いた活動を開発した
3.4　図書館でC-Eの図書を展示し，お披露目した

ルーブリック：

（1）所期の指標を1つ　　実施した：	（2）所期の指標を2つ　　実施した：	（3）所期の指標を3つ　　実施した：	（4）所期の指標を4つ　　すべて実施した：
大型本活動	大型本活動	大型本活動	大型本活動
小説活動	小説活動	小説活動	小説活動
カリキュラム図書活動	カリキュラム図書活動	カリキュラム図書活動	カリキュラム図書活動
C-E図書の目立つ展示	C-E図書の目立つ展示	C-E図書の目立つ展示	C-E図書の目立つ展示

注：C-Eの大型本を用いた活動について説明してください。
　　C-Eの小説を用いた活動について説明してください。
　　C-Eカリキュラム副読本を用いた活動について説明してください。
　　C-E図書の展示の写真を撮ってください。

基準4：読書振興プログラムに婦女子と家庭のための活動を組み入れる

指標：
4.1　婦女子のための特定の読書振興活動がある
4.2　家庭向けの特定の読書振興活動がある

ルーブリック：

（1）婦女子のための読書振興活動を1つ実現した	（2）婦女子のための読書振興活動を2つ実現した	（3）婦女子のための読書振興活動を3つ実現した	（4）婦女子のための読書振興活動を4つ以上実現した
（1）家庭向けの読書振興活動を1つ実現した	（2）家庭向けの読書振興活動を2つ実現した	（3）家庭向けの読書振興活動を3つ実現した	（4）家庭向けの読書振興活動を4つ以上実現した

注：婦女子のためにあなたが行った読書振興活動について説明してください。写真を歓迎します。
　　家庭向けにあなたが行った読書振興活動について説明してください。写真を歓迎します。

基準5：読書振興プログラムをモニタリングし成功を分かつ

指標：
5.1　彼らの読書振興活動を記録した
5.2　彼らの読書振興プログラムの成功を共同体と公的に共有した
5.3　Sutafe③刊行物のためにC-Eに何らかのアイデアを提出した
5.4　彼らの読書振興プログラムを評価する「経営委員会」を巻き込んだ

ルーブリック：

（1）所期の指標1つを　　実現した：	（2）所期の指標2つを　　実現した：	（3）所期の指標3つを　　実現した：	（4）所期の指標4つを　　実現した：
プログラムの記録	プログラムの記録	プログラムの記録	プログラムの記録
公的に共有	公的に共有	公的に共有	公的に共有
Sutafe	Sutafe	Sutafe	Sutafe

経営委員会とプログラムを評価	経営委員会とプログラムを評価	経営委員会とプログラムを評価	経営委員会とプログラムを評価

注：写真を歓迎します。

　　自分の成功をどのように記録しているかを示してください。

　　自分の成功をどのように公的に共有したか示してください。

　　どのように「経営委員会」を巻き込んだか示してください。

追跡シート：リテラシー（読書）活動

基準6：図書館員が読書振興およびリテラシーサポートにおいてどのように学校や児童生徒および教師らと協働するかについて理解を示す

共同体図書館／閲覧室：　　　　　　　　　　　閲覧室係員：

場所：

それぞれの活動を終えたら表を埋めてください

活動	完了した日付	物証 （たとえば，写真，サンプル，筆述，新聞発表，サイン，子どもの作品，共同体のコメントなどを含む）
校長や教員に会い，CL が児童生徒と教員をどのように支援できるか議論した。		
学校のグループに対し，図書館に関するプレゼンテーションをした。		
図書館で児童のための活動を組織した。		
図書館で生徒のための活動を組織した。		

追跡シート：リテラシー（読書）活動

基準7：CL においてさまざまなリテラシー活動を完遂する

共同体図書館／閲覧室：　　　　　　　　　　　閲覧室係員：

場所：

それぞれの活動を終えたら表を埋めてください

活動	完了した日付	物証 （例えば，写真，サンプル，筆述，新聞発表，サイン，子どもの作品，共同体のコメントなどを含む）
学校からの児童生徒とともに音読の活動を完了した。		
親子と一緒に音読の活動を完了した。		
児童生徒とともに「大型本」を用いた読書活動を完了した。		
学習スキルまたはレファレンススキルを教える活動を完了した		
特定のタイプの本を目立たせるいくつかの展示をした		

● 訳注

①発展途上地域のリテラシーを適切な環境に導く活動を行っている NGO。カナダ・オタワに本拠地を
おく。1970年，海外ブックセンター（Overseas Book Center）として創立，1983年，現在の名称に。
IBB（International Book Bank）会員。

②EIFL（図書館のための電子情報）は，図書館と協働し，教育，学習，研究，および持続可能な共同
体開発のための知識へのアクセスを可能にする活動を行っている。そのビジョンは，すべての人々が
自分たちの最大限の可能性を達成するのに必要な知識をもつ世界の実現である。1999年設立，2000年
に図書館コンソーシアムのネットワークを構築開始，2001年，アフリカに進出，2002年の「ブダペス
ト・オープン・アクセス宣言」に最初の署名者として参加，2003年にオランダとイタリアで NPO 登
録し，現在も事務所をおく。オープンアクセスを唱道し，著作権システムの改革やフェアユースに取
り組む。EIFL ホームページ，http://www.eifl.net/programmes/public-library-innovation-programme
（'16. 6. 27現在参照可）。また，次も参照のこと。井上奈智「EIFL: その組織と活動」『カレントアウェ
アネス・ポータル』No.317，2013年 9 月20日，http://current.ndl.go.jp/ca1800（'16. 6. 27現在参照可）。

③"Sutafe" は，1958年創立のエチオピアの学生団体 Haimanote-Abew Ethiopian Students' Association
の機関誌（月刊）として創刊。記事はエチオピアの公用語であるアムハラ語と英語で掲載。ちなみ
に，Haimanote-Abew は現地語で「父の信頼」という意味。Messay Kebede, "Radicalism and Cultural
Dislocation in Ethiopia, 1960–1974," University of Rochester Press, 2008, p.135.　現在は，CODE エチ
オピアが引き継ぎ，機関誌（半年刊）としている。UNESCO, 'CODE-Etiopia（CE）,' "Adult Learning
Documentation And Information Network（ALADIN）," http://www.unesco.org/education/aladin/?
menuitem=17&region=002&member=119（'16. 6. 27現在参照可）。

第5部　学校図書館員の教師的役割のためのガイドライン

Part 5　Developing Guidelines for the Teaching Role of the School Librarian

Part 5 学校図書館員の教師的役割のためのガイドライン

12 | Florian Reynaud, Martine Ernoult, Danielle Martinod, Magali Bon and Valérie Glass
Developing a Curriculum in Information and Documentation for Secondary Schools in France

フランスの中等教育学校における情報活用教育の進展

フロリアン・レイノ，マルチヌ・エルノ，ダニエル・マルチノ，

マガリ・ボン，ヴァレリ・グラス

要　旨　FADBEN とは，ドキュマンタリスト教員（学校図書館担当者）の全国的な協会である①。この専門職の協会は情報活用教育について３つの目標をめざして合意している。第一は情報・メディア・デジタル教育の統合に伴う理論上の問題，第二はドキュマンタリスト教員の養成と自己研修についての職業上の問題，第三は情報活用教育を実施するにあたっての業務上の問題である。この章では，独自の経緯で実現された学習状況と情報活用教育の充実した内容と定義の詳しい説明の前に，フランスの現状と教育用資料の概念の発達を明らかにすることを目的とする。

キーワード　フランス；FADBEN；情報リテラシー；メディア・情報リテラシー；カリキュラム開発；学校図書館教育；学習基準；学校図書館担当者の能力；学校図書館担当者の教育的役割

使命の宣言とフランスでの実践の変遷

全国ドキュマンタリスト教員連盟（FADBEN）は，フランスのドキュマンタリスト教員の全国的な協会で，ドキュマンタリスト教員の教育的役割を提唱している。フランスでドキュマンタリスト教員の教育的役割として情報メディア教育を強調するのは，明日の市民となる生徒たちの達成感を実現するためである。さらに学校図書館担当者の教育者としての能力向上という国際的な思潮と結びつく。1972年に設立された FADBEN は学校で情報活用によって獲得される知識を考察し，教育内容と教授法の充実に取り組んできた。情報文化の変容によって個人の社会的・文化的・専門的な素養を吸収する力を推進する，ユネスコが提唱する「知識社会」では，メディア・情報教育はデジタル社会において最初の重要な機会となる。ドキュマンタリスト教員の目的は情報・メディア・デジタル環境において生徒たちを自律した責任ある行動のとれる将来の市民として教育することである。

1989年からフランスではドキュマンタリスト教員と呼ばれる（中等教育学校の）学校図書館担当者を教員として採用してきた。フランスの中等教育学校の教員には中等教育教員適正証（CAPES, certificate d'aptitude au profesonal de penseignement du second degré）という資格の取得が必要とされる。2013年７月の法律で，司書教諭としての業務に関する項目が加えられて専門的な教育的使命が彼らに政策として示された（Ministère de l' Education nationale 2013）。FADBEN は教職員組合と国民教育省とともにドキュマンタリスト教員の資格である CAPES の創設に重要な役割を担ってきた。その資格は1986年の使命の宣言で

重要な教育的使命を含んでいる。1986年の「ドキュマンタリスト教員の使命」の宣言では，専任する資料情報センター CDI②を全生徒が利用して評価できるように導入指導を行うこととある。また，ドキュマンタリスト教員の活動は「学校の教育活動と緊密に連携し，学校の文化活動に加わり」，「マルチメディア資料を専門的に扱う」とされている（Ministère de l'Education nationale 1986）。

1989年の教育改革法に付随した報告書では学校図書館担当者が技術的・教育的業務の高い技能を身につけるためには，それにふさわしい職務の確立が求められ，ドキュマンタリスト教員の CAPES による採用が必要である（Ministère de l'Education nationale 1989）と述べられている。中等教育教員資格が必要とされることは，各学校に資料情報センター CDI を義務設置することと同様に重要な第一歩であった。ドキュマンタリスト教員の資格である CAPES の創設後の数年間は FADBEN が積極的に支援・推進したにもかかわらず，教育的課題と教授法について進展がみられたが，「ドキュマンタリスト教員の使命」の項目は更新されることはなかった。

1990年代，こうした変化を受け入れて，FADBEN は情報教育の基盤，つまり情報にアクセスして利用する生徒たちの能力の育成を考えてきた。FADBEN は，学校で育成する情報文化についても注目しはじめた。1997年，FADBEN は学校での情報活用能力の全体像として『情報リテラシーの一覧表』（FADBEN 1997）を公表した。この一覧表ではドキュマンタリスト教員が学習モデルによって支援しながら，生徒たちの学年と年齢の段階に応じた探索能力を強調している。学習モデルは探索の目的の定義から全体の過程の評価にいたる。つまり，課題に疑問をもち，適正な情報源から情報を集めて，成果物を作成して，評価する過程である。

2007年，FADBEN は機関誌 *Mediadoc* でドキュマンタリスト教員の教授法として7つの領域（情報，資料，索引化，情報源，情報空間，情報探索，情報活用）に64の工夫・概念の体系表を発表した。この領域全体の目的は生徒たちが知識の体系を組み立てる指導方法を示すことである。この体系表は情報活用の授業計画を促進する手段となった。

2013年7月の法律では，『教職員の基礎的能力の一覧表』（Ministère de l'Education nationale 2013）によってドキュマンタリスト教員の教職員の一員としての立場が再確認された。この一覧表では，全教員に共通する能力に加えてドキュマンタリスト教員の実践的な能力が列挙されている。この一覧表の項目は1986年の使命の宣言を置き換えるものではなかったが，いくつかの変化がみられた。まず，ドキュマンタリスト教員は「生徒の多様性を考慮して教育・学習環境をつくり出して円滑に実施する」専門的な能力をもった「教職員の一員であること」を再認識している。彼らは「生徒たちが授業を受け，読書して，情報文化に接することのできる資料情報センター CDI を専任して」「すべての生徒の情報メディアリテラシーを育成することに従事する」とも示している。また，教員として「教科教員の求めに応じて，あるいは自らの発意によって教育・学習活動で生徒たちと直接的に」指導できるとある。

ドキュマンタリスト教員に必要とされる能力は，情報メディアリテラシーの専門的な知識と能力の習得，学校の資料と情報の管理方針の策定，資料情報センター CDI の管理運

営と学内への情報の配信を担当することである。また、彼らはそれぞれの段階（地域、地方、国内、欧州諸国、国外）で教育的・文化的・職業的環境へアクセスする学校の窓口を開放することにもかかわる。2013年7月の法律では情報とメディアに関する専門知識の必要性を強調している。ドキュマンタリスト教員が情報メディア教育を担当することになるからである。この情報メディアの知識はドキュマンタリスト教員が選択して管理する情報源に基づく。2013年7月の法律で新たに付加された学校図書館教員の職務として専門的な教育的使命の方針の意思を確認した。これらの項目は1989年以来FADBENが求めてきたことと一致して、1997年と2007年の活動に意義を与えて、今後の活動に弾みをつけている。

教育と学習の場としての資料情報センターCDI

　資料情報センターCDIは、長年にわたりカリキュラムの中核的存在であった。1952年10月23日の通達で資料情報サービス部SDIが教育法に位置づけられた。1970年代に資料情報サービス部SDIが資料情報センターCDIへ改称された。

　フランスの学校の資料情報センターCDIは、1990年代から数多くのことを経験してきた。定期的に見直されて、今は横断学習の実践の場として設計されている（FADBEN 2009）。資料情報センターCDIの設備は情報源にアクセスして教育的指導の場となるようにつくられている。この変遷は協力する学習と情報探索が新しい教育政策で求められるにつれて生徒たちはさらに個人学習を求められているという事実で気がつく。

　資料情報センターCDIは、これまでの学校図書館より充実している。何よりも、ドキュマンタリスト教員が生徒たちに読書や学習を促すことのできる指導的な資料センターである。フランスのドキュマンタリスト教員は、情報と資料、さらにはメディア、新しいメディアを使って知識を教えて獲得させるように特別に養成されている。

　ドキュマンタリスト教員には生徒たちに手段を与えて、手段・メディア・情報についての批判的思考を育成するという教員の役割がある。施設、印刷資料、電子資料という情報源はドキュマンタリスト教員にとって指導するときの手段となり、生徒たちへの教育的な手段となる。この意味でフランスの資料情報センターCDIは、『IFLA学校図書館ガイドライン草稿』によれば、「適正な教育的技術による表現設備が整った空間を伴う、小さいグループ、大きいグループ、1学級全体が使える教育指導的な空間（全校生徒の約10%が着席できることが要求される）」（2015, Section 4.2.2）である管理運営エリア、学習・探究エリア、自由読書エリア、メディア制作・グループ学習エリアが必要とされる。

　生徒たちの自立性は目的であり、出発点ではない。学校図書館は、文化に接するための資料と情報の場と情報にアクセスするための手段について学ぶ場との複雑な均衡関係におかれている。それぞれの生徒たちには、授業以外の学習での教育的な支援も授業での学習を能率的に行うことを意味している。

　数年にわたりFADBENは新しく学校を建設する際、資料情報センターCDIの設置・施工について、地域の建設設備関係者に助言を行って協力してきた。情報環境は2007年に機関誌*Mediadoc*で示した7つの領域の1つである。学校の情報環境にかかわる物的空間と情報源とは、『IFLA学校図書館ガイドライン草稿』で示された仮想デジタル空間につ

ながる「学習空間」（2015, Section 1.2）である。情報検索に使うサーチエンジン，ディレクトリ，データベースからアクセスできるウェブサイトはドキュマンタリスト教員が生徒たちの情報活用の知識と技術を育成するための指導的な空間でもある。

　そして，なによりも資料情報センター CDI は情報源・思考・知識を基盤とした能力，読解力・リテラシー，学習管理能力を強調するとともに，「カリキュラムに組み込まれた活発な指導的授業を行える教育・学習センターとして機能する」（IFLA 2015, Section 1.4）。ドキュマンタリスト教員は資料・デジタル情報・手段を収集・管理して，生徒たちの学習過程にかかわるサービスを提供する。資料情報センター CDI を運営することは場所と資料を授業以外に使うことを改善するように，ほかの教職員に求めるかもしれない。

　最後にドキュマンタリスト教員はほかの教員たちに資料情報センター CDI とは何かということ，資料の利用中心だった，教員たちがすごした学校時代とは様変わりしていること，1人，またはグループや学級での学習にドキュマンタリスト教員が協働で授業ができる可能性を伝える最初の説明の時間が必要である。『IFLA 学校図書館ガイドライン草稿』によれば，「共同活動はカリキュラムの一環として生徒たちの興味関心と要求につながるメディア情報教育を行うためには必須である」（2015, Section 5.8）。

情報と資料を活用するカリキュラムに向けて

　現在，FADBEN では情報と資料を活用するカリキュラムの基準に向けて，第一に Info-Doc Wikinotion と呼ばれる共同活動プラットフォームサイト（FADBEN 2015）についてと，第二にカリキュラムを作成する試みについて検討している。FADBEN の活動は，2013年7月の法律で正式に認知されている用語 EMI（メディア情報教育，Education in Media and Information）に関連して，国内の情報と資料を活用する学習と一貫性をもつとされる情報と資料を活用する教育を追求している。国家的政策の枠組みの欠如，すなわち，こうしたカリキュラムや授業計画の欠如は，FADBEN と『IFLA 学校図書館ガイドライン草稿』（2015, Section 1.5）によれば，教育に限界を与えている。学習モデルは生徒たちの情報リテラシーには不可欠である（2015, Section 5.5）。

　FADBEN は自己評価によって学習の過程の実行と，それに伴う概念を定義する，情報と資料を活用するカリキュラムを呼びかけている。発見して，導入を行い，分析をする論理をもち，生徒たちが知識と技能を確実に獲得できる学習の過程の必要性を，専門職の協会として確信している。情報と資料を活用する教育を正式に実行するには専門的な教養の獲得を支援することも必要である。この計画が教授法とかかわり，活動，教育的な参照文献，異なった形式の評価の知識とも関連するからである。それは実践を共有して，ほかの教育モデルと教授法から得ることができる絶好の機会にもなるかもしれない。

　FADBEN のカリキュラムの提案は，情報コミュニケーション科学の研究ですでに確立した実践的な知識と理論に基づく。2010年，FADBEN はこうしたカリキュラムの確立に着手した。それ以来，話し合いを続けている。2010年には，情報リテラシーと情報教育の研究グループ（GRCDI, Groupe de Recherche sur la Culture et la Didactique de l'Information）よって12の提案に基づくカリキュラムが示された。

表12.1 情報の評価

定義のレベル	定　　義
初心者レベル	情報の評価とは異なる評価基準で情報に価値を与えることである。
上級者レベル	情報の評価とは個人的な評価基準で情報に価値を与えることである。それは情報源の比較に基づき，十人十色である。

　情報と資料を活用するカリキュラムの存在は，2007年に発表した7つの領域を検討するために，参考文献と情報源の目録の構築を求める。この活動は研究者と学校の教員がかかわることでFADBENのInfo-Doc Wikinotionsの開発に弾みをつけている。この計画は知識の総体を更新して，教育的活動を集めた，主題に関する科学的・専門的な文献情報の網羅的なリストの提供をめざしている。この文献リストによって，学校図書館にかかわる教員の教育的な活動を円滑に進めるために，必須とされる概念の定義，専門職よりも生徒たち向けの定義を向上させることができる。それぞれの概念に初心者レベルと上級者レベルの特徴が相当な数で示される。表12.1では「情報の評価」についての2つの定義が示されている。

　この評価には内容の基準が含まれる。つまり，情報の価値と適正が問われている。情報源に関連した基準も含まれるべきである。著者と著者の信頼性が問われている。情報源の比較は情報の評価を促進する。

　ドキュマンタリスト教員が行っている実践を観察して，生徒たちの心理的・認識論的な発達について訪問調査で比較することも重要と考えられる。こうした理論と実践に基づく考察は，情報と資料のなかで特定の知識と技術との関連で，どの段階で発見が始まり，発展してゆくのか，どんな知識でも起こるのかを明らかにしてくれる。もし生徒たちの活動で情報源を使って教えはじめたときに資料と資料の構造の概念が早期から発達すると考えるならば，分類と情報産業での発信の概念，同様に目録，編集，文献情報の不安定さについての概念は，もっとあとから発達するので待つことができると推測できる。こうした考察は実際のドキュマンタリスト教員の活動で，とくにインターネット上で異なった考えが発信されることを説明する状況を注視するときの関心を伴う。このように「情報の評価」の概念のために，生徒たちの認識能力の発達と定義された知識を獲得する能力に応じて，第4〜5学年の事例が一部分だけ含まれているが，第6〜12学年までの数多くの関連する事例を示した[3]。

　現在の状況を改善して，豊かな共同活動と相互に補完しあう関係を見いだすためには，フランスで2015年に改訂されようとしている，幼稚園から高等学校までの現行のカリキュラムに私たちは準拠する。現行のカリキュラムを検証することは情報と資料の活用の項目を確認することを含み，新しい包括的なカリキュラムで情報関連科目の指導法の統合を理解の発端にもなる。

　これらの項目から，学習の体系化と評価についての考察とともに，中学校（訳注：コレージュ）と高等学校（訳注：リセ）で行われる資料と情報の活用の基本概念から授業科目を構成しなければならない。授業科目は4つの領域からなる。それぞれの領域について，レベルに応じた到達目標と，発見・導入・分析の部分としての発達する概念について

示す。

　　　　―情報デジタル環境
　　　　―情報と資料の活用の過程
　　　　―メディア・ICT・情報のしきい値
　　　　―情報についての法規的・倫理的責任

　それぞれのレベルと領域には，目的を説明するための問題点と目的に関連した概念と技能がある。関連する活動についての提案する注意事項も忘れずに記した。表12.2に示したのは第6学年に進級するまでの情報デジタル環境の領域で児童たちが学習する項目である。
　この作業は中学校と高等学校の情報と資料を活用するカリキュラムを見直す授業科目の枠組みから始まった。必須の考えに関連する獲得される基本能力についても考察している。この一般的知識は，さまざまな教育的な方法で導かれる。

試練に立ち向かう

　フランスの中等教育学校の学校図書館である資料情報センターCDIの本質にかかわる試練が目前に迫っている。現在，国民教育省は学校図書館を「ラーニングセンター」へつくり変えようとしている。ラーニングセンターは自ら技能を身につけて知識を学ぶ大型の自発的学習の場という概念をもち，計画的・系統的に学ぶ授業を行う教育的手段としての資料情報センターCDIの役割が明らかに置き去りにされている。大学のラーニングセン

表12.2　情報デジタル環境での学習

目　標
情報と資料を活用する過程に関連する知識と技能の目的とは 　―情報検索・資料作成の活動を身につけるために，これらの活動に関連する知識を生徒たちが知るようにする。 　―学校内・課外活動で自律的に批判的な判断ができるようにする。

概念について	技　能
2.1.　索引システム	
キーワード	情報検索に役立つキーワードを定義する
インデックス	検索手段（専門書の目次・索引，サーチエンジンのサーチバー）の使い方を知る
2.2.　情報検索	
サーチエンジン	ブラウザーとサーチエンジンを区別する。
リクエスト（オンライン）ポータル	サーチエンジンとオンラインポータルを定義する。
ブラウジング	情報検索するためにツリー（系統樹）構造・ハイパーテキスト構造を使う。
2.3.　情報の活用	
情報の評価	情報探索の過程で資料（専門書，参考図書，雑誌，ウェブページ）の選択をする。 　―関連性 　―信頼性 　―有効性
関連性	情報の信頼性のために1つの基準を決める
資料の作成	情報探索の過程で見つけた事項を使って資料（口頭発表，レポート）を作成する

ターのモデルが高等学校に導入されたら，教育の場としての資料情報センター CDI は消滅する運命にあると FADBEN は危機感をもっている。

FADBEN の観点からすれば，生徒の自立性とは目的であって，出発点ではない。それぞれの生徒たちには，授業以外の学習と教育的な支援も授業での学習を能率的に行うことを意味している。自ら技能を習得して知識を学ぶことはただの幻想にすぎない。それは民主的かつ平等な教育の対極にある。それは資料情報センター CDI なり，ラーニングセンターなりにやってくる一人ひとりにだけにしか援助ができないからである（訳注：生徒たちを平等に教育することで，最終的に自立性を身につけさせる）。

まだ，ほかに長年の試練が残っている。それは，(1)資料情報センター CDI の職員不足，(2)ドキュマンタリスト教員の役割の理解が教育現場で限界があること，(3)情報と資料を活用するカリキュラムの欠如である。

『IFLA 学校図書館ガイドライン草稿』によれば，「十分に養成課程を経て，高い意識をもつ職員で，学校の児童生徒数とその要求に応じた人員の配置が必要」（2015, Section 3.1）とされる。フランスでは学校の生徒数と図書館サービスという専門的業務に応じたドキュマンタリスト教員の適正な人員数が考慮されていない。おおよそ生徒数250〜800人の中学校（コレージュ）でドキュマンタリスト教員は 1 人のみで，5 校に 1 校しか補助職員が配置されていない。そのため大規模校ではドキュマンタリスト教員が生徒たちに教える時間は不十分である。

第二に，一般的に学校の管理職とほかの教員はドキュマンタリスト教員の使命とドキュマンタリスト教員が扱う教育的な資料についてよく理解していない。

第三に，厳密にいえばドキュマンタリスト教員が担当するカリキュラム・授業がないことである。学校で学ぶ情報と資料を活用する知識を定義するために FADBEN が取り組んできた活動の意義は，現在から未来へ何が問題になっているのかを理解する公共心をもった生徒たちの育成にあった。ドキュマンタリスト教員の調査（FADBEN 2013）ではこの意義を強調している。つまり，これまで述べてきた困難にもかかわらず，相当数のドキュマンタリスト教員が実際には情報と資料を活用する知識の伝達に専従していることを明らかにしている。この調査結果のおかげで，ドキュマンタリスト教員がほかの教員と共同活動しながら，すでにある教育方法に生徒たちの情報と資料を活用する活動を組み込んだ授業を行っている事実をつかんだ。同様にドキュマンタリスト教員がデジタル情報を使うサービスを資料情報センター CDI の管理運営と教育的活動に導入していたこともわかった。残念なことだが，こうした積極的な活動はある学年（中学校への入学時，高等学校への入学時）に限って年間指導計画の欠如，主にはカリキュラムそのものでの欠落のために減少する。この調査で「教育を測定する基準をつくることはドキュマンタリスト教員の教える技能を強化する解決方法になりうる。さらに，それぞれの学年に応じて生徒たちは毎年，ドキュマンタリスト教員がほかの教員と共同活動して，あるいは単独で行う多くの授業を受けられる保証をつけ加えている」ことが判明した。

おわりに

　FADBENは，ドキュマンタリスト教員が生徒たちに情報・メディア・デジタル情報の知識と技能を教える能力を身につけられるように情報と資料を活用するカリキュラムを文書化することを切望する。その最初の試みとして，2014年末にフランス語で「Vers un curriculum en information-documentation（情報と資料を活用するカリキュラムに向けて）」を公表した。

　FADBENはこの計画が長い時間軸で実現化することをめざして国内外の仲間たちと考えを共有して一緒に活動したいと考えている。また2003年に公約に掲げた活動を実行したいとも考えている。FADBENは理論的・教育的な考察をふまえて確固たる信念をもったカリキュラムと教育学上の発展的・実験的な実践の実現にむけた新たな段階の表明に取り組んでいる。

● **参考文献**

FADBEN. 1997. *Référentiel de compétence élèves*〔A reference table of information literacy skills〕. http://fadben.asso.fr/IMG/pdf/REFERENTIEL-COMPETENCES-1997-3.pdf

FADBEN. 2007. "Les savoirs scolaires en information-documentation: 7 notions organisatrices." *Médiadoc*, March. http://www.fadben.asso.fr/IMG/pdf/Mediadoc-Savoirs-scol_Mars2007_Der.pdf

FADBEN. 2009. "Espace d'information, espace de formation." *Médiadoc* 3, October. http://www.fadben.asso.fr/Espace-d-information-espace-de.html

FADBEN. 2013. "Les professeurs documentalistes et apprentissages info-documentaires. Résultats de l'enquête réalisée par la FADBEN en 2013." http://www.fadben.asso.fr/Les-professeurs-documentalistes-et.html

FADBEN. 2014. "Vers un curriculum en information-documentation." http://fadben.asso.fr/Vers-un-curriculum en information 346.html

FADBEN. 2015. "Wikinotions Info-Doc." http://apden.org/wikinotions/index.php?title=Accueil

Groupe de Recherche sur la Culture et la Didactique de l'Information（GRCDI）. 2010. "Culture informationnelle et didactique de l'information. Synthèse des travaux du GRCDI, 2007-2010." http://archivesic.ccsd.cnrs.fr/sic_00520098/fr

IFLA. 2015. *IFLA School Library Guidelines Draft*.〔Draft dated 12 January 2015〕

Ministère de l'Éducation nationale. 1986. "Circulaire n° 86-123 du 13 mars 1986. Missions de personnels exerçant dans les centres de documentation et d'information." http://circulaires.legifrance.gouv.fr/pdf/2009/04/cir_906.pdf

Ministère de l'Éducation nationale. 1989. "Rapport annexé à la Loi no 89-486, du 10 juillet 1989." https://www.reseau-canope.fr/savoirscdi/metier/le-professeur-documentaliste-textes-reglementaires/acces-chronologique-aux-textes-reglementaires/1980-1989/rapport-annexe-loi-n-89-486-du-10-juillet-1989.html

Ministère de l'Éducation nationale. 2013. "Arrêté du 1er juillet 2013, publié au journal Officiel du 18 juillet 2013." http://www.education.gouv.fr/pid25535/bulletin_officiel.html?cid_bo=73066

● **訳注**

①FADBENは2016年1月，全国ドキュマンタリスト教員協会APDEN：Association de Professeures Documentalistes d'Éducation Nationaleに改称した。http://apden.org/De-la-FADBEN-a-l-A-P-D-E-N.html　APDEN（FADBEN）は公立中等教育学校のドキュマンタリスト教員の協会である。いっぽう，ANDEP：Association Nationale des Documentalistes de l'Enseignement Privéは私立中等教育学校のドキュマンタリスト教員の協会である。

②フランスの幼稚園と小学校にはBCD（Bibliothèque Centre Documentaire）と呼称される学校図書館がある。1984年の国民教育省の通達で設置が奨励されたが，設置されていないところもある。パリ市

では読書センターで養成されたアニマトゥール（指導員）がBCDへ派遣されることもあるが，ほとんどのBCDにドキュマンタリスト教員のような専任の教職員はいない。CDI（Centre de Documen-tation et d'Information）に比べると，規模が小さく，設備・資料が乏しい。

③フランスの学年の表し方は独特のシステムになっている。この章では，米国などの学年の表し方になっている。

● 訳者参考資料

フランスの教育制度と学校図書館

年齢	3	4	5	6	7	8	9	10	11	12	13	14	15	16	17
学年				CP	CE 1	CE 2	CM 1	CM 2	6	5	4	3	2	1	Ter.
	就学前教育			初等教育					中等教育						
	幼稚園			小学校					コレージュ（中学校）				リセ（高等学校）		
図書館	BCD（図書館資料センター）								CDI（資料情報センター）						

リセ：普通科・技術科・職業科（国民教育省管轄），農業科（農林省管轄），海洋科（持続可能エネルギー省管轄）

● 訳者参考文献

須永和之「フランスのドキュマンタリスト教員の養成と採用」『現代の図書館』No.53 vol. 1，2015年，pp.25-31.

須永和之「フランスの学校図書館」『日仏図書館情報研究』No.38，2013年，pp.23-38.

13	Alison Mackenzie and Marlilyn Hand Developing a K-6 Note Taking Continuum in a School in Western Australia

西オーストラリア州の幼小ノートテイク発達過程表の開発

アリソン・マッケンジー，マリリン・ハンド

要　旨　この章では，学校全体（幼小）のノートテイク発達過程表の開発と実践を紹介する。このプロジェクトは，調べてまとめる課題の際，児童は重要な情報や適切な情報を選び出すことがむずかしいという問題から始まった。発達段階に応じて，学校全体や授業の目標に合致させてあるだけでなく，言語と文章の構成を整合させることが，このプロジェクトの主眼である。私たちは，「パースカレッジ国語学習計画」と「パースカレッジ情報リテラシー学習計画」の両方に組み込む，児童の学習に役立つノートテイクの方法を開発した。この実践は，ロバート・マルザーノの研究，なかでも彼の高い効果を示した学習方略に基づいている。また，カナダのアルバータ州の探究モデルや，オーストラリアの『未来のための学習：学校における情報サービスの開発』などのガイドラインや指標とも整合する。

キーワード　オーストラリア；西オーストラリア；情報リテラシー；コラボレーション；カリキュラム開発；ノートテイク；要約；探究；児童の評価；学校司書の教育的役割

背　景

パース聖公会女子カレッジ[①]（以下，パースカレッジ）は，西オーストラリア州パースにある，私立の全日制，全寮制の女子校である。パースは人口約200万の西オーストラリア州の州都である。パースカレッジは，パース市の中心部近くに位置し，入学試験は行わない，授業料が必要な学校である。小学部（Junior School）は幼稚園から6年生までの児童，中高部（Senior School）は7年生から12年生の生徒が在籍し，合計で約1000人の児童生徒が通っている。情報リテラシーのスキル教育を連続して行い，一貫したサービスを行うために，司書教諭は小学部と中高部の両方を担当し，教科担当の教師と協働することで，教師や児童生徒のニーズを満たしている。

現在，パースカレッジで用いている情報リテラシーのモデルは，世界中のさまざまなモデルをもとに，現在の情報リテラシー理論でのよい実践を活かして，パースカレッジの司書教諭によって開発された。幼稚園から12年生までの情報リテラシーモデル（「学習計画表」）は，小学部の各学年の担任教員と中高部の教科担当教員と協働で開発された。このモデルは，学校の状況とリソースをふまえている。

はじめに

ノートテイクプロジェクトは「2010オーストラリアカリキュラム」[②]に位置づけられて

以降，オーストラリアのすべての学校で段階的に実践されてきた。オーストラリアカリキュラムは，「知識，スキル，行動，気質を含み，カリキュラムにおいて各学習領域や教科をまたがる授業で重視され，21世紀に生き行動できる児童生徒をめざす」（ACARA 2013）というもので，汎用的能力が特色である。

オーストラリアカリキュラムは，「リテラシー」「ニューメラシー③」「ICT技能」「批判的・創造的思考」「個人的・社会的能力」「倫理観」「異文化理解」の7つの汎用的能力を含んでいる。ノートテイクプロジェクトは，このうち，「リテラシー」「ICT技能」「批判的・創造的思考」の3つの能力に関係している。汎用的能力は，すべての学習領域にまたがる。ノートテイクプロジェクトは，教科を超えて応用できるスキルの育成という汎用的能力が活きるかを確かめる機会である。

『未来のための学習：学校における情報サービスの開発』（ALIA／ASLA 2001）を基盤とし，「学習者と学習」の章のいくつかのガイドラインと指標に基づいてノートテイクプロジェクトを開発することにした。

> ―「情報の枠組みに基づいて開発された情報とICTリテラシーの発達過程表は，児童生徒の学習ニーズに応じた追加のスキルを育成するために，すべての教科の授業計画の基礎となる。」(12) - ノートテイクプロジェクトと，既存の「パースカレッジ情報リテラシー学習計画」は合致していた。
> ―「児童生徒は，獲得した知識や理解や情報リテラシーやICTリテラシーを統合し，教員が協働して開発した学習プログラムを体験する。」(13) - ノートテイクプロジェクトの成功の重要な要素は，リソースと方法の開発や修正への同僚の参加である。
> ―「学習者は資料ベースの探究学習，プロセス志向学習，問題解決学習を定期的に体系的に経験する。」(13) - ノートテイクはさまざまな教科にまたがって使われる。

このプロジェクトは，児童がノンフィクション，小説，インターネットからの情報の理解に苦労していたという現実がきっかけである。児童が情報の意味を理解でき，圧倒されてしまうことがないようにするため，私たちは，低学年のうちからスモールステップで支援する枠組みを定めることを試みた。小学部の児童は，探究やリテラシーの課題，調査を完成させるために「ノートをとる」ことと，「よいノートを活用する」ことの2つのむずかしさがあることがわかった。

また，ノートテイクのスキルの発達過程表と，明確なノートテイクの指導方法を開発し，共有する必要があると感じた。これは，学校全体で行われるノートテイク・要約・ライティングなどで，言語と文章の構成を整合させることを含んでいる。実証研究，同僚との協働，学校全体での推進や実践が必要であった。探究スキルの育成のための体系的なアプローチは，児童らが問題解決・生涯学習を準備する上で不可欠である。というのも，探究モデルを用いることで，児童らは探究の過程を日常生活へ応用できるようになる（Alberta Learning 2004）。「探究に焦点を当てた学び」と呼ばれるアルバータの探究モデルも，私たちがノートテイクプロジェクトで利用したさまざまな要素が組み込まれている。

　―スモールステップの指導…（ステップシートの活用によって）ノートテイクプロジェクト

の各段階でしっかりと教えられるべきスキルと学習方略の概説。
―教員と児童の共通言語…モデルがあることで，関係する学習について（学年を越えた共通言語を用いて）話すことで児童の理解は進む。
―児童向けのガイド…探究学習しない場合，児童は限られた探究スキルしか身についていなかったり，探究の視野が狭いことが多い（ノートテイクプロジェクトは児童が興味をもちつづけられるように，明確な段階で構成されている）。

　私たちが児童に身につけてほしいのは，一般化できる学習方略である。これを開発し小学部で広く行うことができれば，ノートテイク・要約・探究のスキルを育成することができるであろう。この学習方略は，学年が上がるにつれてより複雑になり，学年に合わせたステップシートでより強められる。これらのスキルは，国語での読み書きの課題や図書館や教室での調べる課題で児童に必要である。

 ノートテイクプロジェクトの担当者
　ノートテイクプロジェクト全体で一番最初の段階は，人の配置とノートテイクプロジェクトの開発・実践に役立つ資料の確保であった。私たちは，ロバート・マルザーノ博士の研究結果やロバート博士が書かれた「効果的な教育と学習のための9つの指導方略」（Marzano and Pickering 2001）のノートテイクと要約部分を実践の意図の後ろ盾とできた。この研究では，ノートテイクは0.90の効果量を示した。「要約やノートテイクの方略を用いる児童生徒は，これらを活用しない（対照群の）児童生徒よりも，一貫して学術的な評価においてよい結果を出す」（Marzane and Pickering 2001, 79）。この学習方略によって，児童の学力で34%の伸びをもたらすことができる。これは，児童が調べた結果を要約する方法を学ぶことが重要であることを強く示している。
　マルザーノの「保持（keep）」「置換（substitute）」「削除（delete）」の方略を採用した。この方略と3つの言葉は，私たちのモットーとなり，学校全体で使われる共通言語となった。この方略は，児童に必要な情報（「保持」する必要があるキーワードやフレーズ）を識別させ，言葉やフレーズを理解しやすく興味のもちやすい言葉やフレーズ（すなわち，自分の言葉）に「置換」し，最終的には（調査のトピックとは無関係な情報や不要なメモなどの）情報を「削除」できるようにするものである。
　また，同僚には"Fact Fragment Frenzy"（2013 ReadWriteThink）と呼ばれる，インターネットで見られるビデオクリップを見てもらった。ノンフィクションの文章のなかから，双方向のやり取りを経て，事実を発見するものである。このビデオで，同僚はどのように指導を進めればいいかの出発点が明確にすることができた。私たちは，児童がレポートを作成する際にどうやって役に立ち適切なメモの取るかを支援するコンセプトが得られた。

 学校全体の発達過程表
　同僚からの協力を得られた次の段階として，児童が使っている言語を把握したのと同様に，現在行われている指導方法を把握するため，担任の先生がすでにつくられたステップシートを照らし合わすことであった。私たちは，各レベルに適切な要素を組み込んだ，仮

の１〜６年生向けのノートテイクのステップシートを作成するために，集められたステップシートの活用を考えた。

　私たちは，その後，各学年向けのステップシートを開発した。まず仮のものとして同僚に見てもらい，同僚からさまざまな提案や，改善すべきところを聞くことができた。私たちは各学年の発達に応じたニーズや，授業のニーズを満たすだけでなく，同僚と児童の両方にとって役に立ち，使えるものをつくりたいと考えたため，これは重要であった。

　幼稚園でも「保持」「削除」の言葉を使うことにし，年長児の段階で，この２つの言葉を定着させることにした。幼稚園の教員は，会話の授業でこれを使うとともに，年長児の担任は，授業やグループでの読み書き活動でこのコンセプトを具体化する。「保持」「削除」のコンセプトは，児童が書き始める１・２年生で深く取り扱われる。これらのコンセプトは３年生でさらに深められるとともに，３年生では「置換」が新しく加わる。４・５年生は，これら３つのコンセプトが統合される。６年生にまでに，３つのコンセプトすべてがさまざまな教科にまたがって深く取り扱われ，児童が一度にさまざまな情報源から重要な情報を見つけられるよう，電子版のステップシートが利用できる。

　私たちは「保持」「置換」「削除」の方略を進めるため，以下を提案した。

　１．児童は情報源の文章を与えられたり見つけたりする。本をコピーしたりインターネットのものを印刷したりできる。

　２．児童は情報源の文章を読む際に，自らが「保持」したい言葉やフレーズを（ある色の）蛍光ペンでなぞったり，丸印をつけたりする。つぎに，児童は「削除」したい言葉やフレーズを（２番目の色で），そして３年生以上では，「置換」したい言葉やフレーズを（３番目の色の）蛍光ペンでなぞる。児童は，何をどの色にしたかを自分で決め，記録する。

　３．「保持」した言葉やフレーズは，「置換」した言葉と一緒に，箇条書きの形にしてステップシートのキーワードの部分に書き写す。

　４．最後の段階として，さっきの箇条書きを活用して，情報を自分の言葉で書き換える。これが最初の下書きになる。

　最終的には，５・６年生の段階になると，児童は情報源の文章の順序を変更したり，最初の下書きに自らの副詞や表現を追加したりする。児童が情報源の文章を本当に理解したかや並べ替えという上位スキルを獲得したかを把握できる。

　私たちはプロジェクトのこの時点で，児童は適切なデータを検索することがむずかしいとすでに把握していた。「探究に焦点を当てた学び」モデルにおける，「検索の段階」では，児童に「適切な情報を選択し，探究を調整し修正するスキルと方略」を教えることが重要である（Alberta Learning 2004 12）とされている。そのため，私たちは，スキルと言語を明確に教える必要性と重要性を強調した。また，「探究に焦点を当てた学び」の「処理の段階」では，児童生徒が混乱や矛盾した情報に圧倒されてしまうことが認識されている。そのため，児童が求めた情報をそのまま提供するだけでなく，児童がデータをどうやって比較し，検証し，組み合わせればいいかを教えることが重要である。

　ノートテイクプロジェクトに組み込まれている「探究に焦点を当てた学び」モデルで最

も重要な部分は，情報を整理し，自分の言葉にし，プレゼンテーション資料を作成する「作成の段階」である。この，自分の言葉に書き換えるという児童の能力は，すべてに関係する目標である。私たちは，この方法を何度か試した結果，「置換」の段階で，児童がもとの情報源の文章の"もとの"言葉の上に，置換した言葉を書いた場合，児童の文章作成と教員の評価の両方に役立つことがわかった。このことで，児童が新しい言葉を箇条書きにしたり，最終的には下書きを作成するのが簡単になる。

　6年生は，3つの異なるインターネット情報源からの情報を（引用元の情報とともに）照らし合わし，「保持」「置換」「削除」し，キーワードやフレーズを選び出して情報を組み合わすことができる。このように，児童は各情報源から重要な情報をみたり，情報を自分の言葉に書き換えてこれらのキーワードを活用できる。この方略は，インターネットの情報を「コピーアンドペースト」する「簡単な」オプションにもみえる。しかし，ステップシートは児童が自分の言葉で情報を書くまでを順番に説明している。

引 用

　ノートテイク発達過程表の開発の一環で，「パースカレッジ情報リテラシー学習計画」にも同様に引用についての発達過程表を組み込むことができた。情報源から情報をそのままコピーする児童がいたことを目撃していたので，私たちは，低学年のうちに引用という考えを伝え，児童が引用元を記載する習慣を身につける必要であると思っていた。このため，私たちは，ステップシートに引用に関する章を含めた。

　1・2年生向けのステップシートには，本やウェブサイトの情報を見つけたかどうかを書く欄がある。3年生のシートには，本かウェブサイトかどちらからの情報か書く欄と，本のタイトルやウェブサイトのアドレスを書く欄がある。4年生は，本の著者名とタイトルかウェブの著者名とアドレスを書く必要がある。5年生は，正式なAPAスタイルの引用を試み，6年生は，正式なAPAスタイルで引用をする必要がある。

　参考文献リストの書き方と，引用元からタイトルや著者名などの必要な要素を見つける方法を示したあと，参考文献リストの作成に役立つウェブページの使い方が何度も説明されている。6年生向けの電子版ステップシートでは，表形式の参考文献リストが作成できる機能がある。児童はこの情報を活用して，自らが引用した情報源がすべて載っている参考文献リストを作成できる。これ1つで，引用したすべての情報を見つけ記録でき，簡単に参考文献リストが作成できるので，児童にとくに役に立つ。

実践のサポート

　これらの方略が学校全体で継続して行われるために，ノートテイクと引用の発達過程表を，「パースカレッジ国語学習計画」と「パースカレッジ情報リテラシー学習計画」の両方に組み込むことになった。

　この発達過程表の開発の一環で，校内用のDVDを制作した。学校全体を通した，学年にまたがる実践の過程を記録するためであった。これは，同僚自身の経験をふり返ったり，教室や図書館内で方略やコンセプトを活用する方法をお互いに共有するためでもあ

る。DVD で教員は上下の学年で何が行われているかを確認でき，教員は学校全体で取り組む際の方法，コンセプト，用語を確認できる。この DVD は，オーストラリア中の興味ある教員の研修に活用されることとなった。

授業実践例

1 年生理科の授業でのノートテイク

1 年生担当教員，クリスティン・サンダースの報告：

私たちは，今学期，理科の「生き物」の授業で蝶についてレポートを書くときに新しいノートテイクの方略を活用した。児童は「蝶の一生」について，自らの探究の問いを育てた。たとえば，児童は「蝶が卵を産むとき何が起きますか？」のような問いを作成した。最初の問いを広げるところ，答えを見つけるところ，レポートで結果を書くところで議論が行われた。また，全校集会でこの取り組みの発表を行ったことも重要である。

1 年生には，適切な情報や重要な事実を選び出すために，「保持」と「削除」の方略を教えている。ノートテイクの授業の後，1 人の児童は，「私は，こっちの言葉がキーワードで，あっちは細かいことだと思う」と言った。別の児童は「こっちの言葉は本当で，こっちは文だと思う」と言った。これらから，児童はコンセプトを理解し，児童は実際に何をするべきかがわかっていると明確に確認できる。

私は，児童たちができることに驚かされた。何を保持し，何を削除するか，児童は正しい決断ができた。また，児童どうしの議論のレベルにも感銘を受けた。この 1 つの例として，情報源の文章に「ほぼすべて」というフレーズが出てきたときがあった。児童は保持か削除か，「ほぼ」か「すべて」か「ほぼすべて」か決める。そのとき，1 人の児童が，「ほぼ」を削除すると文の意味が変わってしまうと言った。別の児童は，「別の言葉を使えますか？」と尋ねた。これは，ノートテイクの方略の次の段階である「置換」，つまり，より高次の思考スキルの活用が児童に自然と定着していることを示している。

児童は剽窃についてや，なぜ自分の言葉を使う必要があるのか意識するようになる。これは，学校全体でノートテイクプロジェクトに取り組む最も重要な点である。

5 年生歴史の授業でのノートテイク

5 年生担当教員，ジェシー・ウッシのコメント：

5 年生の歴史の授業の大部分は探究型で行っている。新しいコンセプトや追加されたコンセプトが多くあるので，調査課題は 5 年生にはとてもむずかしいときがある。毎年，授業はニーズに合うように修正している。

今年は，アリソンとマリリンが実践しているノートテイクの方略から，より改善されたツール，サポート，専門知識が提供された。グラフィックオーガナイザーは，探究の問いを明確にし，扱いやすい大きさの問いへと変え，児童の情報の整理に役立つ。また，ノートテイクシートは，児童が「保持」「置換」「削除」に気づくことできるように，もとの情報源からキーワードやフレーズを自分の言葉で最初の下書きに書けるようにつくられている。

アリソンは司書教諭として，5 年生の教員と密接に連携している。情報の「保持」「置換」「削除」を児童がより理解できるよう，調査の過程を通じて児童を支援するためである。アリソンとマリリンは調査の過程を開発し改善し，よりよい成果を児童にもたらす，情報収集の専門知識を豊富に用意してきた。

児童評価

　新しいノートテイクプロジェクトを実施するプロセスは，学校で働く一員として，ノートテイクを全学年を通して評価する機会であった。私たちは標準化された各学年，教科別のノートテイクのルーブリックの開発から，学校の一員として，全学年を通した一貫性のある適切な評価基準の作成を始めた。ここで，評価を重要視するのは，プロジェクトの正当性を高めることと，私たち自身の指標となるからである。短期的にみれば集中することができ，長期的にみれば，自らが目標を達成したかどうかがわかる。

　また，私たちは，達成基準と比較することで，児童と保護者へフィードバックするだけでなく，私たちの実践を評価するためにも，各学年ごとに評価をいくつか導入した。基準は多くの教科にまたがって学校全体で活用されるため，児童のノートテイクは何度も確認され，評価されることとなる。評価は，成果物（最終的な結果）と児童のノートテイクと自分の言葉に要約する能力（プロセス）の両方で行われる。

 プロジェクトの長期成果

　ノートテイクプロジェクトの長期的な目標は，小学部の1～6年生までのすべての児童に対する調査，探究や情報の理解を向上させる明確で単純なノートテイクの方略を示すことであった。授業全体にノートテイクの方略やスキルを埋め込むことと，児童に生涯学習のスキルを身につけさせることが狙いであった。パースカレッジ小学部のすべての同僚（担任教員と管理職）は，プロジェクトを受け入れている。教員たちはノートテイクのスキルの重要性を十分に認識しており，学習は，卒業後も中等教育へと続く教室を越えて世界へと広がる道のりだが，ノートテイクのスキルは，児童らの学びに影響することも教員たちは十分に認識しているからである。このプロジェクトの成果は驚異的であった。このプロジェクトは，児童の学習のような困難なところに学校全体で取り組む手法が必要と考えた同僚に暖かく熱心に受け入れられた。さらに重要なことに，児童が学校外でこれらのスキルを学び，家庭で活用しているエビデンスがある。このプロジェクトの成果は，学校内だけでなく，オーストラリアの州や国の大会で共有された。

　このプロジェクトのさらなる成果として，中高部の人文社会の教員と協働することで，中高部でも「保持」「置換」「削除」の方略を用いることができた。ほかの小学校から入学した新入生である7年生に，パースカレッジ小学部から入学した生徒と同じノートテイクの方略を身につけさせることが重要であった。私たちは，人文社会系の教員によってさらに改善された，「保持」「置換」「削除」の方略を教え，生徒に定着させることができた。授業は，3つの方略を組み込み，中高部の生徒に合うように考えなおされた。いくつかの小グループでのワークショップが，簡単なノートテイクの方略が調査プロジェクトだけではなく，テストの準備に役立つと感じる中高部の生徒向けに提供されている。

　学んだ教訓

　この実践研究の最も重要な特徴は，「エビデンスに基づく実践の開発」「言語と文章の構成との整合」「探究モデルの活用」「発達に応じた学習方略の活用」である。児童，教員や

授業のニーズを満たすため，より複雑となるコンセプトを，学校全体で取り組むことで，改善し発展させることができる。ノートテイクの方略は，どの教科にも当てはまり，汎用的能力の発達をめざすオーストラリアカリキュラムの手法に合わせて，歴史，地理，理科，国語で活用されている。

　ほかの教訓は，学校全体で取り組む重要性と意義である。とくに，ノートテイクや要約は児童の習得が本当に困難なコンセプトであった。児童がノートテイクプロジェクトで学んだスキルは，転移可能なだけはなく，「生涯にわたる」ものでもある。「探究を行う者は，6歳の子ども，高校生，大学の学部生，弁護士，教員，研究者のいずれであろうとも」（Alberta Learning 2004, 9），ノートテイクのスキルは不可欠である。すべての教員は，これらの基本的なスキルを教えることにかかわり，協働するメリットを確認している。

　「ガイドラインは，学校コミュニティが地域の学校のニーズや人材資源を見つける特定の枠組みを準備することで，各学校で計画を定めるのに役立つ」（ALIA / ASLA 2001, 76）。私たちは，質のよい信頼できる資料へのアクセスがいかに重要であるかを思い出す。つまり，有資格のスタッフを備えた質の高い学校図書館の存在意義である。ノートテイクプロジェクトは，パースカレッジの児童の固有のニーズに備え，ニーズを満たすために資料を提供し，一貫した実行できる方法で行われたことを確認するために，各学年のガイドラインを作成し実践した。

● **参考文献**

Alberta Learning. 2004. *Focus on Inquiry: A Teacher's Guide to Implementing Inquiry-based Learning*. Edmonton, Canada: Alberta Learning.

Australian Curriculum, Assessment and Reporting Authority（ACARA）. 2013. "General Capabilities." The Australian Curriculum V7. 2（January 1）. http://www.australiancurriculum.edu.au/generalcapabilities/overview/general-capabilities-in-the-australian-curriculum. Accessed on 11 December 2014.

Australian Library and Information Association and Australian School Library Association（ALIA / ASLA）. 2001. *Learning for the Future: Developing Information Services in Schools*. 2nd ed. Carlton South, Victoria, Australia: Curriculum Corporation.

Marzano, Robert J., Debra Pickering and Jane E. Pollock. 2001. *Classroom Instruction That Works: Research-based Strategies for Increasing Student Achievement*. Alexandria, VA: Association for Supervision and Curriculum Development.

ReadWriteThink. 2013. Student Materials: "Fact Fragment Frenzy." http://www.readwritethink.org/classroom-resources/student-interactives/fact-fragment-frenzy-30013.html. Accessed on 22 February 2015.

● **訳注**

①同僚のアボリジニ研究者によれば，オーストラリアのカレッジは短大というよりは高等学校を表す。
②オーストラリアには日本の学習指導要領にあたるものはなかったが，2010年にオーストラリアカリキュラムという全国的なカリキュラムが設定された。
③数学的リテラシー。

| 第6部 | 学校図書館員の初期準備のためのガイドライン |

Part 6　Guidelines for the Initial Preparation of School Librarians

14

Gail K. Dickinson and Audrey P. Church
Guiding the Preparation of School Librarians in the United States, 1984-2014

アメリカで学校司書養成方法を導くもの（1984～2014年）

ゲイル・K・ディキンソン，オードリー・P・チャーチ

要　旨　この章でめざすのは，アメリカ図書館協会／アメリカ学校図書館協会（ALA/AASL）と教員養成課程認証評議会（NCATE，現 CAEP）との連携によってつくられた学校司書養成課程基準の与えた影響を検証することである。アメリカでは一連の基準に基づく枠組みを使って，幼稚園から高等学校までの学校司書を養成する大学院課程の審査をしたり全米認定をしたりするのである。各学校単位の学校図書館プログラム全米基準や幼稚園児から高校生までの学びの基準とも相まって，一連の基準に導かれながら養成課程が基準に基づくようになるのである。

キーワード　アメリカ合衆国；学校司書教育；認証；図書館教育課程評価；図書館教育課程基準；学校司書専門職基準

背　景

アメリカ図書館協会には，図書館員養成基準をつくる責任がある。ALA 認証事務局（ALA-OA）は基準をつくったり，全館種の図書館員を教育する各大学課程を外部チームで審査して認証する複雑な手順をつくったりしてきた。学校司書も同様に ALA 認証課程で教育をうける水準の高い人材であるが，すべての学校司書が ALA 認証課程で訓練をうけるわけではない。他館種の図書館員とちがって，米国の学校司書は教員の側面に焦点をあてる教員養成課程で免許をとることをめざす場合がある。学校司書の免許要件が州によってさまざまなのである。

専門職としてめざす方向がこのように 2 つあるというのは学校図書館の領域だけである。他館種の図書館サービスでは，実際業務の内容と図書館員のスキルや訓練は明確に対応して定められている。たとえば法律図書館員であれば，法律関連業務の訓練を多少うけていたり実際れっきとした弁護士であったりするかもしれないけれど，図書館学専門職ということでは仕事や専門性の焦点がしぼられている。いっぽう，学校司書は教育技能や，カリキュラムに関する知識，評価技能など活発な教育活動を実際に示すことが求められる。ただ，学校司書は，学術研究の現場にみられるような意味での教育図書館員ではない。米国の学校司書は，教員という職業に伴う権利や義務，そして責任がすべて求められる教員と考えられている。同じように，図書館員として，その権利や義務，そして責任がすべて求められる図書館員でもあるのである。このように両立させることが確執を生むときもある。

同じように確執があるのは，図書館情報学と教育学のどちらで学校司書養成がされると

よいかである。「図書館と学習社会」（United States Commision on Excellence in Education, 1984）という重要な研究で，Jane Hannigan と Peggy Sullivan は問題のそれぞれの側面に取り組んだ。Hunnigan（1984）では，図書館学校は教員養成に準備不足で，教員を十分にふさわしく養成できるようにすることは逆に一般の図書館員を教育する能力をそこねるだろうとした。それに反論して Peggy Sullivan（1984）は，学校司書は教員だけれど，学校司書を図書館情報学の本拠地から遠ざけることは図書館員として最善とはいえないとした。ある程度，いまも議論が続いている。

　米国では，学校司書養成に4つの筋書がある。最も伝統的なのは，ALA 認証の図書館学校を拠点とする養成課程である。この筋書では，学校司書を研究課題として取り組む学生に1〜2名の教員が進路の1つとして助言したり指導したりする。すべての学生が履修する図書館学の基礎科目を核とするのが普通で，さらに学校図書館を選ぶ学生向けにつくられた学校図書館関連科目を履修する必要がある。選択科目が多くないのは，ALA 認証と州教員免許当局の要件をともに満たす必要があるからである。次の筋書は，教育大学の教員養成学部にある課程である。ALA 認証はないが，これらの課程は厳格な自己評価と外部の課程審査を経て ALA/AASL の手順で全米認定を受ける。3つ目は，教員養成課程認証評議会（CAEP）が認証した教育大学の課程である。この場合，州の定めた要件によって全米認定手順を選ばないこともあるが CAEP に承認されていることになる。そして最後は，任意なため CAEP の認証は受けず，州の審査手順を経ただけで全米認証を受

表14.1：『IFLA 学校図書館ガイドライン』と『ALA/AASL 学校司書養成課程基準』との比較

IFLA 学校図書館ガイドライン	ALA/AASL 学校司書養成課程基準
2 章　学校図書館のための法的・財政的枠組	
2.3　倫理的基盤と課題	5.2　職業倫理
2.6　計画立案	5.4　戦略的計画立案と点検
2.7　資金調達	5.3　人材配置，資金調達，施設
3 章　学校図書館の人的資源	
3.5.1　研修	1.2　効果的で知識豊富な教員
3.5.2　運営	5.3　人材配置，資金調達，施設
3.5.3　リーダーシップと協力	1.3　指導パートナー
3.5.4　コミュニティ参加	4.1　図書館コミュニティとのつながり
3.5.5　図書館サービスの推進	4.4　広報
3.7　倫理基準	3.2　情報へのアクセス
4 章　学校図書館の物理的・仮想的資源	
4.2　施設	5.3　人材配置，資金調達，施設
4.3　コレクション構築と管理	5.1　コレクション
5 章　学校図書館のプログラムと活動	
5.3　リテラシーと読書の推進	2.1　文献：2.2　読書振興
5.4　メディア / 情報リテラシー教育	3.1　効率的で倫理的な情報探索行動
5.6　技術の組み入れ	1.4　21世紀に必要なスキルと学びの基準
5.7　教員の専門性向上	との統合
5.8　学校司書の指導的役割	1.3　指導パートナー
6 章　学校図書館評価と広報	1.2　効率的で知識豊富な教員
6.2　　学校図書館評価と根拠に基づく実践	3.4　調査や知識の創造
6.3　　学校図書館評価への取り組み	5.4　戦略的計画立案と点検
6.5.1　企画とマーケティング	4.3　リーダーシップ
6.5.2　広報	4.4　広報

けていない学校司書養成課程である。

いっぽうで、すべての課程で共有されているのが全米基準に基づく養成内容である。課程が認証されるか認定されるか州に承認されるかのいずれかにかかわらず、課程準備の手順のまさに最初から基盤となるのがAASL基準である。学校単位の学校図書館プログラムの新基準が発表されると、それが『インフォメーションパワー』（1988, 1998）でも『学校図書館メディアプログラムのためのガイドライン』（2009）でも、学校司書の養成内容や評価方法が大胆に変わる。AASL/NCATE（現CAEP）基準は組織的につくられ、刊行され、広く伝えられて学校司書養成の基盤として使われる。

学校司書の教員教育課程認証にALAが取り組む歴史は20世紀後半に始まった。1980年代後半マリリン・ミラー（1986-1987 AASL会長）は全米教員教育課程認証評議会（NCATE）にALAが加盟することを求めた（Miller 1989）。加盟案は1987年冬季大会理事会で承認され（Miller 1989）、ALAはNCATEの加盟機関になった。学校司書養成課程基準は最初NCATE特別領域研究委員会で1988年に承認された。そのあと基準の改定が3回認められ、2010年のものが最新となっている。表14.1に示すとおり、『ALA/AASL学校司書養成課程基準』（2010年）と『IFLA学校図書館ガイドライン』（2015年）は似ている部分が少なくない。

 影響と実態

CAEPはアメリカを拠点とするが、世界のさまざまな国で大学や教育当局が認証手順を使って教育の質を向上させたり、CAEP認証に参加したりする。現在700以上の大学がアメリカでCAEPかNCATEの認証を受けている。そのうち約40の学校司書教育課程が全米認定を受けている（CAEP/AASL 2014）。CAEP全米認定が必要か任意か、州免許基準を承認するかどうか、州や全米といったレベルで養成課程を承認するかどうかといったことについて、CAEPと州教育委員会が交渉して提携内容の程度や詳細が決められる（CAEP 2015）。特記すべきことはALAとCAEPが高等教育認証評議会（CHEA）の加盟機関でもあるということである。CHEA加盟機関はほかの加盟機関の認証を受け入れるという合意があるため、ALA認証機関はCAEPに承認され、CAEPに追加情報を提出する必要がない。ALAが認証した学校司書養成課程は承認されるが、全米レベルの認定手順の鍵となる点検を伴う課程報告書を準備しなければ全米レベルで認定されないことになる。

だからといって、全米レベルで認定されている課程が認定されていない課程より本質的にすぐれているというわけではないし、十分な情報を収集して得られた意見がどちらであるかについて調査されているわけでもない。全米レベルで認定されている課程が任意の手順によって鍵となる点検データを提出して、そのデータが厳しい外部審査を伴う全米基準と同じ水準というだけのことなのである。

 活用するさまざまな資源

ALA認証事務局（ALA-OA）が中心となって、AASL/CAEP課程審査手順とALA全

表14.2　必要とされる鍵となる点検項目（NCATE 2012）

点検項目	点検内容
点検項目1	免許下付の点検，もしくは内容に基づく別の点検
点検項目2	学校図書館領域の内容を修得していることの点検
点検項目3	修了者が学校図書館のニーズに対応してプログラムを立案する能力の点検
点検項目4	実習かインターンシップの点検
点検項目5	修了者が生徒の学びに影響のあること
点検項目6	ALA/AASL 基準で示されている点検項目（必須）
点検項目7	ALA/AASL 基準で示されている点検項目（任意）
点検項目8	ALA/AASL 基準で示されている点検項目（任意）

表14.3　ALA/AASL 学校司書養成基準（2010年）

基準	内容
基準1	学びのための教授
基準2	リテラシーと読書
基準3	情報と知識
基準4	広報とリーダーシップ
基準5	プログラム運営と管理

米認証手順を調整する。CAEP の手順については AASL にも責任がある。AASL の CAEP 調整委員会は ALA-OA と直接かかわって，課程審査人を訓練し，審査や監査のチームを調整し，全米レベルの認定手順のフィードバックを評価する。

　その手順はまた，課程内での膨大な時間や訓練にも依存している。調整役の教員は，学校司書になることを見込まれる人が諸基準（表14.2と14.3参照）を満たすことを示す6～8の鍵となる点検項目をつくる。次に課程の概要を示す提出文書をまとめるが，それは鍵となる点検項目が基準とどのように関連するかについての説明と，各点検項目についての説明や採点表，ルーブリック，そして諸データなど各修了者がどの程度各基準を修得しているかがわかるものとである。

　この文書は訓練をうけた審査チームに CAEP を通して提出され，鍵となる点検項目が諸基準に対応しているか，諸基準を各修了者が修得していることをデータが示しているか，対象課程がデータを活用して課程を改善してきているかということについて文書を分析する。審査人の判断は，発展段階の課程には「さらなる改善が必要」，確立した課程には「条件付き認定」「全米レベルで認定」となされる。それぞれの課程には，「条件に対する回答」報告書というかたちで改善点を示す機会が2回あり，最終審査として「全米レベルで認定」するかどうか示される。それぞれの段階における審査は，また，ベテランの審査人たちが審査の文書や手順を監査することで検証される。

　活動の継続

　最初の学校司書養成課程基準は NCATE 特別領域研究委員会（SASB）が1998年9月に承認したが，それは「学校図書館メディア教育のために大学教員が使えるよう ALA/NCATE ガイドライン作業チームがまとめたもので，初任者として学校単位で働く学校図書館メディアスペシャリストが示す必要のある64の能力が含まれていた」（NCATE Approves 1988, 17）。全米認定を求める課程に詳細がわかるよう1989年に『NCATE 審査のた

めのカリキュラムフォリオガイドライン：学校図書館メディアスペシャリスト養成課程』
（AASL/ALA 1989）で概要を示した。

　基準の改定は1993年10月に承認され，1994年『学校図書館メディア教育領域でNCATE
認証を受ける前提となるカリキュラムフォリオを準備する大学教員のための手引き』が刊
行された（ALA/AASL 1994）。

　2000年を見越して，NCATEは1990年代後半にシラバス審査と任務チェックリストに基
づく評価手順から，生徒の学んだ成果に焦点を当てた根拠に基づく実践によって形成する
手順へと推移した（NCATE 2014）。この手順は2003年3月にNCATEの承認した『AASL/
AASL学校図書館メディアスペシャリスト養成課程基準』に明らかである（ALA/AASL
2003）。1993年基準が能力のチェックリストであるのに対して，2003年版は4基準と13要
素，鍵となる点検項目を修了者が身につけていることを示すものからできている。

　2010年10月にNCATE SASBは『2010 ALA/AASL学校司書養成基準』を承認したが，
それは5基準と20要素（そしてまた，鍵となる点検項目を修了者が身につけていることを示す
もの）からできている（ALA/AASL 2010）。

特　徴

　7年ごとに審査・改定することをCAEPに求められ，基準は継続的に更新して先進事
例や最新の研究を反映させてきた。各基準には最新の研究に基づいた補足説明を詳しくす
ることだけでなく，各基準を「望ましい」「許容できる」「許容できない」と明確に判断で
きるルーブリックも求められた。それまでの点検モデルでは，課程が価値のあると認める
書類を何でも提出することができたので，審査側はバインダーに綴じられた大部の書類を
見返さなければならないこともあった。NCATE 2000で変わったことは主に，基準を絞っ
たことと，課程の提出書類を6～8の鍵となる点検項目に絞ったことである（NCATE
2014）。シラバス審査はなく，生徒の学習成果は報告されない。新しく刊行されたCAEP
基準（CAEP 2014）で焦点を当てているのは，より少ない基準や構成要素と，優位な根拠
に基づく審査をして総体的に評価するものとすることと，パートナーシップと協力とであ
る。

監視，評価，点検

　ALA認証手順とCAEP認証手順の主なちがいは，CAEPが焦点を当てるのは既存の教
育学部や大学院教育学研究科ではなく，むしろ教員教育の単位というべきもので大学の教
員養成の取り組み全体である。ほとんどの場合，教員教育の単位は教育学部や大学院教育
学研究科，教育大学といった枠組みをはるかに越えて広がっている。たとえば理科教員の
場合に焦点を当てるのは，当然理科の教授法であるが，それは大学院教育学研究科におか
れているだろう。しかし，それには科学の先端過程も含まれるから，それらは大学院科学
研究科にあることが多い。図書館員や体育教員，進路指導員といった学校職員の審査は，
どこであれ，それらの専門職が養成されているところでなされる。そのために多くの
ALA認証課程で全米認定を求めるかどうかにかかわらず，教員教育単位報告書の鍵とな

る点検データ作成が求められる。このことは課程にとって課題であるが，CAEP審査に必要なデータは多くの場合全米認定申請するよりも少ないのである。

　活動の成果

　CAEP全米認定手順がめざすのは，課程を改善することである。課程が全米認定を試みることですぐに気づくのは，それまでより多く課程について学ぶということである。主な成果として，学校司書養成課程の質の管理があげられる。審査手順を経て全米認定を受けられるよう対応することで課程が示すのは，一人ひとりの修了生が全米基準を満たすということである。教科内容の知識や教育学の専門知識，現場での経験や，児童生徒の学びに効果的にかかわることを含む鍵となる点検項目から得られたデータを，課程は活用すべきである。

　直面する課題

　この手順に課題がないわけではない。CAEP加盟は任意であるが，加盟には機関が財政負担する必要がある。CAEPと州との提携内容によって，機関は課程審査手順を受けなければならなかったり，そうでなかったりする。州によって，全米認定課程だけに教員免許を出す場合や，全米認定やCAEP認証さえ任意であったりすることもある。

　州課程基準とAASL基準のあいだで連携されていないこともある。『インフォメーションパワー』(AASL/AECT 1998) やAASL『21世紀の学習者のための基準』(2007)，『学校図書館メディアプログラムのためのガイドライン』(2009) といった新しい課程ガイドラインが公開されると学校図書館界全体にさざ波のように変化が生じる。州学校図書館課程ガイドラインが改定され，学校図書館カリキュラムが更新され再び連携して，学校図書館から自主的情報利用者が生まれるようにする。多くの州では学校司書養成基準も同じように更新されるが，すべての州というわけではない。CAEP基準の審査は7年ごとで，伝統的にAASLの新基準やガイドラインは10～12年ごとに刊行されてきている。いっぽう，州教員養成基準の見直しは25年以上ごとである。したがって，州の学校司書養成要件がいくつか古い基準だったり時代遅れの概念を教えることが求められたりすることもありうる。州免許試験では，時代遅れの資源や仕事の手順に関する知識を必要とする場合がある。学校司書養成課程は，最先端でなければならないが，州免許をもつ学校司書を養成するには課程が州基準を満たさなければならないのである。

　さらには，大学院図書館情報学研究科にある図書館学課程がALA認証を得ようとする場合，AASL/CAEP全米認定申請が重複または，二者択一と思うかもしれない。すべての学生が履修する核となる科目群は，CAEP基準ではとくに必要でないかもしれない。またCAEP課程基準を満たすようつくられた鍵となる点検項目は，主要科目で学校図書館を専門としない履修生に抵抗されるかもしれない。このことは，課程のなかで異なる点検を受ける学生をとりまく困難な課題を示しているのである。

学んだ教訓とさらなる調査

最善の現場実践を反映した基準に基づいて同業者が審査する課程審査手順は力強いものである。外部審査に向けて自分たちで調査することは，課程を改善するためにめざす目標を理解する標準的な実践例である。米国では学校司書をどうすれば最もよく養成できるかについての論争や対立が，一連の NCATE/CAEP 養成基準が全米に受け入れられることで多少解決されてきた。学校司書養成課程が全米認定を受けようとするかどうかについて圧迫や不安を感じるのは，厳しさを増してくる基準と減りつづける州の支援とのバランスを取ろうとするからである。

学校司書養成の4つの筋書の成果を比べる調査はほとんどない。基準や鍵となる点検項目を取り入れた課程がそうでない課程より有能な学校司書を生みだすかどうかわからない。全館種の図書館員をどう最善の養成ができるかについてさらに調査して，図書館員すべての実践に養成内容がどのように反映するかを検証することができるようにする必要がある。筋書を複雑にするのはもちろん，州免許下付の複雑な性質があるためである。必要な教育レベルや教育内容，場合によっては教員の区別の仕方にまで，似ているところもあるが相当の部分で異なっている。

大切なのは，ALA と AASL が基準を作成，達成するうえで果たす役割が，競合するものでなく，むしろ協力するものであるということである。質の高い養成課程を継続して審査し，課程審査手順を監視するうえで ALA と AASL は役割を分かちあうが，めざすところは学校司書になる人がスキルを身につけた図書館員と効果的な教員という両面をきちんと満たすようにすることである。

● 参考文献

American Association of School Librarians (AASL). 2007. *Standards for the 21st Century Learner*. Chicago: American Library Association. http://www.ala.org/ala/mgrps/divs/aasl/guidelinesandstandards/learningstandards/AASL_Learning_Standards_2007.pdf. Accessed on 25 November 2014.

American Association of School Librarians (AASL). 2009. *Empowering Learners: Guidelines for School Library Programs*. Chicago: AASL. 邦訳『学校図書館メディアプログラムのためのガイドライン』

American Association of School Librarians/Association for Educational Communications and Technology (AASL/AECT). 1998. *Information Power: Building Partnerships for Learning*. Chicago, IL: American Library Association. 邦訳『インフォメーション・パワー：学習者のためのパートナーシップの構築』

American Association of School Librarians/American Library Association (AASL/ALA). 1989. *Curriculum Folio Guidelines for the NCATE Review Process: School Library Media Specialist Basic Preparation*. Chicago, IL: ALA.

American Library Association/American Association of School Librarians (ALA/AASL). 1994. *Guidance for College/University Faculty Preparing a Curriculum Folio in the Area of School Library Media Education as Part of the Precondition Process for NCATE Accreditation*. Chicago: ALA.

American Library Association/American Association of School Librarians (ALA/AASL). 2003. "ALA/AASL Standards for Initial Programs for School Library Media Specialist Preparation." http://www.ala.org/aasl/sites/ala.org.aasl/files/content/aasleducation/schoollibrary/ala-aasl_slms2003.pdf. Accessed on 9 September 2014

American Library Association/American Association of School Librarians (ALA/AASL). 2010. "ALA/AASL Standards for the Initial Preparation of School Librarians." http://www.ala.org/aasl/

sites/ala.org.aasl/files/content/aasleducation/schoollibrary/2010_standards_and_items_with_statements_of_scope.pdf. Accessed on 9 September 2014. 邦訳『ALA/AASL 学校図書館員養成教育に関する基準』

Council for the Accreditation of Educator Preparation (CAEP). 2014. "CAEP Standards." http://caepnet.org/standards/standards/. Accessed on 11 November 2014.

Council for the Accreditation of Educator Preparation (CAEP). 2015. "CAEP State Partnership Agreements." http://caepnet.org/working-together/states/state-partnership-agreements/. Accessed on 11 January 2015.

Council for the Accreditation of Educator Preparation/American Association of School Librarians (CAEP/AASL). 2014. "CAEP/AASL School Librarianship Education Programs." http://www.ala.org/aasl/education/ncate/programs. Accessed on 12 September 2014.

Hannigan, Jane Anne. 1984. "Vision to Purpose to Power." In *Libraries and the Learning Society: Papers in Response to A Nation at Risk*, 22–62. Chicago: ALA.

IFLA. 2015. *IFLA School Library Guidelines Draft*. [Draft dated 12 January 2015.]

Miller, Marylyn L. 1989. "ALA, NCATE, and the Preparation of School Library Media Specialists." *Library Administration & Management* 3 (3): 131–134.

National Council for the Accreditation of Teacher Education (NCATE). 2012. "Program Report for the Preparation of School Librarians American Library Association/American Association of School Librarians (ALA/AASL) Option A." http://aims.ncate.org/ProgRev/Agreements/Form339.pdf. Accessed on 12 September 2014.

National Council for the Accreditation of Teacher Education (NCATE). 2014. "NCATE 2000: Teacher Education and Performance Based Reform." http://www.ncate.org/Portals/0/documents/Acceditation/article_area.pdf. Accessed on 14 November 2014.

"NCATE Approves Preparation Guidelines." 1988. *School Library Journal* 35 (4): 17.

Sullivan, Peggy. 1984. "Libraries and the Learning Society: Relationships and Linkages among Libraries." In *Libraries and the Learning Society: Papers in Response to A Nation at Risk*, 110–145. Chicago: ALA.

United States. Commission on Excellence in Education. 1984. *Libraries and the Learning Society: Papers in Response to A Nation at Risk*. Chicago: ALA.

15 Preparing Next-generation School Librarians——School Library Education in Hawai'i
次世代学校司書の育成——ハワイ州における学校図書館教育

レイ＝アン・モンテギュー

要　旨　次世代学校司書たちの支援を目的とするプログラム開発は，組織的な検討に依拠する双方向的なプロセスで行われる。ガイドラインと基準についての考察と作成は，学校図書館の発展にとって重要な要素となる。本章では，教育改革の動向と結びついた研究を基礎とする基本的枠組みがどのようにしてハワイ大学の学校図書館の理論と実践に資する図書館情報学教育を形づくってきたのかについて探究する。

キーワード　アメリカ合衆国；ハワイ；学校図書館教育；認定；カリキュラム開発；図書館教育プログラム基準；図書館教育プログラムの評価；学校司書の専門職基準

 はじめに

近年，学校図書館プログラムの品質を改善し，学校司書の育成を強化するために，国際的にも国内的にも重要な基準とガイドラインが公表されている。これらのガイドラインは，地域レベルでの学校図書館専門職の育成と教育にとって，重要な方向づけと取り組むべき分野を明らかにしている。本章では，これらの基本的枠組みがどのようにして学校図書館の理論と実践に資する図書館情報学教育を形づくってきたかについて検討を加える。また，本章においては，図書館情報学プログラムの方向づけ，主体的取り組みとそこから生まれた成果を生じさせた双方向的なカリキュラム検討モデル，および現在も継続している評価プロセスに影響を与えているハワイ州の独特の文脈をふり返ることとする。

 革新的環境

ハワイ大学は，1907年に開設された。その後成長を続け，ハワイ諸島に展開する10のキャンパスに数十の教育と研究のセンターを設置するまでになっている。最大のキャンパスは州都ホノルル東部に位置するマノアにある。ハワイ大学マノアキャンパスには，ハワイヌイアキア・ハワイアン知識学部がおかれており（University of Hawaii 2015a），そこではハワイ固有の知識に関するすべての領域と形態について追究し，恒久的に保存し，調査研究を深め，そして再活性化させることをめざしている。ハワイ大学マノアキャンパスは，ハワイの人たちの学習の場所であり，すべての学生たちがハワイ固有の知識と諸価値に十分にアクセスできるようにしようと積極的に取り組んでいる。ハワイ大学全体で共有している諸価値の1つに'アロハ'（aloha）がある。このハワイ土着の言葉には，共感や平和，協働，尊敬，知的活力，完全性，奉仕，アクセス，余裕，多様性，公正，革新，説明責任および持続可能性といった意味が含まれている。ハワイ大学が掲げる標語は，「す

べての国家を超えて私たち人間がいる」（Above all nations is humanity: *Maluna a'e o na la-hui a pau ke ola ke kanaka*）というフレーズである（University of Hawaii 2015c）。

　ハワイ大学マノアキャンパスに図書館学大学院が設置されたのは，1965年のことであった。50年後，図書館情報学プログラムのミッションは，ライブラリアンや情報スペシャリストとしてのキャリア形成を目的として学生たちを教育することであり，最新の発展著しい図書館，情報および技術上のニーズに応える教育，調査研究ならびにサービスに関するプログラムを実施することである（University of Hawaii 2015b）。図書館情報学プログラムは，ハワイとアジア太平洋地域にとくに留意しつつも，多様な地域や国内および世界中の人々に対してリーダーシップを発揮することによって図書館情報学部と大学のミッションを支えている。

　ハワイ大学図書館情報学プログラムは，ハワイにおける図書館の理論と実践について教授する唯一の専門職育成プログラムである。ハワイ州内の資格を有する学校司書の90％以上は，その当初からアメリカ図書館協会によって認定されたプログラムの卒業生である（ALA 2008）。ハワイ州教育局は，255の義務教育諸学校と34のチャータースクールから構成され，アメリカでただ1つの州規模に及ぶ公教育システムである（チャータースクールは，公的な資金援助を受けているが，その設置された場所にある，確立された公立学校システムとは異なり，独立して運営される学校である）。（ハワイ州の）学校区はアメリカ国内のほかの都市や地方自治体の学校区と類似のものと考えられるが，またいくつかの点ではハワイの学校区はほかの州の州教育行政機関とも似ているものと考えられる。

　ハワイの住民たちは文化的に多様である。2013年の州総務局長の年次報告書（State of Hawaii 2014a）によれば，ハワイの公立学校に在籍する児童生徒の多数，59％にのぼる者たちが，英語学習を必要としたり，経済的に恵まれなかったり，障害をもっていたり，あるいはこれらのハンデの複数をかかえたりする者など，特別な配慮を必要としている。たとえば，最近のアメリカの国勢調査では，25％以上の住民たちが家庭で英語以外の言語を話していることが明らかにされている（United State Censas Burean 2015）。ハワイでは2つの公用語，英語とハワイ語が用いられている。

協働する努力

　ハワイの多様な児童生徒たちへ効果的にサービスを提供できる高品質の学校図書館をつくることに関心を寄せるライブラリアンたちの教育ニーズに応える実行可能な戦略を立てるために，ハワイ大学図書館情報学プログラムは，数十年にわたって，ハワイ州教育局，公立学校教員に教員免許を発給するハワイ州教員基準委員会，ハワイ州学校司書協会ならびに，ハワイ大学教育学部との強力な対等に協力しあう関係を築き上げてきた。とくにヴァイオレット・ハラダ名誉教授は，これら関係諸機関の協働を強めるうえで重要な役割を演じ，関係するすべての組織団体が『IFLA/ユネスコ学校図書館宣言』（1999年），国際図書館連盟学校図書館アドボカシー・キット（2014年）および「AASL『学校図書館メディアプログラムのためのガイドライン』（2009年）など，最新の国際的および国内的ガイドラインを十分に理解することができ，また明確な意図をもってこれらのガイドライン

などの核心を関係諸機関の刊行物に統合していくことができた。2012年，ハワイ州教員基準委員会は，学校司書の任用，再任用のための「学校司書実績基準」(State of Hawaii 2012) を承認した。また2014年にはハワイ州教育局は，公立諸学校を対象とする「高品位の学校図書館メディアプログラムを構成する諸要素」と題するルーブリックをまとめあげた。

　ハワイ州教育局の「高品位の学校図書館メディアプログラムを構成する諸要素」は，AASL によって高品質の図書館プログラムにとって非常に大切な柱であると確認されている3つの主要な部分に分けることができる。それぞれの部分はライブラリアンたちが整備しなければならないいくつかの重要な領域を含んでいる。

　1．環境の整備
　　a．施設設備　物理的空間とヴァーチャルな空間
　　b．職　　員　包括的範囲に及ぶサービスの提供ができること
　　c．予　　算　ミッションを推敲するに足る十分で持続的な資金の確保
　　d．資　　源　さまざまな形態の情報資源によって構成されるコレクション
　　e．雰囲気　　安全で，礼儀正しく，また学習しやすいムード
　　f．公平公正なアクセス　児童生徒の学問的なニーズと個人的なニーズに応えることができる
　　g．教育用のテクノロジー　児童生徒の学習を改善することができる
　2．リーダーシップの発揮を通じて学習を力づける
　　a．専門性の向上　継続的な成長と新しい機会の提供
　　b．計画の作成と評価　児童生徒の学力向上を支援するためのプログラムの見直し
　　c．アドボカシーとコミュニケーション　関係者に対する積極的なコミュニケーション
　　d．教育上の指導性　学校コミュニティのなかでの学習活動を推進する
　　e．業務上の支援　教育モデルの主要で不可欠な構成部分
　3．学習を支える教育活動
　　a．教育プログラム　有意義な学習機会の提供
　　b．協働的計画作成　教員とその他のコミュニティの構成メンバーたちとともに
　　c．学習改善のための評価　児童生徒を中心にすえた検討
　　d．探究学習　児童生徒たちが問いを発し，情報を収集し，そして意思決定を行う
　　e．情報リテラシー　児童生徒たちが情報がどこにあるかを探索し，評価し，そして利用する
　　f．読　　書　主体的に，複雑な内容のものを，そして生涯にわたって読書する
　　g．知的自由　個人が多様な視点から情報を探し求める諸権利を推進する
　　h．社会的学習　知識の倫理に則った共有を推進する
　　i．社会的責任　安全に，責任に応えて，また倫理にかなったやり方で表現する

　高品質の学校図書館プログラムを構成する諸要素を論じることに加えて，その文書はまた有効性を実証するために利用しうる（データとできあがったものなどの）証拠となる実例を提供する。

組織変革のためのモデル

　イとターナーがアメリカ国内の学校図書館プログラムについての包括的検討を行った2014年の論文に書いているように，カリキュラムを改訂するという作業は生やさしいもの

ではない。その論文では，急速な変化を続けている学校図書館の専門職をとりまく状況は，学校図書館プログラムに対して，現状が求めているニーズに見合ったものとするために，定期的にカリキュラムを検討することを要請している。ハワイ大学の図書館情報学の教育研究においては，このような検討がプログラムレベルで開始されている。

数人の学部教員と学生代表たちから構成されるカリキュラム委員会のもとで，図書館情報学プログラムは，関係するコミュニティからのインプットとフィードバック，戦略上の計画的目標の引き下げ，特定の実現目標の確認，および成果の継続的評価を統合する，組織的で双方向的な検討プロセスを実施している。大切なことは，提案されるすべての変革はまた情報専門職に関する国際的および国内的基準につながるものでなければならない。最近3年間において，カリキュラム委員会の最も野心的な取り組みは，プログラムの必修科目についての徹底的な検討と学生の学習成果確認手法の確立である。

中核的検討：このプロセスは，実務に就いている専門職業人とプログラム諮問委員会を代表する主要な職員とともに活動する非公式なフォーカスグループによってはじめられた。その結果は，設置科目の授業の最新のポイントと目標を教員たちと学生たちに伝えようとする，必修科目担当教員によるプレゼンテーションにまとめられた。その後毎月開かれた教員会議での議論で授業科目のねらいや実習演習の修正改善が行われた。たとえば，図書館情報学610という科目ラベルの付された「情報専門職の基礎」という科目においては，多様な情報専門職に関するキャリア形成の準備，専門性を帯びた文脈でのクリティカルシンキングスキルの適用，および専門職にふさわしい実態づくりにさらなる強調が施された。

学生の学習成果の評価：アメリカ図書館協会 "Come Competences of Libriumlip"（2009年）が最終的に公表されるのを契機に，図書館情報学部はプログラムの学習成果到達度を改訂した。学生代表とその他の関係者からの意見を徴したうえで行われた一連の学部教員会議ののちに，図書館情報学プログラムとして5つの主要な達成すべき学習成果が確認された。

1. 図書館情報学とそれに関連する専門職についての歴史，哲学，諸原理および倫理を理解し，応用しさらに明らかにすること。
2. 原則に従ったコミュニケーション，チームワークおよびリーダーシップとしてのスキルを行使して，諸々の情報サービスを開発し，運営し，評価し，実現に向けて各方面に働きかけ活動すること。
3. 多様な形態の情報資源を組織化し，創造し，アーカイブし，保存し，検索し，管理し，評価し，そして頒布すること。
4. 最新の情報技術，研究成果と手法を評価し，利用すること。
5. 多文化コミュニティを取り扱い，そして多様な視点を表現するプロジェクトや課題に取り組むこと。

それぞれの学習成果には，どのようにして成果が測定できるかという実例として利用できる，多数の特定の指標を並べた比較的長大なリストを含まれている。それらは付録A（章末参照）にあげられており，利用できる。

検討プロセスはまた基礎的データベース検索に連なる1つの科目（図書館情報学663）の追加につながった。結果として，図書館情報学修士を得るための最新の科目履修には39単

位（13科目）が必要とされる。そこには具体的には「情報専門職の基礎」（図書館情報学610），「レファレンスおよび情報サービス入門」（図書館情報学601），「情報組織化のためのメタデータ作成」（図書館情報学605），「データベース検索」（図書館情報学663），「コレクション管理」（図書館情報学615），および「図書館・情報センターの管理運営」（図書館情報学650）もしくは学校図書館メディア分野志望の学生向けの「学校図書館メディアセンターの運営」（図書館情報学684）の6つの必修科目が含まれ，技術融合に力点がおかれた科目1つが加わり，さらには選択科目から6科目の履修が求められる。学校図書館専修には，履修する選択科目に情報リテラシー教育に関する1科目，実習1科目，ならびに児童およびヤングアダルトを対象とするサービスに焦点を当てた科目2つの履修が必要とされる。

 学校図書館専修に期待されるものとカリキュラム

　現在も進めているカリキュラム検討の努力と地元の関係諸機関との情報交換を合わせて，プログラムとしては，学校図書館メディアを学ぶ学生のためにカリキュラムを発展的に改善するべく，以下にあげる重要な目標を確認した。

　　　―複合的なリテラシーを統合し，調査研究によって知識を獲得する教育を設計すること。
　　　―児童生徒の学習と教師の教育のためのデジタルツールやアプリの利用範囲を統合すること。
　　　―活気のみなぎる学習センターとなる物理的空間とヴァーチャルな空間をつくること。
　　　―いつでもどこでもアクセスできる情報を管理すること。
　　　―デジタル時代の学校コミュニティとするためのビジョンと目標を作成すること。
　　　―証拠に基づく実践的学習を展開するのに必要なツールと戦略をつくり出し，利用すること。

　同様に大切なことは，図書館情報学専攻の学生たちにこれらの専門的なスキルを主体的に身につけてもらうための教授法である。多くの教師が現実世界に応用できる理論と研究を結びつけ，学校図書館運営のモデルとして利用できる，プロジェクト中心のアプローチを採用してきた（たとえば，Harada, Kirio, Yamamoto 2008を参照）。彼らはまた課題解決と設計計画のプロセスの一部としての協働的集団学習のための多くの自己評価の活動と機会を統合してきた。学校図書館専修の必修には，学校図書館運営，情報リテラシー教育と学校図書館実習が含まれる。これらの科目の重要なポイントは次のとおりである。
　「学校図書館メディアセンターの運営」（図書館情報学684）：この科目は，学校図書館メディアセンターをうまく運営するための前提となる諸原則と諸手続きを内容としており，効果的で積極的な学校図書館メディアスペシャリストの変わりゆく役割と責任に焦点をあてている。最近『スクールライブラリージャーナル』が選んだ今年のライブラリアンとして顕彰された，ハワイ州ワヒアワにあるハレクラ小学校のライブラリアンであるミッチェル・コルト（Michelle Colte）は，この領域においてリーダーシップを発揮した顕著な事例のひとつにあげられる（Philpot 2014）。
　図書館情報学684という科目は，学校司書の主要な役割について検討する。その役割としては，学校のミッションと目標に貢献すること，紙媒体の資料やデジタルコンテンツからなるコレクションを通じて情報へのアクセスを推進すること，調査とカリキュラムに基

15 次世代学校司書の育成—ハワイ州における学校図書館教育 153

礎をおく授業とプログラムを実施すること，教師や管理職と協働すること，および教育制度上の動向，リーダーシップおよび評価に遅れずついてゆくことがあげられる（Bell, Kuon and Lambert, 2014）。学生たちは調査を通じて学び，『IFLA 学校図書館ガイドライン』（2002，2015年）などの文献に基づく効果的なモデルと実践を検討する機会を享受している。教科書と授業を通じての学習活動は，ゲスト講師を務める専門職の人たちとの議論，オアフ市場（2015年実施）など，革新的なプログラムを備えた地域の現場の見学，およびサンノゼ州立大学図書館の世界規模仮想会議（2015年）を通じての国内的および地球規模的関心から発せられる対話への参加などで補完される。

　「情報リテラシーと学習資源」（図書館情報学686）：この科目は，学生たちに対して，対象とする学習者たちの分析，学習評価の基準にそった正確で測定可能な学習上の諸目標の作成，実演とモデル化にはじまり，主体的な実践で終わる誘導的学習手続の記述を含む教授の方法と手段の設計を紹介する。学習に関する諸理論は調査研究を基礎とする教授戦略に統合される。情報リテラシー教育は，教室で授業を担当する教師と協働する経験として最もよく実行されるクリティカルシンキングとその適用として提示される。それは試験を行い採点した結果の成績を超えている（Ennis 2000, Johnson 2007）。学生たちは，問題に基礎をおく学習単元を構成し，（たとえば Animoto や Story Kit, Easel.ly などの）最新の技術を彼らの授業に統合するうえでの重要な諸々の疑問を育む。学生たちはまた自分自身の授業の草案を書き，改訂を加えながら，相互に批判しあうことを繰り返す。

　「学校図書館実習」（図書館情報学696）：この科目は通常学生たちにとっての最後の学期に履修される。学生たちに特定の図書館が割り当てられ，そこで指導担当ライブラリアンが学生や学部教員たちにデジタル時代の教育実務に取り組ませ，調査の文化に親しませるプログラムの大きな効用を実証する（Gordon 2010）。実習に必須不可欠の構成要素として，授業の設計と実施，図書館プログラムの振興を推進する諸活動への参加，特定のサービスとイベントに対する評価のツールと戦略の設計，および学部にとっての専門性開発の諸活動の展開が含まれる。学生たちは，明確な諸目標と各年度の末に児童生徒たちが理解し，実行できなければならないものの概略を示した多くの州で用いられている一連の学術的基準であるコモンコアなど広汎な基準の両方にそった活動を検討し容易にする機会を享受する（Achieve and American Association of School Librarians 2013）。英語使用に関する諸技術（ELA）および算数数学に関するコモンコア基準の利用については，ハワイ州では2013-14年度に実施された。ELA の基準は，豊かな内容のノンフィクションを通じての知識形成を強調している。そこではテキストから読み取った証拠を用い，複雑なテキストでの実践を行うものとされる。算数数学の基準では，推論，モデル化，ツールの利用，および精確と構造への傾注を含んでいる。

　実習科目では，自己反省が決定的に重要である。学生たちは，出来事として形成された彼らの経験をあらわす電子的なログを産み出す。彼らは仲間とログを共有し，洞察と示唆を交換する。ログとして表現されるものは，思慮深い専門職コミュニティ形成に向けての第一歩となり，Frontichiaro and Ham, lton（2014）の論稿によって提示されたもののような，今日の実力のある学校司書になるという課題についての重大な諸問題を把握する助け

となる。たとえば，どのような質的，量的な評価単位が最も適切に質の高い学校図書館の実践をあらわすことができるのか？ "立派な"ライブラリアンになるということは，既存の文化の範囲内で働くことを意味するのか，それともそれを変えることを意味するのか？ 高いところをめざそうとすれば，私たちは失敗するまでがんばるのか，それでいいのだろうか？ この実習科目の最後には，学生たちは彼ら自身の業績の電子的なポートフォリオの製作が求められる。彼らは業績評価のために『ALA/AASL 学校図書館員養成教育に関する基準』（2010年）に基づくルーブリックを用いる。実習調整担当者もまたフィードバックを提供するためにそこにあげられているルーブリックを利用する。

　学校図書館専修の必修科目と並んで，学生たちは少なくとも児童サービスとヤングアダルトサービスに関する２科目，６単位を履修する。学生たちに人気のある科目，図書館情報学681を例としてあげる。

　「児童のための図書とメディア」（図書館情報学681）：この科目は，児童文学の歴史と批評を検討する。その内容には，現代の図書とメディア，図書出版とメディア生産の動向，児童たちの発達上のニーズと関心，選択・評価，および調査研究が含まれる。学生たちは，みんなから推薦される諸作品，人気のある作品，および論争の的となった図書，そしてネネ賞授賞作品（R.E.A.D. 2014），ハワイ児童向け推薦図書賞（Naidoo 2014）のような地元で創作された作品を含み，広範囲にわたる伝統的諸作品と現代の諸作品，そして多様な資料に接する。授業に関する諸活動を通じて，テキストとの相互交流の理解と方法，および若い人たちに可能性を秘めた将来をイメージし，創造するように仕向けるしっかりとしたコレクションの構築を構想する機会が提供される（Rothbauer 2006）。以前に増して拡張された取り組みによって，学生たちは子どもたちと文献とともに働くことに関連するフィロソフィーを形成するように勇気づけている。

　図書館情報学の専門分野と，とくに利用者集団に関する分野の周辺に展開される選択科目もまた学校図書館専修の学生たちが履修できる。リテラシーとコミュニティの取り組みを強調する動向と最近の実践に関して十分に考えさせようとする多くの科目が設置されている。

- 「グラフィックノベル」①（図書館情報学693）：この演習科目では，学生たちは，あらゆる年齢層の人たち，とくに児童やヤングアダルト向けの作品を含む，コミックとグラフィックノベルを検討する。学生たちは，グラフィックノベルの歴史，コレクション形成，プログラムの作成，検閲，およびブックトークについて考える。ウェブコミックとオンラインのコミック資源を含む，アジア系およびアジア系アメリカ人の諸作品に力点がおかれる。
- 「先住民に対する情報サービス」（図書館情報学693）：この科目は，先住民とともに，そして彼らを対象とするフィロソフィー，諸問題，および諸活動への導入科目である。学生たちは，討論，調査研究，およびプロジェクト作業を通じて，事例，コレクション，基本方針および諸々のサービスについて考える（たとえば，Roy and Frydman 2013を参照）。
- 「矯正施設に収容されている若者に対する図書館サービス」（図書館情報学693）：この科目では，学生たちに対して，矯正施設，とくに少年犯罪を犯した人たちを収容する施設に焦点をあて，そこに収容されている若者に対する図書館サービスを紹介する。そこでは，いくつかのサービスモデル，コレクション，プログラムの作成，司法制度，知的自由，およびアウトリーチサービスが含まれている。これらのトピックは，これまでサービスの対象

とされてこなかった人々とともに働くための洞察を提供する（Hughes-Hassell et al. 2012）。学生たちは，図書館プログラムを開発し，そして矯正施設に収容されている若者に対する図書館サービスに関する1つの問題についての最終プロジェクトを完成する（Austin 2012）。

── 「デジタルライブラリー教育の計画と整備」（図書館情報学694）：この科目は，さまざまな図書館がおかれた環境のなかで，デジタル教育に影響を及ぼす教育の設計に関する関係する諸原則とガイドラインを紹介するものである。学生たちは，ある特定の図書館をとりまく状況と利用者ニーズに対応する教育的な計画を作成する。彼らはまたその計画を実施するためのデジタル学習活動をつくり出す。その諸活動は，情報検索戦略の精緻化リテラシーの推進，特定のデータベースへのアクセス，調査研究プロセスの主要な諸側面の取り扱い，またはオンデマンドレファレンスサービスを用いた支援を含む一定の範囲の利用者ニーズに焦点があてられている。

　科目履修の要件に加えて，学生たちにはカリキュラムを超えた活動や組織への参加が奨励され，そこでリーダーシップを育成しネットワークを形成する機会を活かすことが期待されている。すべての在籍する図書館情報学専攻の学生たちは，自動的に図書館情報学専攻の学生組織であるフイドゥイ（Hui Dui）のメンバーとなる。フイドゥイは学部やその他の委員会の会合で学生たちを代表する。フイドゥイはまた一連の講演会や社会的イベントのスポンサーとなる。学問的業績や専門職的自覚を推進する働きをしている，アメリカ図書館協会学生部会のような，そのほかの団体は全国レベルの組織と提携している。州レベルの組織である‘ナハワイイミロア’（Na Hawai'i 'Imi Loa）は，最近結成された学生団体で，その使命はハワイアンコミュニティに対してサービスし，図書館情報学におけるネイティブハワイ人の存在を強化し，地元がかかえる諸問題を重視し，そしてホオケレナアウアオ（Ho'okele Na'auao）・ハワイアン・リーダーシップ・シンポジウムや毎年のコミュニティ公文書館研修ワークショップなどのイベントを後援することである。

プログラム評価

　この学科プログラムの品質を評価することは，提供される科目の数，学生たちの履修科目の成績を通覧しての印象ならびに卒業生たちを対象とする調査など，インプットの報告から学生たちによって実施された成果に移ってきている。この目的のために，学部教員たちは，達成された作業の品質に関する複合的な分析を証明するべく，多様な成果についての測定評価の実施に同意している。そのような測定手法の1つとして，口頭での包括的な試験があげられ，それは学生たちがぶっつけ本番で行い即興で述べる，1時間のシナリオに基づく試験である。その実施された複数のシナリオは，学生たちが事前に試験を受験するために選択し，答案が作成できるように，学科プログラムのウェブサイトに公表されている。すべてのシナリオは，学科プログラムが学生たちの学習成果として期待しているものに見合ったものである。二人の教員メンバーが試験官として臨み，成績評価のためにルーブリックを用いる。その結果はカリキュラム委員会のメンバーによって集計され，学部教員会議に提出され，議論が行われ，そして見直されることになる。

　学科プログラムが導入したいま1つの措置は，科目レベルの評価で，そこではすべての教員に対してその授業における1つまたはそれ以上の主要な課題を確認し，学生たちの作

業の品質に関して1（不可）から4（優）までの学生たちへの成績の付け方についての質問が尋ねられる。これらの課題はまた学生たちの学習成果として期待されるものに見合ったものであり，これらの結果は集計され学部教員たちに共有される。

次なる段階

　学校司書たちが実力のある教育分野でのリーダーになるためには，どのようにして多様な手段を用いて児童生徒の取り組みを容易にするべく広範囲に及ぶ理念を応用するかについて検討することが学校司書たちに課される。ハワイ大学で図書館情報学教育の一部として導入された基準やガイドラインは，学校図書館プログラムの品質を改善するための継続的努力を支援する基本的枠組みと方向性を示しており，学校司書の育成を強化する。学部教員たちは，基本的な専門職性を帯びたコミュニティに根差した内容と学生たちの学習によって示される成果に基づくしっかりとしたカリキュラムを提供するアプローチとともに，これらの調査研究を基礎とするモデルを利用する。次世代の学校司書を支援するプログラムの整備拡充は，ガイドラインと基準，理論的理解，および関係当事者であるコミュニティからのインプットを統合する，組織的な検討に依拠する双方向的なプロセスから産み出される。

● 参考文献

Achieve and American Association of School Librarians. 2013. "Implementing the Common Core State Standards". http://www.ala.org/aasl/sites/ala.org.aasl/files/content/externalrelations/CCSSLibrariansBrief_FINAL.pdf. Accessed on 15 January 2015.

American Association of School Librarians (AASL). 2009. *Empowering Learners: Guidelines for School Library Programs*. Chicago: AASL.

American Library Association (ALA). 2008. "Standards for Accreditation of Master's Programs in Library & Information Studies." http://www.ala.org/accreditedprograms/sites/ala. org.accreditedprograms/files/content/standards/standards_2008.pdf. Accessed on 15January 2015.

American Library Association. 2009. "Core Competences of Librarianship." http://www.ala. org/educationcareers/sites/ala.org.educationcareers/files/content/careers/corecomp/corecompetences/finalcorecompstat09.pdf. Accessed on 23 February 2015.

American Library Association/American Association of School Librarians (ALA/AASL). 2010. "ALA/AASL Standards for the Initial Preparation of School Librarians." http://www.ala.org/aasl/sites/ala.org.aasl/files/content/aasleducation/schoollibrary/2010_standards_and_items_with_statements_of_scope.pdf. Accessed on 15 January 2015. See Appendix B.

Austin, Jeanie. 2012. "Critical Issues in Juvenile Detention Center Libraries." *The Journal of Research on Libraries and Young Adults*. http://www.yalsa.ala.org/jrlya/2012/07. Accessed on 15 January 2015.

Bell, Mary Ann, Tricia Kuon and Jarod Lambert. 2014. "Iceberg: The Cold, Hard Facts About School Librarians' Duties." *Library Media Connection* 33（1）: 24–27.

Ennis, Robert. 2000. "An Outline of Goals for a Critical Thinking Curriculum and Its Assessment." http://criticalthinking.net/goals.html. Accessed on 15 January 2015.

Fontichiaro, Kristin and Buffy Hamilton. 2014. "Undercurrents." *Knowledge Quest* 43（1）: 56–59.

Gordon, Carol A. 2010. "The Culture of Inquiry in School Libraries." *School Libraries Worldwide* 16（1）: 73–88. http://iasl-online.mlanet.org/Resources/Documents/slw/v16/16_1Gordon. pdf. Accessed on 15 January 2015.

Harada, Violet H., Carolyn H. Kirio and Sandra H. Yamamoto. 2008. *Collaborating for Project-based*

Learning in Grades 9−12. Columbus, OH: Linworth Books.

Hughes-Hassell, Sandra, Kafi Kumasi, Casey H. Rawson and Amanda Hitson. 2012. *Building a Bridge to Literacy for African American Male Youth: A Call to Action for the Library Community*. Chapel Hill, NC: University of North Carolina at Chapel Hill School of Information and Library Science. http://bridgetolit.web.unc.edu/files/2012/09/Building-A-Bridge-to-Literacy-for-African-American-Males.pdf. Accessed on 15 January 2015.

IFLA. 1999. *IFLA/UNESCO School Library Manifesto*. The Hague: IFLA Headquarters. http://www.ifla.org/publications/iflaunesco-school-library-manifesto-1999. Accessed on 30 January 2015.

IFLA. 2014. "School Library Advocacy Kit." http://www.ifla.org/publications/school-libraryadvocacy-kit. Accessed on 15 January 2015.

IFLA. 2015. *IFLA School Library Guidelines Draft*. [Draft dated 12 January 2015.] Johnson, Doug. 2007. "Can School Media Programs Help Raise Standardized Test Scores." http://www.doug-johnson.com/dougwri/can-school-media-programs-help-raisestandardized-test-score.html. Accessed on 15 January 2015.

Naidoo, Jaime Campbell. 2014. *The Importance of Diversity in Library Programs and Material Collections for Children*. Chicago, IL: Association for Library Service to Children. http:// www.ala.org/alsc/sites/ala.org.alsc/files/content/ALSCwhitepaper_importance of diversity_with graphics_FINAL.pdf. Accessed on 15 January 2015.

"O'Ahu Makerspace." 2015. http://oahumakerspace.com/. Accessed on 15 January 2015. Philpot, Chelsey. 2014. "Meet Michelle Colte, SLJ's School Librarian of the Year" *School Library Journal* September. http://www.slj.com/2014/09/librarians/meet-michelle-colte-sljsschool-librarian-of-the-year. Accessed on 15 January 2015.

"R.E.A.D. for Nēnē." 2014. http://nene.k12.hi.us. Accessed on 15 January 2015.

Rothbauer, Paulette. 2006. "Young Adults and Reading." In *Reading Matters: What the Research Reveals about Reading, Libraries, and Community*, 101−132. Westport, CT: Libraries Unlimited.

Roy, Loriene and Antonia Frydman. 2013. "Library Service to Indigenous Populations: Case Studies." http://www.ifla.org/files/assets/indigenous-matters/publications/indigenouslibrarianship-2013.pdf. Accessed on 15 January 2015.

Satre, Tove Pemmer and Glenys Willars. 2002. IFLA/UNESCO School Library Guidelines. The Hague: IFLA Headquarters. IFLA professional Reports, No. 77 [Revised edition of Professional Report No. 20]. http://www.ifla.org/files/assets/hq/publications/professional-report/77.pdf. Accessed on 17 February 2015.

San Jose State University School of Information. 2015. "Library 2. 0 – the Future of Libraries in the Digital Age." http://www.library20.com. Accessed on 15 January 2015.

State of Hawai'i. 2012. "School Librarian Performance Standards." Hawai'i Teacher Standards Board. Accessed January 15, 2015. http://www.htsb.org/standards/librarian.

State of Hawai'i. 2014a. "2013 Superintendent's 24th Annual Report." Accountability Resource Center Hawai'i June 2014. http://arch.k12.hi.us/PDFs/state/superintendent_report/2013/2013SuptRptFinal20140806.pdf. Accessed on 15 January 2015.

State of Hawai'i. 2014b. "Elements of a Quality School Library Media Program." Hawai'i State Department of Education. 16 September 2014.

United States Census Bureau. 2015. "State and County Quick Facts." http://quickfacts.census. gov/qfd/states/15000.html. Accessed on 15 January 2015.

University of Hawai'i. 2015a. "Hawai'inuiākea School of Hawaiian Knowledge." http://manoa. hawaii.edu/hshk. Accessed 15 January 2015.

University of Hawai'i. 2015b. "Library and Information Science Program." http://www.hawaii.edu/lis. Accessed on 15 January 2015.

University of Hawai'i. 2015c. "University of Hawai'i System Overview." http://www.hawaii.edu/about. Accessed on 15 January 2015.

Yi, Kwan, and Ralph Turner. 2014. "The Current Landscape of the School Librarianship Curricula in the USA." *Journal of Education for Library and Information Science* 55（4）: 303−21.

158　Part 6　学校図書館員の初期準備のためのガイドライン

付録 A
ハワイ大学マノア校図書館情報学プログラム学生に期待する学習到達度

　このプログラムの主要な目標は，学生たちに図書館情報サービス分野における専門的能力と生涯にわたる成長にとって基礎的な知識，スキル，および諸価値を獲得させるところにある。当該プログラムは，次の5つの学生たちに示す学習目標に基礎をおく図書館情報学の修士課程カリキュラムを通じてその主要な目標を実現しようとしている。

　学習目標1　図書館情報学の歴史，哲学，諸原則および関係する専門職の倫理を理解し，適用し，そして明らかにできること。
　　　1a) 多様な情報が存在する文脈に図書館情報学理論とその原則を適用すること。
　　　1b) 情報サービスと情報システムの歴史的流れについての理解を論証すること。
　　　1c) 専門職実務につく準備としてクリティカル・シンキングのスキルを開発し，適用すること。
　　　1d) 専門職へのアイデンティティを身につけ，明確なものとすること。
　学習目標2　原則に則るコミュニケーション，チームワークおよびリーダーシップの素養を行使することにより情報サービスを開発し，運営し，評価し，そして推進できること。
　　　2a) リーダーシップの理解を実証すること。
　　　2b) チームに溶け込んで働き効果をあげること。
　　　2c) 特定の利用者やコミュニティのために実施する情報サービスを開発し，管理し，そして評価すること。
　　　2d) 教育的な事業やアウトリーチプログラムをつくりだすこと。
　　　2e) 情報サービスを効果的に推進する能力があることを実証すること。
　学習目標3　多様な形態の情報資源を組織し，創造し，アーカイブし，保存し，検索し，管理し，評価し，さらには広く利用に供すべく提供できること。
　　　3a) 情報を創造し，評価し，そして広く提供する過程を理解していることを実証すること。
　　　3b) 専門職の基準に従って情報資源から構成アーカイブし，管理すること。
　　　3c) 多様な情報システムと情報源を利用し，情報を探索し，検索し，そして総合すること。
　　　3d) 有体物の資料とデジタル資料のもつ諸問題を理解し，それらの保存のための技術を修得していることを実証すること。
　学習目標4　最近の情報技術，調査研究上の諸発見および方法を評価し，利用できること。
　　　4a) 情報システムと情報技術を品質，機能性，費用便益および専門職の基準の点から評価すること。
　　　4b) 最新の技術を専門職の実務に統合すること。
　　　4c) 最近の調査研究上の諸発見を専門職の実務に適用すること。
　学習目標5　多文化社会を対象とし，多様な観点を表現するプロジェクトや課題に取り組めること。
　　　5a) 多様な仲間，情報を求める人たち，およびコミュニティのなかの利害関係者たちと意見を述べあい，協働すること。
　　　5b) 情報サービスと情報システムのもつ社会的，文化的，政治的および経済的文脈を理解していることを実証すること。
　　　5c) ハワイの原住民やアジア太平洋圏域の人たちのニーズに合致するよう，また文化的永続性を推進するために図書館情報学の諸原則を適用すること。
　これら5つの目標が達成されれば，学生たちに対しては，この分野で必要な能力とリーダーシップを発揮に向けての認識を得て，その解釈と適用の準備段階をクリアしたものとの期待がもてる。
　カリキュラム検討手続きの一部として，すべてに該当する図書館情報学部の学習目標が整理された表と評価指標が定期的にハワイ大学図書館情報学プログラム課程に提出されてきた。さらなる情報は，<http://www.hawaii.edu/lis/about-us/vision-values-mission>（'15.2.16 現在参照可）のウェブサイトで入手することができる。

付録 B
アメリカ図書館協会とアメリカ学校司書協会が定めた学校司書育成着手に関する基準と要素（2010）

基準1　学習に向けての教育

　学校司書志望者は，学習者と学習についての知識を実証し，多重的リテラシーに関する協働的計画作成と教育，および質問と応答に基礎をおく学習をモデル化し推進する，効果的な教師であり，学習コミュニティのメンバーたちを思想と情報を有効に利用やその創造にかかわる人たちに育てることができる。学校司書志望者たちは，生徒たちの興味関心をとらえ，批判的創造的に調査し考え，知識を獲得し共有する彼らの能力を開発する教育を設計し，実施する。

構成諸要素

1.1　学習者と学習についての知識

　学校司書志望者たちは，学習スタイル，人間の成長と発展，および学習への文化的影響について知識を得ることができる。学校司書志望者たちは，学習者のニーズを評価し，教育的に最もうまくいった事例を考慮した教育を設計できる。学校司書志望者たちは，多様な学習スタイル，身体的そして知的能力とニーズをもつ人たちを含む，すべての生徒と学習コミュニティのそのほかのメンバーたちを支援する。学校司書志望者たちは，21世紀のスキル修得教育を生徒たちの興味関心と学習ニーズに基づくものとすることができ，それを生徒たちの学習到達度の評価に結びつけることができる。

1.2　有効で知識を備えた教師

　学校司書志望者たちは，能動的で調査に基づく学習へのアプローチに貢献する効果的な教育と学習の諸原則を実施する。学校司書志望者たちは，教室で教える教師とそのほかの教育職員と協力して，デジタル時代の学習経験と評価を設計し開発するために，多種多様な教育的戦略と評価のツールを利用する。学校司書志望者たちは，協働的教育が生徒たちの達成した成果に与えた影響について記録し，伝えることができる。

1.3　教育上のパートナー

　学校司書志望者たちは，ほかの教育職員とともに働く協働的パートナーとして，教育と学習に関して有効な諸原則をモデル化し，共有し，そして推進する。学校司書志望者たちは，それが図書館情報の利用に関係することから，カリキュラム開発への参加，学校改善手続きへの取り組み，ほかの教育職員への専門的職務改善の提供の重要性を理解できる。

1.4　21世紀のスキルと学習基準の統合

　学校司書志望者たちは，学校コミュニティの学習ニーズを支援するために，21世紀のリテラシースキルの普及に向けて積極的に活動を展開する。学校司書志望者たちは，21世紀の学習者のために AASL が定めた基準にそって教育を計画，実行し，また生徒たちのカリキュラム基準を語る目的をもって，ほかの教師たちとどのように協働するか，その方法を実証する。学校司書志望者たちは，有効で創意に富んだ教育のための1つの手段として最新の技術の利用を統合し，そして小学校児童たちの概念的理解，クリティカル・シンキングおよび創造的プロセスを支援する。

基準2　リテラシーと読書

　学校司書志望者たちは，学習，個人的成長，および娯楽のための読書を推進する。学校司書志望者たちは，児童青少年向けの文学作品における主要な動向を承知しており，情報入手のための読書，娯楽のための読書，および生涯学習のための読書を支援するための多様な形態の読書材を選択する。学校司書志望者は，すべての読者の多様なニーズと興味関心に応える教室での読書教育を強化するために，多様な戦略を活用する。

構成諸要素

2.1　文　献

　学校司書志望者は，情報入手のための読書，娯楽のための読書，および生涯学習のための読書を支援するために，広範な範囲に及ぶ多様な形態と言語の児童青少年向けの作品と専門的文献をよく知っている。

160　　Part 6　学校図書館員の初期準備のためのガイドライン

2.2　読書の推進

　学校司書志望者たちは，創意工夫に富んだ表現と生涯にわたる読書の習慣を身につけさせるために，娯楽のための読書を推進する一方，読書に対する個人的喜びを形づくるために，多様な戦略を活用する。

2.3　多様性の尊重

　学校司書志望者たちは，小学校児童とそのコミュニティのもつ多様な成長を促す，文化的，社会的，そして言語的なニーズを支援する印刷物およびデジタル形態の読書材と情報資料から構成されるコレクションを構築する能力を実証する。

2.4　リテラシー戦略

　学校司書志望者たちは，小学校の児童たちが文章から意味を生み出すことができるように，広範囲に及ぶ多様な読書教育戦略を強化するために，教室の教師と協働する。

基準3　情報と知識

　学校司書志望者たちは，有体物，デジタル，およびヴァーチャルな情報資源のコレクションへの倫理にかなった，公平なアクセスと利用を形づくり，それを推進する。学校司書志望者たちは，多様な学習コミュニティのニーズを支援する種々さまざまな情報資源と情報サービスについての知識を実証する。学校司書志望者たちは，実践を改善するための知識を生産するために，種々さまざまな調査研究戦略の利用を実証できる。

構成諸要素

3.1　効率的で倫理にかなう情報探索活動

　学校司書志望者たちは，多様な児童生徒の情報ニーズを満たすべく行う支援を確認し，提供する。学校司書志望者たちは，児童生徒，ほかの教師，そして管理職たちが特定の目的に役立つ情報の所在を確認し，評価し，倫理にかなう利用をするための多様な戦略をつくりだす。学校司書志望者たちは，情報に効率的にアクセスし，解釈し，そしてそれを伝えるために，児童生徒，ほかの教師，および管理職と協働する。

3.2　情報へのアクセス

　学校司書志望者たちは，図書館サービスを提供するために，柔軟で開かれたアクセスを支援する。学校司書志望者たちは，情報資源とサービスへの公平なアクセスにとっての物理的，社会的および知的な障壁の解消に資する解決策を開発する能力を実証する。学校司書志望者たちは，印刷物，非印刷物，およびデジタル形態の情報へのアクセスを容易にすることができる。学校司書志望者たちは，当該専門職の法的および倫理的規範をつくりだし，伝えることができる。

3.3　情報技術

　学校司書志望者たちは，デジタルツールを利用して児童生徒に対してほんものの学習に取り組ませるように関係する学習経験を設計し，適用する能力を実証する。学校司書志望者たちは，デジタル社会における調査研究，学習，創作，および意思伝達を支援する目的にかなうように，情報資源の所在を確認し，分析し，評価し，そして利用するために，新しい最新のデジタルツールの効果的な利用を産み出し，容易に実行できるものとする。

3.4　調査研究と知識の創出

　学校司書志望者たちは，データ収集のために，証拠に基づく行動的調査研究を行う。学校司書志望者たちは，学校図書館における実践を改善する新しい知識を創出するために，データを解釈し，活用する。

基準4　積極的働きかけとリーダーシップ

　学校司書志望者たちは，教師，管理職，ライブラリアン，そしてコミュニティと協働し，連携することによって，児童生徒の学習と到達した成果に焦点をあわせる，動的な学校図書館プログラムと十分に整備された学習環境を実現すべく積極的に活動を展開する。学校司書志望者たちは継続学習と専門性の

充実に取り組み，ほかの教育職員のための専門性の向上に資する活動を主導する。学校司書志望者たちは，学校図書館が児童生徒の学習到達度の成果に貢献する方法を明らかにすることによって，リーダーシップを提供する。

構成諸要素
4.1　図書館コミュニティとのネットワーク形成
　学校司書志望者たちは，ほかの図書館との連携を樹立し，資源共有，ネットワーク形成，そして情報へのアクセスの容易化をめざして，図書館の世界での仲間との間での協力を強化することができる能力を実証する。学校司書志望者たちは，学習者から構成される社会的および知的なネットワークのメンバーとして，連携に参加し協働する。

4.2　専門性の開発
　学校司書志望者たちは，図書館界の学協会のメンバーとなったり，専門職の会議に出席したり，専門雑誌を購読したり，またインターネット情報資源を探索したりすることによって，専門性の充実とリーダーシップ発揮の機会への参加を通じて，専門職団体に対する強力な一体感を生み出す。学校司書志望者たちは，計画的に継続的な専門性の充実を図っている。

4.3　リーダーシップ
　学校司書志望者たちは，最近の教育的事務事業の取り組みのなかで，児童生徒の学業上の成果に対する学校図書館プログラムが及ぼした影響の役割と関係を明らかにすることができる。教育と図書館での調査研究から生み出された証拠に基づく実践とその情報を活用し，学校司書志望者たちは図書館プログラムが学校改善に向けての努力を向上させることが可能なやり方を伝えることができる。

4.4　広報
　学校司書志望者たちは，学校図書館プログラムに影響を与える，学校コミュニティの内部と外側の利害関係者たちを確認する。学校司書志望者たちは，学校図書館情報プログラム，資源およびもろもろのサービスの整備充実に向けての積極的働きかけを展開するための計画を作成する。

基準5　プログラムの管理と運営
　学校司書志望者たちは，図書館学，教育，管理，および運営に関する倫理と諸原則に従って，学校のなかで行われる図書館プログラムの使命達成を支えるべく，学校図書館プログラム，資源，およびもろもろのサービスを計画し，作成し，実施し，そして評価する。

構成諸要素
5.1　コレクション
　学校司書志望者たちは，多様なカリキュラム，児童生徒，教師，および管理職の個人的，また専門的ニーズを満たすように仕組まれた高品質のコレクションを整備し管理運営する主眼に，専門的な資料選択ツールや評価基準を利用し，印刷物，非印刷物，およびデジタル資源を評価し，選択する。学校司書志望者たちは，最近の図書館目録法と分類法の諸原則と基準に従って，学校図書館のコレクションを組織する。

5.2　専門職倫理
　学校司書志望者たちは，当該専門職の倫理的諸原則を実践し，知的自由とプライバシーの保護を唱え，デジタル世界の公民権と責任を推進し，モデルを示す。学校司書志望者たちは，情報と思想の倫理的利用に基づき学校コミュニティを教育する。

5.3　人事，資金調達，および施設設備
　学校司書志望者たちは，計画作成，予算編成，および職員，情報および物的資源の評価に関連して，最もすぐれた実践例を適用する。学校司書志望者たちは，情報資源と情報サービスを向上させ，すべての利用者に対するすべての情報資源への公平なアクセスを保障するために，図書館の施設設備を配置する。学校司書志望者たちは，学校図書館における教育と学習を支援するべく，基本的方針と手続きを作成し，実施し，そして評価する。

162 Part 6 学校図書館員の初期準備のためのガイドライン

5.4 戦略的計画の作成と評価

　学校司書志望者たちは，諸資源，サービス，および諸基準を当該学校の使命に適合させた図書館プログラムを作成するために，児童生徒，教師，管理職，およびコミュニティのメンバーに伝え，彼らと協働する。学校司書志望者たちは，図書館プログラムがその多様性に富んだコミュニティのニーズにどのように応えているかを評価するために，データと情報を効果的に利用する。

● 訳注

①グラフィックノベルは，通常はしばしば大人の読者が対象とされる長く複雑なストーリーを備えたアメリカン・コミックをさす。

|16| Lesley S. J. Farmer
The Symbiotic Relationship between Standards and Programmes in School Library Education
——California's Experience

学校図書館教育における規格とプログラムの共生関係
——カリフォルニアの経験

レスリー・S・J・ファーマー

要　旨　カリフォルニア州では，学校図書館教育のための州公認プログラムのための新たな枠組みを提供するために，次の3つの取り組みをまとめた。児童生徒のためのカリフォルニア版図書館コンテンツ基準について，教員資格認定司書教諭準備プログラム基準に関する1991年カリフォルニア委員会の改正について，カリフォルニア司書教諭特別承認クラスの開発についてである。本章では，これらの取り組み過程の背景を説明するとともに，承認され実現されたこれらの重要な基準などを得るための取り組みについて説明する。学校図書館関連の基準や利害関係者の優先順位との間のこの共生関係は，専門職内の改革のための触媒となって役立った。

キーワード　アメリカ合衆国；カリフォルニア；学校図書館教育；認定；認証；カリキュラム開発；図書館教育プログラム基準；図書館教育プログラム評価；学校図書館員のための専門的基準

背　景

　児童生徒と一か八かのテスト（high stakes testing）の間の緊張関係，技術の進歩，そしてグローバル化などの教育の動向は，すべてスクールライブラリアンシップに影響を与えてきた。州および国家レベル司書教諭のいずれであっても，高品質のプログラムを確実にするために，図書館プログラムの基準と手段を再検討する必要性を明らかにした。とくに，経済状況が州の8000校のK-12学校の司書教諭の雇用を危うくしたように，カリフォルニア州の利害関係者は，これらの問題に対処し，児童生徒の成功のために学校図書館の価値を実証する必要があった。

アメリカ学校図書館基準

　学校図書館プログラムは，学校の使命をサポートし，児童生徒やスタッフが，アイデアや情報の効果的な利用者となるよう助けるために，学校独自の具体的な使命と整合するよう支えるものである（AASL/AECT 1998）。そのために，司書教諭は，最適な学習のための条件を提供しようと，教育者情報スペシャリストや指導者としての役割を通じて，学校図書館プログラムのための AASL ガイドライン『学校図書館メディアプログラムのためのガイドライン（*Empowering Learners*）』（2009年）によって明瞭にされている。

司書教諭は，効果的にリソースとサービスを管理しているだけでなく，児童生徒が21世紀のスキルを習得するうえで大きな役割を果たしている。アメリカ学校図書館協会プログラムガイドラインを補完しているのは，その概念とリテラシーを拡大した『21世紀の学習者のための基準（*Standards for 21st Century Learners*）』（2007年）である。アメリカ学校図書館協会基準は，探究や批判的思考，応用や知識の創造，倫理的かつ生産的な共有，個人的および審美的な成長の追求が含まれる。各基準は，スキル，性質，責任，自己評価策定で構成されている。

アメリカ学校図書館協会（AASL）は，技術スキルの重要性を指摘し，教育における技術のための国際学会（ISTE）は，司書教諭を含む，児童生徒（2007年）と教員（2008年）のための技術基準を開発した。これらの基準では，技術の操作と概念，研究および情報流用，批判的思考と問題解決，技術革新と創造性，コミュニケーションと協力，デジタル市民権を示している。教員のためのISTEの基準は，児童生徒が技術的に有能であることを保証するために果たす教員の役割を強調する。すなわち，児童生徒の学習や創造性，デジタル時代の学習経験と評価を設計するデジタル時代のプロの学習と仕事をモデル化し，デジタル市民権を促進することである。

 カリフォルニア州情報リテラシー基準の開発

カリフォルニア州では，児童生徒のための図書館コンテンツ基準の開発は，学校司書が学校司書の影響を実証するために，十分ではなかったカリフォルニアのK-12カリキュラム全体の情報リテラシー基準を埋め込むためのアプローチとして，具体的な役割をもつために始められた。司書教諭は，さまざまなコンテンツ基準における情報能力を強調した場合でも，これらの基準を保証するために，独自の貢献はほとんど認められなかった。

カリフォルニア州教育規則（California State Depertment of Education 2015）は，このようなコンテンツ基準の確立のために規定した。カリフォルニア州学校図書館コンサルタントのバーバラ・ジェファスと教育サービスコーディネーターのスーザン・マルティーノによってカリフォルニア州教育規則を精読することが可能となった。両名は，すぐに成果基準と学校図書館プログラム（SLP）基準で学ぶ児童生徒を育成するために，主にカリフォルニア州学校図書館協会（CSLA）メンバーで構成される，ボランティアの運営委員を募集した。運営委員会では，アメリカ学校図書館協会とISTE基準に自身の仕事をあてはめ，4つの包括的な能力を確定した。すなわち，情報へのアクセス，情報の評価，情報の使用，情報リテラシーを学習のすべての領域に統合する能力である。また，運営委員会は，学年ごとの学年指標を開発した。基準の素案は，ほかのカリフォルニア州学校図書館協会のメンバー，および公開フォーラム内のほかの関係者（教育関係者，図書館関係者，地域関係者），およびオンライン調査を経て検討された。カリフォルニア州公立学校モデル学校図書館基準は，2009年に開発され，2010年9月に承認された。

 カリフォルニア州学校図書館基準会議のための条件開発

モデル学校図書館基準は，前提として研究に基づく学校図書館の成果と児童生徒の学習

成果の両方をサポートすることができるようになっている。学校図書館プログラム（SLP）基準は，児童生徒にとって図書館基準の場所となるために必要な特定のリソースを効果的に対処できるよう前提に基づいて示したものである。ほかの多くの州では，SLPの基準をもっているものの，それらの根拠はほとんど明らかにされていないのである。

　カリフォルニア州は，基準が，数十の研究により測定可能なデータに基づくものであったことが実証されたことにより，スタッフの配置，コレクション，サービス，施設が，児童生徒の学習に与える影響について導き出すことが容易となった。そのため，カリフォルニア州学校図書館コンサルタントのバーバラ・ジェファスは，研究と基準の関係を補強する必要性から，積極的に児童生徒の成功に影響を与える学校図書館基準と学校図書館プログラムの要因について文献レビューを行うために筆者に尋ねた。カリフォルニア学校図書館プログラム基準の基礎を形成し，研究のためテストされた要因のリストとして，スタッフの配置，アクセス，サービス，およびリソースがあげられる。

　筆者は，統計学者であるアラン・セーファー博士の協力により，定性・定量相補融合法（mixed methods）のアプローチを用いて研究を行った。関連文献，および統計分析のコンテンツ分析は，集団との間の有意差を決定することができる（Farmer and Safer 2010）。文献のメタ分析では，SLP質問項目のリストが児童生徒の学力に寄与することを示した。これらの測定可能な質問項目は，基準値となるSLP基準として次のような基本セットを形成する。それは，フルタイムの司書教諭とその助手の配置，統合図書館管理システム（ILMS）と学生にアクセス可能な図書館のWebページの整備，いくつかの柔軟なスケジュールにより週に少なくとも36時間の図書館開館，少なくとも1つのクラスのための施設，少なくとも2つのオンラインデータベース利用，インターネットに接続されたコンピュータへの児童生徒のアクセス，共同作業と戦略的計画，確立された方針，読書支援のための特定のサービス，情報リテラシー教育，データベース指導である。さらに質問項目を検証するために，研究者は2009年のスクールライブラリージャーナル誌のアメリカ学校図書館調査と調査結果を比較している（Shontz and Farmer 2009）。最新版の基準値として確立するためには，調査回答者の少なくとも半分は，特定の質問項目を満たしていなければならない（つまり，図書館が基準要因のすべてを満たす必要はない）。

　次の段階として，研究者らは，カリフォルニア州教育省学校図書館データセットを調べ，学校のサイトに掲載されている図書館プログラムに関する部門の年次調査の回答を示した。その際，最新のデータは，2007-2008年の図書館プログラムを表している。研究者らは，基準値案と基準値質問項目の相対的重要性を決定するために，分散分析に続いてt検定を用いて，基準を満たしていなかった図書館プログラムを比較した。

　追加の定量値は，すべての基準値を満たした学校図書館のリソースの平均数に基づいて，資料の予算，コレクション，および資料費の基準として使用するために作成した。他の基準値と同様に，2009年のスクールライブラリージャーナル誌での調査の結果は，これらの数値を正当化するものであった。カリフォルニア州と国のデータセットは，学校図書館の質問項目と児童生徒の学力の相関にかかわる数十の研究の調査結果を確認した。

　州議員は，確定したモデル学校図書館基準に感銘を受け，2010年9月の基準承認前に，

定量的な測定基準の一部を加えている。

 ### 司書教諭サービス資格証明プログラム基準

モデル学校図書館基準が実現されるためには，高度な資格をもつ司書教諭が，管理および学校のサイトに掲載されている図書館プログラムを指導しなければならない。司書教諭教育プログラムは，サービス能力を保障し，司書教諭としてのリーダーシップのもと就学前，K-12，および学生にサービスを提供できる候補者を養成する。これらのプログラムは，その理念，原理と原則の倫理に対処するために，学生や職員が，教授と学習，情報へのアクセスおよび伝達，協力，支持，およびリーダーシッププログラムを通じて，アイデアや情報の効果的な利用者を確認する必要がある。プログラムは，研究，読書，情報リテラシーの指導，司書教諭候補者が多様で変化する社会という場でサービスを提供できるよう重視しなければならない。

カリフォルニア州では，司書教諭の資格は，州の教員資格認定委員会（CTC）の管轄におかれている。これらの挑戦的な期待に応え候補者を養成することを保証するプログラムとするために，州の教員資格認定委員会は，研究成果，国や州の専門職証書，専門家の意見に基づき，厳格な基準を開発し，分野での最善の措置を受け入れた。カリフォルニアの司書教諭は，最初に教員免許を保持しなければならない（複数科目の小学校，単一科目の中等学校，特別支援教育，または最近指定された科目や成人教育）。司書教諭サービス資格証明書は，補助証明書として指定され，通常，現場での経験を含め大学院の授業27〜32単位で構成されている。

カリフォルニアのモデル学校図書館基準が開発されていたとき，州の教員資格認定委員会は，1991年の司書教諭資格プログラム基準のもとで運用していた。モデル学校図書館基準は，カリフォルニア州司書教諭資格プログラム基準を改訂するための原動力をもたらした。モデル学校図書館基準の準備という理由だけではなく，カリフォルニア州の教育と世界の教育そのものを変え，更新する時期であったことは間違いない。

 ### 司書教諭準備プログラム基準の開発

州の教員資格認定委員会は，実務家，司書教諭養成者，カリフォルニア州学校図書館協会の指導者，担任教員と学術図書館員を含め諮問委員会を設立した。研究班は，4つの会議の交通機関や宿泊施設を提供する州の教員資格認定委員会とともにボランティアで活動した。筆者は，カリフォルニア州立大学組織を代表とした。全体的な規格の導入だけでなく，特定の主題基準の取り組みを記述した。研究班は，2010年7月に開始し翌春まで数回にわたって開催した。

ほかの全米組織も図書館員の能力を再検討するには好都合であった。プログラム基準の開発を導いたのは，2010年のアメリカ専門教育委員会の『図書館メディアのための基準』（Standards for Library Media），2009年のアメリカ図書館協会の『図書館員のコアコンピテンシー』（Core Competences of Librarianship），2010年の教師教育認定のための国民会議（NCATE）の『司書教諭プログラム基準』（Standards for Teacher Librarian Programs），

2010年の『カリフォルニア学校図書館モデル基準』(California Model School Library Standards) である。これらの基準の多くが，児童生徒の学習成果を明確に示し策定された。

　司書教諭を養成するため6つのプログラムの基準領域を次のように示した。学習のための指導，複数のリテラシー（たとえば，読書，技術や情報など），情報や知識，リーダーシップと広報，プログラム管理，公平と多様性である。最後の領域については，カリフォルニア州のますます多様化する児童生徒の人数を考慮することがとくに重要だった。各領域は，基準の焦点となり，具体的な指標は各基準の諮問機関によって開発された。

　『モデル学校図書館基準』と同様に，準備プログラムの基準は，州全体の関係者から口頭および書面にていくつかの指摘を受けた。また，州の教員資格認定委員会とその統治委員会も公聴会を開催し，諮問委員会が検討中の提案を作成した。最終的に基準は，2011年6月に州の教員資格認定委員会で採択された。

特別クラスの認可

　諮問委員会は，プログラム基準の改訂を検討したように，学校司書／司書教諭が教えることができるカリキュラムを実現し，カリフォルニア教育規則に規定し，児童生徒の図書館の助手の研修を行った。学術コースを教えることができるようにするには特別な権限を必要とする。その際，予算削減のためいくつかの地区では，司書教諭の初期の資格証明の資格に基づいて教室に彼らを配置した。図書館で5年以上フルタイムで働いていた何人かの司書教諭は，教室で教える資格が考慮されなかったため解雇の危機にあった。司書教諭の証言の1つとして，地区の弁護士は，デューイ十進分類システムの指導は，数学を教えるための資格が必要と考えた。

　これと同じころ，カリフォルニア州法 AB307 が通過し，カリフォルニア州の教育規則の第51871.5として「教室での情報技術の適切かつ倫理的な使用のため生徒と教員を教育するための構成要素を含む」(California State Depertment of Education 2015) とし，地区の技術計画に必要な改正が成立した。ある程度までは，司書教諭は，この法案の作成や議論に参加した。同様に，カリフォルニア州知事アーノルド・シュワルツェネッガーの行政命令 S-06-09 では，すべての住民がデジタルリテラシーをもつことを保証するためにカリフォルニア州 ICT デジタルリテラシーのイニシアチブを確立し，「住民，児童生徒，労働者の ICT デジタルリテラシーの習熟度を識別するために，州によって承認されたベンチマーク，評価指標，評価と認定したデジタルリテラシー能力のシームレスな接続」の必要性を指摘した。

　中央政府レベルでは，S1492ブロードバンドデータ改善法（公法110-385），『21世紀における児童保護法』(Protecting Children in the 21st Century Act 2008) と題し，学校・公立図書館インターネット補助金制度（e-rate）を受けるすべての学校において，「ソーシャルネットワーキングサイト上のチャットルームにおける他人と相互交流，ネットいじめの意識と応答などを含む適切なオンライン行動について」児童生徒に教えなければならないことを義務づけた。

　幸いなことに，州の教員資格認定委員会は，自閉症スペクトラム障害のある児童生徒を

教えるために，特別な権限を得て教育プログラムの開発を進めた。この可能性を探索するため小委員会が設立され，筆者も加わった。コンテンツの問題のための当然の選択は，情報リテラシーとデジタルリテラシーだった。1つの基準は，司書教諭の理論とスキルの学習に焦点を当てた。もう1つの基準は，授業設計と対面およびオンラインでのリテラシーの配信に焦点を当てた。司書教諭サービス資格基準と同様に，これらの基準は，具体的な指標が含まれている。特別クラスは，関係者と州の教員資格認定委員会理事会の精査を受けて認可された。

その結果，情報リテラシーとデジタルリテラシーのための特別クラスは，2011年10月に州の教員資格認定委員会により認可された。とくに注目すべきは要件であり，司書教諭は対面とオンライン環境で教えることができることとされた。これにより，こうした性格をもつ最初の州の資格となった。

モニタリング，評価と査定

上述したように，これらの3つの基準の取り組みは，最終的な承認前に関係者からの網羅的な意見が含まれていた。一度承認され，基準が実施されると，改良のため実際にモニタリング，評価，あるいは，査定に用いられた。

『情報リテラシーとデジタルリテラシーにおける司書教諭サービス資格証明と特別クラスプログラム基準』，州の教員資格認定委員会の『司書教諭サービス資格証明』と特別クラスは，司書教諭教育のモニタリングプログラムとして用いられている。資格証明と司書教諭の承認のための準備を提供したい任意の機関は，州の教員資格認定委員会によって承認されなければならない。このとき，4つの司書教諭準備プログラムは，この資格を提供するために承認されており，2つは，特別なクラスの認可を提供するために承認されている。プログラム基準の変更は，既存の司書教諭準備プログラムが，州の教員資格認定委員会と『モデル学校図書館基準』の両方に照らして，カリキュラムを一新する必要があるとき行われる。このような変更は，大学のカリキュラムの審査委員会によって審査と承認を必要としより多くの議論を呼びおこし，必要とされるリソースを提供するため，管理者によって買い埋めが行われる。一般的に，司書教諭養成のため改訂されたカリキュラムは，より多くの技術，研究，多様性，リーダーシップの構成要素を追加した。

興味深いことに，特別クラス認定（SCA）は，最初にいくつかの注目を集めたが，司書教諭は，情報や技術についての高いレベルの思考よりも，むしろ基本的なコンピュータスキルを教えるために割り当てられることをおそれ警戒したままであった。さらに，学校の管理者がSCAを知っているか理解している，あるいは，情報リテラシーやデジタルリテラシーに対処するためのカリキュラムをスケジュール構成することができる学校管理者はほとんどいない。カリフォルニア州学校図書館協会会議はSCAについての授業も含み，カリキュラムを統合するためのサイトベースのシナリオを提供した。SCAに関する記事は，管理者の雑誌に登場しているが，物の見方やとらえ方の変化が遅い。

『モデル学校図書館基準』については，2014年にカリフォルニア州学校図書館協会は，公にこれらの基準を満たしている学校図書館を認識するために基準に基づいて調査票を開

発した。基準統合のためのカリフォルニア州学校図書館協会委員会（CSI）は，「提携シール」（http://csla.net/instruction/）[1]と基準に合わせウェブサイトを認識するためのプログラムを開始した。2014年の年次会議では，カリフォルニア州学校図書館協会は，参加者が提携シール承認のために提出する課題作成のためのスカンクワークスセッションを開催した。

　研究面では，『モデル学校図書館基準』は，経済危機を前にデータを使用して開発された。筆者と共同研究者アラン・セーファーは，『モデル学校図書館基準』がカリフォルニアの学校図書館プログラムのリソースとサービスに影響を与えていたかどうかを知りたかった。そのため，次のような研究質問に答えるために，2011～2012年にかけてカリフォルニア州教育省の学校図書館調査データを分析した。

> 一基準以降に変更された基準を満たす学校図書館プログラムの数は認められるか？
> 一どの質問項目が基準を満たしていない学校図書館プログラムと基準を満たす学校図書館プログラムを区別するのか？
> 一2007～2008年データセット内で識別重要な質問項目は，2011～2012年のどのデータセットと比較するのか？

　研究者は，年を比較すると基準値の基準を満たすための取り組みを最適化することになる要素に焦点を当て，学校司書を助けることができる予測モデルを開発するため記述統計と意思決定ツリーを使用した。

　今回の調査では，2011～2012年のデータにおいて，変化を期待するには調査期間が非常に短かったため，州の基準のいずれかで目に見える影響を発見できなかった。変化の理由を説明するためにも，学校図書館へのインタビューによってより多くの最新のデータが裏づけのため必要とされるであろう。さらに，経済的，政治的な風景が2つの時間枠との間で変化している。

　いくつかのタイプの分析を行ったあと，分類および回帰ツリー（CART）決定ツリーは，データを説明するのに最適なフィット感を提供する。学校図書館プログラムの状態を表す主要な因子は全体的な資金調達および資金源のさまざまな使用であった。調査結果は，図書館員がこれらの異なる資金の流れを意識するために，意思決定者との積極的なコミュニケーションや交渉を必要とする可能性があり，それらを活用するための必要性を示唆した。資源とそれらへのアクセスは，学校図書館プログラムのもう1つの重要な「脚」を構成する。図書や非印刷資料やオンラインリソースが，すべて必要とされていることや，いくつかの分析では，指導を介した物理的なアクセスだけでなく，知的アクセスが，図書館の基準を満たすちがいを生み出すために必要であることを示しているようにみえた。一般的に，基本的なリソースおよびサービスを提供する大多数の学校図書館と豊富なコレクション，革新的なサービス，拡張したアクセスを提供している第一流の学校図書館との間にはかなりの格差があるようにみえる。

課　題

　これらの州の取り組みは，経済的な急落と司書教諭の一時解雇の最中に開発された。ま

た，運営委員会と諮問委員会は，無報酬のボランティアベースで行われた。とくに日常の専門職生活のなかで，この重要な仕事のバランスをとるためには，慎重に時間を管理しなければならなかった。仕事の状況を考慮すると，3つの取り組みのための時間はとても短かった。『モデル学校図書館基準』は，2009年3月にはじまり開発され，2010年9月に承認された。司書教諭資格養成基準は，2009年9月にはじまり開発され，2011年6月に承認された。そして特別クラスの認可は，2011年10月に承認された。基本的にこれらの取り組みは，今日の司書教諭の機能を理解していない教育者の伝統的な考え方に挑戦しつづけるものである。

学んだ教訓

　これらの州全体の努力は，彼ら専門家の努力とボランティアのかかわりの影響を証明した。州図書館コンサルタントは，モデル基準プロジェクトを開始したが，それは実質的なコンテンツを提供し，州法の通過のために支持された司書教諭の仕事だった。同様に，ボランティアの司書教諭やほかの教育者は，諮問委員会を構成し，カリフォルニア州の教育認定機関のために改訂された州司書教諭プログラム基準を書いた。ボランティアの活用は，自主性と自発性を保証し，これらの手段の大きな広報につながった。

　学校図書館の外部の圧力が，これらの取り組みに影響を与えた。たとえば，テクノロジーは，1991年の司書教諭プログラム基準の最終改訂のときから劇的に変化した。諮問委員会は，その図書館プログラム，あるいはそれらを管理する専門家がデジタル時代にふさわしいことを保証するため，テクノロジーが基準のなかに十分統合されていることを確実にしなければならなかった。これらの取り組みのときには，カリフォルニア州の法律が積極的にデジタル教育を推進し，司書教諭は，技術的に児童生徒を育成するために必要な指導を提供することとなり，専門知識を活用する機会を見た。司書教諭は，以前には欠けていたカリキュラムのすき間部分を指導する必要がった。さらに一般的に，これらの取り組みの時点で，カリフォルニア州の経済は危機にあったため司書教諭は職を失った。積極的にこれらの基準や指導の認可を開発することによって，司書教諭自身が，より市場性のある方法を発見した。これらの外部の圧力は司書教諭の動機となり，これらの力学を知っていただけでなく，自分に有利にそれらを活用する方法も知っていたことを示した。

　手短に言えば，共生プロセスは，学校図書館の利害関係者間の関係に支えられ，内部と外部の両方の圧力によって強化され，司書教諭専門職，とくに司書教諭教育者のための有用な事例なのである。

● 参考文献

Achterman, D. 2008. "Haves, Halves and Have-nots: School Libraries and Student Achievement" (doctoral dissertation, University of North Texas).

American Association of School Librarians (AASL). 2007. *Standards for the 21st Century Learner*. Chicago: American Library Association. http://www.ala.org/ala/mgrps/divs/aasl/guidelinesandstandards/learningstandards/AASL_Learning_Standards_2007.pdf. Accessed on 15 November 2014.

American Association of School Librarians (AASL). 2009. *Empowering Learners: Guidelines for School Library Programs*. Chicago: AASL.〔アメリカ・スクール・ライブラリアン協会（AASL）

編，全国 SLA 海外資料委員会訳『学校図書館メディアプログラムのためのガイドライン』（シリーズ学習者のエンパワーメント，第2巻）全国学校図書館協議会，2010年〕

American Association of School Librarians and Association for Educational Communications and Technology（AASL/AECT）. 1998. *Information Power: Building Partnerships for Learning.* Chicago, IL: American Library Association.（アメリカ・スクール・ライブラリアン協会，教育コミュニケーション工学協会共編，同志社大学学校図書館学研究会訳『インフォメーション・パワー：学習のためのパートナーシップの構築』同志社大学，日本図書館協会発売，2000年）

American Library Association（ALA）. 2009. *Core Competences of Librarianship.* Chicago, IL: American Library Association.

California State Department of Education. 2010. *Model School Library Standards for California Public Schools.* Sacramento, CA: California State Department of Education.

California State Department of Education. 2015. *California Education Code.* Sacramento, CA: California State Department of Education.

Commission on Teacher Credentialing. 2011. *Teacher Librarian Services Credential and Special Class Authorization in Information and Digital Literacy Program Standards.* Sacramento, CA: Commission on Teacher Credentialing.

Farmer, L., and A. Safer. 2010. "Developing California School Library Media Program Standards." *School Library Media Research* 13. http://www.ala.org/aasl/sites/ala.org. aasl/files/content/aasl-pubsandjournals/slr/vol13/SLR_DevelopingCalifornia_V13.pdf. Accessed on g November 2014.

International Society for Technology in Education（ISTE）. 2007. ISTE Standards: Students. Eugene, OR: ISTE.

International Society for Technology in Education（ISTE）. 2008. ISTE Standards: Teachers. Eugene, OR: ISTE

National Board for Professional Teaching Standards. 2010. *Standards for Library Media.* Arlington, VA: National Board for Professional Teaching Standards.

National Council for Accreditation of Teacher Education（NCATE）. 2010. *Standards for Teacher Librarian Programs.* Washington, DC: National Council for Accreditation of Teacher Education.

Protecting Children in the 21st Century Act, Pub. L. No.110-385, Tit. ll, 122 Stat. 4096（2008）

Shontz, M., and L. Farmer. 2009. "School Library journal's Spending Survey." *School Library Journal* 55（4）: 38-44.

● 注
（1）2015年2月23日最終アクセス

あとがき

　本書は，各章の執筆者や２つの支援組織からの仲間の協力あったからこそ実現すること
ができた。各章の執筆者，IASL，IFLA 学校図書館部門常任委員会の役員，IASL/IFLA
学校図書館共同委員会，De Gruyter Saur の編集チーム，なかでも Michael Heaney 編集
長に心から感謝申し上げる。２つの団体と世界中の学校図書館関係者に敬意と栄誉を表す
る。

バーバラ・A. シュルツ＝ジョーンズ，ダイアン・オバーグ

2015年２月15日

付　録 ― IFLA/ユネスコ学校図書館宣言（1999年）

（http://www.ifla.org/publications/iflaunesco-school-library-manifesto_1999? og=52）

■すべての人々の教育と学習のための学校図書館

　学校図書館は，今日の情報社会，知識基盤社会において，基本的な情報と知識を適切に提供する。学校図書館は，児童生徒が善良な市民として生活するために，生涯を通して学び続けるために必要なスキルを身につけ，想像力を育成する。

■学校図書館の使命

　学校図書館は，学校内のすべての人々が批判的な考え方や，多様なメディアを有効に活用できるように，学習に必要なサービスや，図書，そのほかの情報源を提供する。学校図書館は，ユネスコ公共図書館宣の主旨と同様に，図書館や情報ネットワークと幅広く連携する。

　図書館職員は，フィクションからドキュメントまでの広い範囲において，印刷や電子資料，近くであっても遠く離れていても，図書やそのほかの情報源の利用を支援する。資料は教科書や教材，教育方法を補い，十分に備えること。

　図書館職員と教師とともに活動する場合には，児童生徒の読み書きの能力，読書，学習，問題解決，情報，通信技術活用能力が向上していることが明確に示されている。

　学校図書館サービスは，年齢や，人種，性別，宗教，国籍，言語，専門性，社会的地位にかかわりなく，学校にいるすべての人に平等に提供されなければならない。特別な支援が必要な人たちに対しても，図書館サービスや資料を提供しなければならない。

　図書館サービスや資料情報の利用は，国際連合世界人権宣言・自由宣言に基づくものであり，イデオロギー，政治的または宗教的検閲や営利的な圧力に屈するべきではない。

■基金・法律・ネットワーク

　学校図書館は，読み書きの能力，教育，情報の供給と経済，社会と文化の発展のための長期的政策にとっての基礎である。地方や地域や国内の関係機関による責任として，特定の法律や政策で支援されなければならない。学校図書館は熟練した職員，資料，機器や家具を維持するに十分な資金がなければならない。利用は無料でなければならない。

　学校図書館は，地方，地域，国立図書館や情報ネットワークの重要な一員である。

　公共図書館など，異なるタイプの図書館と設備，あるいは，情報源を共有している学校図書館は，その特質を認め，維持されなければならない。

■学校図書館の目的

　学校図書館は教育課程において，なくてはならない設備である。次に示すのは，読み書き能力，情報活用能力，教育，学習と文化の育成は基本であり，学校図書館の中心的なサービスである。

　―学校の使命とカリキュラムの要点を示した，教育の使命を支援し向上させること

—子どもたちが読書や学習を習慣として楽しみ，生涯を通して図書館を利用することを
　促し，継続すること
—知識，理解，想像力，楽しみのために情報を創造し活用する体験の機会を提供するこ
　と
—地域社会におけるコミュニケーションの様式に対する鋭敏さを含めて，すべての児童
　生徒の学習，形や形式，メディアを問わず，情報の評価や活用のための技術の練成
　を，支援をすること
—地域や，地方，国内国外の情報源，多様な考え方，経験，意見に学習者が接する機会
　を提供すること
—文化や，社会認識，感性を高める活動を主催すること
—児童生徒や教師，管理職，保護者とともに学校の使命を果たす活動をすること
—知的自由と情報へのアクセスの概念が，民主主義社会を生きる有能な責任ある市民に
　とって不可欠であると明らかに示すこと
—学校の内外において，すべての人々に対して，読書や情報提供，学校図書館サービス
　を充実すること
　学校図書館は，これらの機能を果たすために，政策とサービスを進展し，リソースを選
択収集し，適切な情報源への物理的知的なアクセスを提供し，訓練された職員を配置す
る。

■職　員

　学校司書は，専門的な知識を有する職員として，学校図書館の計画や運営の責任ある一
員であり，可能なかぎり十分な職員数を配置し，学校の教職員や公共図書館やそのほかの
機関と情報を交換すること。

　学校司書の役割は，国の法律や枠組みのなかで，学校の予算やカリキュラムや教育方法
によって異なる。どのような環境にあっても，学校司書が，リソース，図書館，情報の管
理と教育などの，効率的な学校図書館サービスを展開し，それが機能することにより，学
校図書館は，学校における重要な知識の総合体となる。

　ネットワーク環境が拡大するなか，学校司書は，教師や児童生徒の双方に対して，多様
な情報操作のスキルに関する適切な計画作成と教育をする能力がなければならない。その
ため，学校司書は専門性の向上を継続しなければならない。

■運営と管理

　効果的で責任ある運営を保証するために
—学校図書館サービスの方針には，学校のカリキュラムに関連する目標，優先事項，
　サービスを明確に表現しなければならない。
—学校図書館サービスは，専門的な基準に沿って，組織化され，維持されなければなら
　ない。
—学校図書館サービスは，学校内のすべての構成員に提供されなければならない。さら

に，地域社会の状況のなかで運営されなければならない。
—学校図書館教師，学校管理職，教育行政，保護者，そのほかの図書館や情報専門家，
　地域のグループとの協働的な活動が奨励されなければならない。

■宣言の実施
　政府は，教育に責任ある省庁を通じてこの宣言の主旨を実行するための，政策や，方
針，計画を促進すること。また，その計画により，司書や教師の研修を継続し，この宣言
を周知すべきこと。

執筆者一覧

Alemu Abebe Woldie

エチオピア出身。司書，社会学者として，国際部門，政府部門で，教育や，知的財産，科学技術の仕事につく。最近は非政府組織において，地域の NGO，CODE–エチオピアの図書館開発や，経営コーディネーターとして活躍する。この組織は，25年以上にもわたって国中の農村地帯に100近い図書館を設立してきた。

Karin Ahlstedt

Pedagogisk Inspiration Malmö（マルメ，スウェーデン南部）コーディネーター図書館員。
学校図書館において，司書として，長きにわたりさまざまな学校で，働いた豊富な経験をもつ。労働組合 DIK 学校図書館専門メンバー。

Inga Andersson

Jenny Nyström Upper Secondary School（カルマル，スウェーデン）学校司書。学校図書館において，司書として，長きにわたりさまざまな学校で，働いた豊富な経験をもつ。Linnaeus University で図書館情報学を教える。労働組合 DIK 学校図書館専門メンバー。

Marlene Asselin,（PhD）

ブリティッシュ・コロンビア大学教員。研究領域はリテラシー，幼児教育，司書教諭および共団体図書館のライブラリアンシップ，国際開発。カナダ教育開発機構（CODE）のパートナーである CODE–エチオピアで図書館員研修にかかわる。新たに立ち上げたアフリカ・ストーリーブック・プロジェクト（http://www.africanstorybook.org/）のリサーチチームの一員。Ray Doiron と共著 *Linking Literacy and Libraries in Global Communities*（Farnham: Ashgate, 2013）では，グローバルリテラシー構想における共団体のパートナーとしての図書館の発展的役割としての新興国の図書館規則に焦点をあてた。

Mònica Baró,（PhD）

司書。バルセロナ大学図書館情報学部教授。情報とドキュメンテーションの学位に関わる。学校図書館と読書推進のマスターコース長。学校図書館と公共図書館に12年間勤務。スペインを代表する学校図書館研究者の一人であり，*Las bibliotecas escolares en España:Dinámicas 2005-2011*（Madrid: Ministerio de Educación, Cultura y Deporte; Fundación Germán Sánchez Ruipérez, 2013）の共著者である。The Generalitat de Catalunya 教育学科アドバイザー。e-mail：baro@ub.edu.

Magali Bon

現職は，フランスの中等学校の司書教諭。英語とドイツ語の教員であり，ヨルダン，メキシコ，スロバキアで4年間，フランス語を教えていた経験をもつ。2007年に帰仏後，司書教諭となる。若者に対する情報メディア教育が重要と考えたことから，2013年国内の高等学校司書連合に加入する。2014年 IFLAリョン会議への参加を機に，国際学校図書館ガイドラインに取り組んだ。

Elsa Conde

図書館学の上級学位，教育マルティメディアコミュニケーション学修士。1980–1995年初等中等学校教師。1997年ポルトガルの学校図書館ネットワークプログラムのアドバイザー，地域コーディネーターとなる。SLNP 出版の共著がいくつかある。モザンビーク，ティモールにおける SLNP の共同プロジェクトの責任者。図書館分野でのトレーナーでもある。専門は読書，情報リテラシー。e-mail：elsa.conde@mail-rbe.org.

Audrey P. Church,（PhD）

2000年より，ロングウッド大学（米国ヴァージニア州ファームヴィル）において，学校図書館司書課程準教授，コーディネーター。主たる研究テーマは，学校図書館における校長の理解，学校司書のパフォーマンス評価，基準／資格認証の過程。

Paula Correia

図書館学の上級学位，および修士。1994-2008年中等学校教師。2009年ポルトガルの学校図書館ネットワークプログラムのアドバイザー，地域コーディネーターとなる。SLNPにおいて，いくつかの共著がある。図書館トレーナーとしての活動も行う。主たる研究テーマは，21世紀の学校に適した学校図書館。e-mail：paula.osorio@mail-rbe.org.

Àlex Cosials

司書，バルセロナ大学（スペイン）図書館情報学部において，学校図書館，読書推進を教える。同大学で学校図書館と読書推進のマスターコースにかかわる。ジャウマ・ボフィール基金の読書プログラム・コーディネーター，カタルーニャ自治政府教育部門におけるアドバイザー（司書）。e-mail：alex.cosials@ub.edu.

Gail K. Dickinson,（PhD）

2004年より，オールド・ドミニオン大学（米国ヴァージニア州ノーフォーク）ダーデン教育学研究科教授，副研究科長（PhD）。主たる研究テーマは，資格認証と実践基準。

Ray Doiron,（PhD）

プリンスエドワード島大学（カナダ）名誉教授。教職課程において早期リテラシー，大学院において学校図書館の役割について教えてきた。研究興味は幼児期におけるロールプレー，早期リテラシー，デジタルテクノロジー，読書推進におけるスクールライブラリアンシップと図書館ロールプレイ，リテラシー支援とリテラシーのための文化構築に及ぶ。CODE-エチオピアのプログラムの評価員，ワークショップのリーダー，指導者として，エチオピアの共同体図書館を通じて読書推進を支援している。マレーネ・アスランとの共著 *Linking Literacy and Libraries in Global Communities*（Farnham: Ashgate, 2013）では，世界的なリテラシーの発展を主導する地域のパートナーとしての図書館の新しい役割を中心に据えている。

Martine Ernoult

2010-2013年FADBEN会長。ベテラン司書教諭。IFLAの会議を通して，国際的なレベル活動する。2014年，IFLAのリヨン会議では，学校図書館分科会で，「情報メディア教育におけるフランスのドキュマンタリスト教員の役割」についてプレゼンテーションと論文発表。

Lesley Farmer

カリフォルニア州立大学ロングビーチ校教授，図書館プログラム・コーディネーター。図書館学修士（ノースカロライナ大学チャペルヒル校），博士（テンプル大学）。学校図書館，公共図書館，専門図書館，大学図書館で勤務。IASL図書館教育研究グループ会長，IFLA学校図書館部門ブロガー。図書館教育でALAのPhi Beta Mu賞受賞。講演者，執筆者としてしばしば招聘される。主たる研究テーマには，デジタル・シティズンシップ，情報リテラシー，評価，共同，教育工学を含む。

Karen W. Gavigan

サウスカロライナ大学（米国　コロンビア州）図書館情報大学院准教授。研究領域は，学校におけるグラフィック・ノベル（コミック）の活用と学校図書館の課題IFLA/IASL合同委員会委員長。e-mail: kgauigan @ mailbox.sc.edu.

Valérie Glass

2011年からフランスで司書教諭。現在はSaint Denis高校に奉職。フランスで図書館情報学を学んだ後，1年間カナダにおいて，カナダの図書館，実践について学ぶ機会を得た。海外での勤務，フランセ・アンスティチュバレンシア校（スペイン），ケベック大学ウタウエ校（スペイン・カタルーニャ地方）でインターンとして経験を積むなど国際的に活動している。2011年，FADBENにかかわる。

Marilyn Hand

パースカレッジ中学校　英語コーディネーター，予科から4年生までのリテラシー支援教師。ニュージーランドで教師教育を受け，8年間州立学校で勤務し，西オーストラリアに移動した。カーライル・

ランゲージセンターでの3年を含め，パースの州立学校で勤務し，インディペンデント・スクールシステムに加わった。リテラシー獲得に関する豊富な知識をもち，パースカレッジ中学校での，すべての学年を網羅した授業経験から，「英語学習の内容と順序」を発展させてきた。この経験は教師が活力があり，魅力あるプログラムを実施する手助けになっている。

Sofia Hög
メディアプール（西スウェーデンのメディアセンター）の学校司書。長年にわたり校種のことなる学校図書館で，多様な学年の児童生徒とかかわる経験をもつ。DIK（文書管理・情報・文化）の学校図書館専門グループのメンバー（訳注：藤田雅子「スウェーデンにおけるソーシャルワーカーの職務と倫理」『東京未来大学研究紀要』2010年　第3号，pp. 9-18）。

Carol Koechlin
熟練の教育者。情報リテラシー，学校図書館分野で執筆活動を継続している。著書は執筆，研究雑誌の論説，オンラインによるコースのファシリテーター，カナダや国際的なワークショップのプレゼンターをこなす。近年，アンケートの取り方や，「high think」デザインの研究，児童生徒が自ら進んで興味関心をもつプロジェクトや協働的な学習環境の利用についての支援に関する業績がある。デイヴィット・ローッチャー博士や，サンディ・ズワーンとともに，学校図書館やコンピュータ室をラーニング・コモンズに変えるための基金を設立した。Twitter：infosmarts; Website：http://www.schoollearningcommons.info/; ScoopIt：School Library Learning Commons.

Jessica Kohout
図書館情報学修士，図書館情報学スペシャリスト（サウスカロライナ大学図書館情報学）。2年前にラーニング・コモンズをメドウ・グレン中学校（米国・レキシントンSC）にオープン，小学校図書館司書。e-mail：jkohout@lexington1.net.

Dr. Johan Koren
1971-1975年，ノルウェーのオスロの教育大学を経て，オスロ，ハンメルフェスト近郊のリーベヒョールドで小学校の教員に就く。1986年ミシガン大学・アナーバーで修士号を取得し，司書となる，その後1992年同大学で博士号取得。1993-1999年，ノルウェーに戻り，この間，1997年までヌールラン，モーイアーナの公共図書館の副館長，その後，ネスナ大学で図書館や公文書館，博物館における資源組織のプログラムを教える。2003年よりマレー州立大学で学校図書館プログラムのコーディネーター。

Jenny Lindmark
スウェーデン北部，ベステルボッテンにあるメディアセンターのメディア教育者。ウメオの小学校で長年正規の学校司書として勤務。労働組合DIKの学校司書専門グループのメンバー。

Alison Mackenzie
西オーストラリア州，パースのパースカレッジ，アングリカン女子中学高等学校司書教諭。スコットランドの公立学校，パースの公立，私立で勤務する。リサーチやリテラシーに関する森羅万象に情熱をもっている。彼女の役割は，12年生までのすべての学年において授業や学習に関する独特な見方と，学習の場で児童生徒と教員が交流するユニークな機会を提供すること。e-mail：Alison.Mackenzie@pc.wa.edu.au.

Teresa Mañà，（PhD）
司書。バルセロナ大学図書館情報学部教授（PhD）。情報およびドキュメンテーションや学校図書館，読書推進の修士課程にかかわる。12年間学校図書館と公共図書館に勤務する経験をもつ。スペインを代表する学校図書館研究者の一人であり，the study Las bibliotecas escolares en España: Dinámicas 2005-2011（Madrid: Ministerio de Educación, Cultura y Deporte; Fundación Germán Sánchez Ruipérez, 2013）の共著者である。e-mail：mana@ub.edu.

Danielle Martinod
フランスの熟練司書教諭であり，すぐれたトレーナーでもある。常に児童生徒の学習やリテラシー教育

の向上のために新しい手法を模索している。彼女の熱意，責任感，協働の可能性やコミュニケーション能力の高さはよく知られている。英語，イタリア語が堪能であり，しばしば国際的な環境で働く。専門会議の計画，促進や，ヨーロッパあるいは世界規模での異文化体験において活動している。長きにわたり，フランス国内の学校における司書教諭の積極的な役割に焦点を当て FADBEN においても，献身的な活動をしている。

Isabel Mendinhos

情報管理および学校図書館の修士。ポルトガル，シントラで1978-2005年ベーシック・スクール教員として，2002年からは司書教諭として奉職。2009年，ポルトガルの学校図書館ネットワークプログラムにおいて，学校図書館アドバイザー，地域コーディネーターとして参加。SLNP が出版するいくつかのドキュメントの共著者。また，図書館分野のトレーナー。主たる研究テーマは，読書，メディア・情報リテラシー。e-mail：isabel.mendinhos@mail-rbe.org.

Rae-Anne Montague

ハワイ大学マノア校助教授，学校図書館プログラム・コーディネーター。カナダで20年以上学校コミュニティ図書館，外国語教育，オンライン教育，高等教育にかかわってきた。

Dianne Oberg

アルバータ大学（カナダ・エドモントン州）教育学部司書教諭課程名誉教授。主な研究テーマは，学校図書館教育，学校図書館の活動と評価。1995年，レフェリー制のある国際学会誌 School Libraries Worldwide の初代編集者。早い時期から，大学院課程のオンライン化に取り組み，またアルバータ大学において，遠隔教育による司書教諭課程を広く普及させた。近著に *Cases on Building Quality Distance Education Programs: Strategies in Experiences*（Hershey, PA: IGI Global, 2011）がある。プロフェッショナル・ドキュメント賞を受賞したジェニファー・ブランチと共著の *Focus on Inquiry: A Teacher's Guide to Implementing Inquiry-Based Learning*（2004）や，ルイサ・マーカートとともに編集した *IFLA Publication 148, Global Perspectives on School Libraries: Projects and Practices*（Berlin: De Gruyter Saur, 2011）がある。

Margo Pickworth

北シドニーのショア私立高等学校の司書教諭。幅広く司書教諭として勤務し，司書教諭と e-ラーニングにおける修士号を取得。主たるテーマは，情報技術を用いた児童生徒へのリテラシー教育の促進と支援。司書教諭の役割と同様に，教員認証プロセスにおける教員認証や職員指導の高度実践による高水準の教育と学習の実証研究を行っている。

Florian Reynaud

2014年よりドキュマンタリスト教員（司書教諭）。フランス全国連合，FADBEN 会長。2009年からフランスで高等学校司書教諭。実務における科学出版物の影響を研究し，近現代史博士号を収得。情報リテラシーの学習と教育，とくに歴史的な観点から出版の進化や情報の評価，同様に批判的読者に興味をもつ。

Barbara A. Schultz-Jones,（PhD）

2007年より北テキサス大学（米国・テキサス州デントン）図書館情報学教育学部図書館情報学科准教授。IASL の活動メンバーであり，2011年に IASL より IFLA の学校図書館部門に推薦された。2011-2013年，IFLA 学校図書館部門事務局長，2015-2017年部門長。主たる研究テーマは，学習環境，ソーシャル・ネットワークの分析，状況に応じた情報行動。

Bogumiła Staniów

ワルシャワ大学（ポーランド）情報図書館学准教授。児童書，ヤングアダルト書に興味をもち，主たる研究テーマは，ノンフィクションと翻訳書。著書 *Zuśmiechem prez wszysttie granice: Recepcja wydawnicza przekładów polskiej książki dla dzieci i młodzieży w latach 1945-1989*（Wrocław: Wydawnictwo Uniwersytetu Wrocławskiego, 2006,『全てのジャンルに見られる類似：1945-1989年における子どもを対象としたポーランドの翻訳書の受容』），*Książka amerykańska dla dzieci i młodzieży w Polsce w latach 1944-1989*. Produkcja i recepcja（Wrocław:Wydawnictwo Uniwersytetu Wrocławskiego，2000，『1944-1989年における，ポーランド語に訳されたアメリカの児童書，ヤングアダルト書：作品と受容』）また，学校図書館，現代の図書館学の著書がある。近著に *Biblioteka szkolna dzisiaj*（Warszawa：Wydawnictwo SBP, 2012，『今日の学校図書館』））がある。最近の研究テーマは，第二次世界大戦後の情報源とイデオロギーのツールとしての子どものためのノンフィクション。e-mail：bogumila.staniow@uni.wroc.pl.

Judith Sykes

司書教諭，学校図書館スペシャリスト，校長や地方学校図書館マネージャー。2008-2012年にはアルバータ州教育省学校図書館サービス局で学校図書館を主導した。カナダ学校図書館協会の会長としての活動を含め，広範な労作 *Achieving Information Literacy*（Ottawa: Canadian School Library Association; Association for Teacher Librarianship in Canada, 2003）を共同編集し，主要な著者として出版紹介した。近年プロジェクト・コーディネーター，執筆者として2014年には，*Leading Learning:Standards of Practice for School Library Learning Commons In Canada*（Ottawa: CanadianLibrary Association, 2014）を出版。最近4冊の図書館学に関する図書を Libmries Unlimited 社から出版した。最も新しい著作は *Conducting Action Research to Evaluate Your School Library*（Santa Barbara, CA: Libraries Unlimited, 2013）。e-mail：judith.sykes@shaw.ca.

Jenny Uther

カトリックの女子インディペンデント高等学校モンテ・セントアンジェロ・マーシー・カレッジ（オーストラリア・シドニー）司書教諭，英語教師。生徒のリテラシー，蔵書構成の発展を通じたカリキュラム支援，大学職員とのチームティーチング企画，図書館サービスへの ICT の導入に取り組む。また，モンテ・セントアンジェロにおいて，資格認証を望む教員らを指導し，同僚と協働して，共同専門家レビューのアクセスを開発している。e-mail：juther@monte.nsw.edu.au.

Bo Westas

DIK 労働組合のリサーチャー。以前はウプサラー大学（スウェーデン）で文化を教えていた。IFLA の FAIFE（Freedom of Access to Information and Freedom of Expression）委員会のメンバーである。

巻末に寄せて

2015年，IFLA/IASL共同で「国際学校図書館ガイドライン」が改訂された。それを機に世界10カ国の学校図書館の現状について，現地でそれにかかわる人たちにより本書が著された。IFLA/IASLの年次大会などにより，毎年世界中から学校図書館や図書館教育にたずさわる仲間が集い，学び合ったことの成果だと考える。

本書が日本で刊行される2016年は，IASL年次大会が初めて日本の東京で開催される記念の年でもあり，（公社）全国学校図書館協議会は2016年を「学校図書館年」としている。このような記念すべき年に本書を刊行できたことは望外の喜びである。

編訳者として全体を通読してみて，世界には実にさまざまな状況下におかれた学校図書館があり，地域の特性に制約を受け，また逆に，その特性を活かしつつ，全体としてある1つの方向に進んでいるように感じられる。すなわち，グローバル化である。国際学校図書館ガイドラインの普及や実践にあたり，各国の担当者が著した，これまでの活動の総括ともいえる内容は，学校教育が，社会と隔離された場ではなく，学校は社会とつながっていることを再認識させられる。つまり，学校図書館をテーマにそれぞれの国の政治，経済，教育，文化など多面的な状況が示されており，学校図書館のみならず，その国の現状に思いを馳せるのである。社会の変化が，学校教育に与える影響は大きい。情報通信技術の発展により，瞬時に情報は世界を巡り，目まぐるしく変化する社会において，学校教育や学校図書館もまた，変化を求められている。学校図書館は，21世紀に求められる児童生徒の育成のために，学校教育に必要な情報が提供できる学習環境として，有効な活用が期待される。

本書を手に取られた方は，世界の学校図書館の現状と，日本の，また日本の各地域における学校図書館の活動状況と比較するのではないだろうか。そこで，日本の学校図書館活動のおかれている位置を知ることで，次になすべきことを考える機会となれば幸いである。

最後に本書を訳された方々と，どんなときにも諦めず励ましてくださった学文社の二村和樹氏に感謝申し上げる。

2016年7月

編訳者　大平 睦美

索　引

IFLA 学校図書館部門（IFLA School Libraries Section）　vi, 2, 6-8,10, 11, 18, 180

IFLA の運営委員会（IFLA Governing Board）　8, 10, 11

IFLA 学校図書館ガイドライン（IFLA School Library Guidelines）　vi, vii, 6, 10, 11, 15, 16, 28, 37, 47, 59, 61, 67, 74, 84, 96, 104, 115, 128, 129, 146, 157

IFLA/ ユネスコ学校図書館ガイドライン （IFLA/UNESCO School Library Guidelines）　vi, vii, 2, 3, 6 -11, 15,16, 30, 34, 39, 48, 55, 59, 62, 157

IFLA/ ユネスコ学校図書館宣言（IFLA/UNESCO School Library Manifesto）　i , vi, vii, 2, 3, 6, 7, 8, 9, 11, 12, 15, 16, 28, 34, 39, 47, 90, 149, 157, 175

IFLA/ ユネスコ公共図書館宣言（IFLA/UNESCO Public Library Manifesto）　2, 4, 7

アグデル大学（University in Agder）　49, 50, 52, 55, 59, 74

アメリカ学校図書館協会（American Association of School Librarians；AASL）　60, 84, 146, 156, 170, 171

アメリカ合衆国（United States of America）　66, 142, 150,　165

アメリカ図書館協会（American Library Association：ALA）　2, 155, 156, 171

アンナ・ガレー（Galler, Anne）　4, 7

EU の生涯学習のための主要能力（European Union's Key Competences for Lifelong Learning）　90

インキ・オナル（Onal, Inci）　5

エチオピア（Ethiopia）　viii, 105, 106, 108, 110-115, 116-118, 179, 180

オーストラリア（Australia）　vii, 3, 20, 97, 98, 100-102, 103-104, 131, 136-138, 183

オーストラリア学校図書館協会（Australian School Library Association；ASLA）　97, 101, 104

オーストラリア教職リーダーシップ機関（Australian Institute for Teaching and School Leadership；AITSL）　98, 99, 103

オーストラリア図書館情報協会（Australian Library and Information Association；ALIA）　97, 104

オスロ（Oslo, Norway）　9

学習基準（Learning standards）　122

カタルーニャ（Catalonia）　i , vii, 30, 32-34, 37

学校図書館教育（School library education）　49, 97, 122, 140, 148, 163

学校図書館での学習（Learning with the School Library）　75-77, 78, 80, 82-84

学校図書館の発展（School library development）　49

カナダ（Canada）　i , vii, 4, 5, 9, 10,18-20, 22-28, 66, 67, 131, 138, 181-183

カナダ国立図書館（National Library of Canada）　2-5

カナダ図書館協会（Canadian Library Association；CLA）　18, 21, 22, 23, 24, 26

カリキュラム（Curriculum）　i , 53, 61, 85, 100, 117, 122, 125, 131, 132, 138, 144, 146, 148, 150, 152,156, 163

カリキュラム開発（Curriculum development）　122, 131, 148, 163

カリフォルニア（California）　i , viii, 163-171, 178

カルロ・デ・モンテブイ（Caldès de Montbui）　2, 3

基準の効果；基準の影響（Impact of standards）　38, 75

基準の実践；基準の実施；基準の達成 （Implementation of standards）　36, 47, 76, 77, 78, 84, 105, 146

キャロル・クルトー（Kuhlthau, Carol Collier）　92, 96

教員教育（Teacher education）　97

協同学習（Together for Learning）　20, 28, 67, 74

協働；協同学習；共同活動（Collaboration）　24, 56, 66, 67, 70, 71, 72, 73, 77, 79,80, 100, 125, 128, 131

共同体図書館（Community libraries）　105, 106, 109

グウィネス・エバンス（Evans, Gwyneth）　3-5, 7

グレニス・ウィラース（Willars, Glenys）　6, 7, 16, 48, 62

ケープタウン（Cape Town, South Africa）　viii, 11

広報（Advocacy）　i , vii, 38, 86, 88, 143, 145, 151, 159, 162, 163

国際学校図書館連盟（International Association of School Librarianship；IASL）　vi, viii, 2, 8, 9, 18

188　索　引

コレット・キャリア＝リゴナ（Charrier-Ligonat, Colette）　5
サウスカロライナ（South Carolina）　ⅰ, ⅶ, 66, 68, 71, 74, 178
資格認証（Certification）　97, 98, 100, 103, 163
資格認定；認証（Accreditation）　97, 142, 144-150, 158, 165, 168, 175
施設；分科会（Facilities）　13, 23, 66, 67, 141, 161
児童生徒の評価基準（Student assessment）　75, 131
情報リテラシー（Information literacy）　76, 84, 88, 89, 92, 122, 125, 131, 153, 164
情報リテラシー基準（Literacy standards）　75
情報リテラシーの獲得（Achieving Information Literacy）　19, 20, 28, 182
シンガポール（Singapore）　10
スウェーデン（Sweden）　ⅰ, ⅷ, 8, 51, 58, 88, 90, 94, 179-181
スウェーデン国立図書館（National Library of Sweden）　89
スペイン（Spain）　ⅰ, ⅶ, 2, 3, 7, 30-32, 36, 37, 179-181
生態学モデル（Ecological model）　105
先端的教育プログラム（Puntedu Program）　30, 32, 36
先端学習（Leading Learning）　18, 21-24, 26, 27, 28, 183
ダイアン・オバーグ（Oberg, Dianne）　5, 9, 10, 28, 96
探究（Inquiry）　13, 22, 91, 96, 131, 134, 150, 156, 182
探究に焦点を当てた学び（Focus on Inquiry）　132, 134, 182
デイヴィット・ローッチャー（Loertscher, David）　20, 29, 67, 69, 74
トーニー・ヒェクスタ（Kjekstad, Torny）　5
図書館メディアスペシャリスト（Library media specialists）　68
トレジャーマウンテンカナダ（Treasure Mountain Canada）　19, 20, 28
西オーストラリア（Western Australia）　ⅰ, ⅷ, 131, 180
ノートテイク（Note taking）　131
ノルウェー（Norway）　ⅰ, ⅶ, 5, 6, 8, 49, 50-56, 58-60, 62, 89, 181
発達過程表（Continuum）　ⅰ, 131, 133
バーバラ・シュルツ＝ジョーンズ（Schultz-Jones, Barbara）　10
ハワイ（Hawai'i）　148-150, 154, 157, 182
バンコク（Bangkok, Thailand）　4
ピサ；生徒の学習到達度調査（Programme for International Student Assessment；PISA）　50
ファドベン（FADBEN）　ⅷ, 122-125, 128, 129, 180, 182
フランス（France）　ⅰ, ⅷ, 5, 8, 122, 127, 179, 180, 182
ベアトレス・フェローニ（Ferroni, Beatriz）　5
ヘルシンキ（Helsinki, Finland）　9
ポーランド（Poland）　ⅰ, ⅶ, 38-43, 45-47, 182
ポルトガル（Portugal）　ⅰ, ⅶ, 75, 180, 182
ポレット・ベルハルト（Bernhard, Paulette）　4, 5
マーストリヒ（Maastricht, Netherlands）　ⅷ, 11
モスクワ（Moscow, Russia）　10, 11
ユネスコ（United Nations Educational, Scientific and Cultural Organization；UNESCO）　3
ラーニング・コモンズ（Learning commons）　18, 68, 69, 71, 72
ランディ・ルンドバル（Lundvall, Randi）　3, 9
リヨン（Lyon, France）　10, 15, 61, 96, 115
ルイーズ・リンバーグ（Limberg, Louise）　95, 96
ロス・シモン（Shimmon, Ross）　5
ロバート・マルザーノ（Marzano, Robert）　138

■監 修■
公益社団法人全国学校図書館協議会　　　　（訳書はしがき）

■編訳者■
大平　睦美　京都産業大学　　　　　　　（序言・第1章・巻末付録・巻末に寄せて）
二村　　健　明星大学　　　　　　　　　（第11章）

■訳 者■
岩崎　れい　京都ノートルダム女子大学　　（序文・第2章）
岡田　大輔　安田女子大学　　　　　　　（第3章・第13章）
山本　順一　桃山学院大学　　　　　　　（第4章・第15章）
千　　錫烈　関東学院大学　　　　　　　（第5章・第6章）
稲井　達也　日本女子体育大学　　　　　（第7章）
須永　和之　國學院大學　　　　　　　　（第8章・第12章）
杉本　ゆか　筑波大学（博士課程）　　　（第9章）
前田　由紀　渋谷教育学園渋谷中学高等学校（第10章）
柳　　勝文　龍谷大学　　　　　　　　　（第14章）
望月　道浩　琉球大学　　　　　　　　　（第16章）

［翻訳順］

IFLA学校図書館ガイドラインとグローバル化する学校図書館

2016年8月25日　第1版第1刷発行

編著　バーバラ・A.シュルツ＝ジョーンズ
　　　ダイアン・オバーグ
監修　公益社団法人全国学校図書館協議会
編訳　大平睦美・二村　健

発行者　田中千津子　　〒154-0064　東京都目黒区下目黒3-6-1
　　　　　　　　　　電話　03（3715）1501㈹
　　　　　　　　　　FAX　03（3715）2012
発行所　株式会社 学文社　http://www.gakubunsha.com

© Oohira Mutsumi, Nimura Ken 2016
乱丁・落丁の場合は本社でお取替えします。
定価は売上カード，カバーに表示。

ISBN 978-4-7620-2650-8